U0459686

项目资助

国家社会科学基金项目"中国近代盐业国家治理体系研究"（项目号15BJL026）及河南省高等学校哲学社会科学创新团队支持计划"教育与区域经济"（项目号2012-CXTD-10）"资助

河南科技学院高层次人才科研项目"二十世纪初中国平板玻璃工业发展路径研究——以耀华为例"（项目号2016047）

中国与比利时合办企业的创新研究：

秦皇岛耀华玻璃公司（1921-1936）

方强 / 著

中国社会科学出版社

图书在版编目（CIP）数据

中国与比利时合办企业的创新研究：秦皇岛耀华玻璃公司（1921—
1936）/方强著 . —北京：中国社会科学出版社，2018.11
ISBN 978 - 7 - 5203 - 2849 - 4

Ⅰ.①中… Ⅱ.①方… Ⅲ.①企业—经济合作—国际合作—研究—
中国、比利时 Ⅳ.①F279.23②F279.564.3

中国版本图书馆 CIP 数据核字（2018）第 160960 号

出 版 人	赵剑英
责任编辑	赵　丽
责任校对	王秀珍
责任印制	王　超

出　　　版	中国社会科学出版社
社　　　址	北京鼓楼西大街甲 158 号
邮　　　编	100720
网　　　址	http://www.csspw.cn
发 行 部	010 - 84083685
门 市 部	010 - 84029450
经　　　销	新华书店及其他书店

印　　　刷	北京明恒达印务有限公司
装　　　订	廊坊市广阳区广增装订厂
版　　　次	2018 年 11 月第 1 版
印　　　次	2018 年 11 月第 1 次印刷

开　　　本	710×1000　1/16
印　　　张	15.25
插　　　页	2
字　　　数	251 千字
定　　　价	66.00 元

凡购买中国社会科学出版社图书，如有质量问题请与本社营销中心联系调换
电话:010 - 84083683
版权所有　侵权必究

目　　录

绪　　论

一　选题缘起及意义

著名爱国实业家周学熙出身官宦世家，和诸多古代学子一样"学而优则仕"，曾以追求宦海仕途为人生目标，但在官场混迹多年之后，却与实业结下了不解之缘，走上了实业救国的道路，于是"大兴工艺，先后集资开办了十五个大型近代化企业，其资本总额高达四千多万元，成为我国北方最大的实业集团"。周学熙创办的实业集团"不仅促进了华北地区近代工业的发展，而且在全国工业发展史上都居重要地位"，[①] 为中国近代工业的发展做出了巨大贡献。周学熙也因此与南方实业家张謇共同成为中国近代史上著名的两大巨头，素有"南张北周"之称。秦皇岛耀华玻璃公司（以下简称耀华玻璃公司）就在这 15 个大型近代化企业之列。

耀华玻璃公司是中国最早采用机器连续大量生产平面玻璃的中外合资企业，在中国近代玻璃工业发展史上占有举足轻重的地位，"1921 年以后统治平面玻璃市场的是中比合资开办的耀华玻璃公司的机制品"[②]。在其发展的历史长河中，先后经历了中比合办自营阶段（1921—1924）、中比合办托管阶段（1924—1936）、中日合办托管阶段（1936—1941）、中日合办自营阶段（1942—1945）、官商合办阶段（1945—1948）、经济恢复和社会主义改造时期（1949—1957）、

---

① 张洪祥、马陵合：《略论周学熙实业集团的经营管理思想》，《南开大学学报》1992年第 2 期。

② 萧维良：《天津玻璃工业史记略》，天津市工人文学创作社 1992 年版，第 180 页。

"大跃进"及经济调整时期（1958—1966）、"文化大革命"时期
（1966—1976）、社会主义现代化建设时期（1977—1988）等重要的
发展时期，历经了近百年的历史沧桑。改革开放以后，在党和人民政
府的领导和大力支持下，在全体耀华人前赴后继、坚持不懈的努力
下，耀华玻璃公司取得了辉煌的发展业绩，现已改组成立中国耀华玻
璃集团有限公司，并成功上市，"作为我国玻璃工业的摇篮和重要生
产基地，为国家经济建设和玻璃工业的发展做出了应有的贡献"①。
但通过查阅各种资料发现，学术界对耀华玻璃公司的关注度和研究成
果与其在中国玻璃工业发展史上的地位是不相符的。

　　加强对耀华玻璃公司的研究不仅是对玻璃制造企业的个案研究，
也能反映中国近代工业发展的历史状况。作者硕士研究生阶段的毕业
论文就是周学熙实业集团另一个早期的大型企业——启新洋灰公司，
是中国近代历史上一个非常典型的水泥民族工业。在研究启新洋灰公
司的过程中，对中国近代工业发展的特点、规律、环境有一定的研
究，较好地了解了中国近代工业的发展全貌，在研究方法上也有一定
的积累，为更好开展耀华玻璃公司研究打下了基础；另一方面，启新
洋灰公司和耀华玻璃公司均属于中国近代历史上著名爱国实业家周学
熙创办的实业集团成员之一，二者都有周学熙创办实业的特点和共
性，可以较好地了解、把握耀华玻璃公司的发展脉搏。耀华玻璃公司
的成功举办，更能反映20世纪初中国中外合资企业发展情况，为后
续研究中国近代中外合资企业提供一些有益借鉴。为此，本书在大量
的耀华玻璃公司档案及相关文献、著作、论文、报纸、文史资料等基
础之上，试以耀华玻璃公司为研究对象，从专利技术的引进入手，对
其创办、资本筹措、管理体制、生产制造、产品营销、经济效益、劳
资关系等方面进行全面深入的研究，探寻20世纪二三十年代中国和
比利时合资举办耀华玻璃公司的本来面目，以求以史鉴今。

　　1921年12月22日，耀华玻璃公司发起人李伯芝与秦皇岛玻璃公
司董事毛立司·罗遮，分别代表中国投资方和比利时投资方正式订立
了《华洋合股合同》，决定成立耀华机器制造玻璃股份有限公司。该
项合同的签订，使中国辗转引进了当时世界上最先进的平板玻璃制造

---

① 张景焘：《耀华70年的回顾与展望》，《中国建材》1992年第3期。

技术，对中国近代利用机器大批量制造玻璃起到了引领潮流的作用，使中国的平板玻璃制造水平一步跃居亚洲最前列。耀华玻璃公司虽然不像开滦煤矿、启新洋灰公司等企业，是周学熙实业集团的中坚，但在中国近代平板玻璃工业发展史上却一直独领风骚，执平板玻璃制造业之牛耳，垄断中国玻璃市场多年，不仅丰富了周学熙实业集团的结构，促进了北方工业的发展，而且为中国建筑业的发展做出了杰出贡献。更为重要的是，耀华玻璃公司的成立和发展壮大，有效抵制了来自外洋特别是来自日本和比利时平板玻璃的倾销，在一定程度上防止了"金钱溢出不可胜计"① 现象的蔓延与扩大，维护了民族利益，让外国人看到中国这个潜力巨大的广阔市场的同时，也看到了中华民族孕育着的强大民族精神和力量。对耀华玻璃公司进行全面、系统、深入、客观的专门研究，既具有重要的学术意义，也具有重要的现实意义。

学术意义：耀华玻璃公司引进当时世界最先进的平板玻璃生产技术，在中国玻璃制造史上是一件具有划时代意义的大事，对该企业的研究具有较高的学术价值。从近现代中外合资企业发展史的研究层面看，虽然耀华玻璃公司对中国近代平板玻璃工业的发展做出了巨大贡献，但查阅中国知网、万方数据知识服务平台、维普科技期刊数据库、书生之家等专业学术网站，以及人大报刊资料索引和近代史研究索引后发现，不仅对耀华玻璃公司的研究鲜有成就，就整个中国近代玻璃工业发展的研究，不管是个案还是整个行业，都没有引起足够的重视，没有高水平的学术著作或文章发表，现有的研究还不够深入、不够系统，已发表的一些文章多为片段性的回忆内容，简单的就事论事，不能反映耀华玻璃公司的发展全貌，以及当时的企业发展环境。该研究的开展，无论是对耀华玻璃公司发展史的研究，还是对中国近代玻璃工业发展史、中国近代经济史以及社会史的研究均有所裨益。

现实意义：在这一历史时期，中国的政治局面极不稳定，军阀连年混战，政府更迭频繁。有历史数据显示，从1916年到1928年共发生军阀之间有一定规模的混战140多次。军阀们为保全和扩大自己的

---

① 《为筹资创设机器制造玻璃股份有限公司拟具章程》，耀华档案馆馆藏档案（以下简称耀档）：室卷号2—1—4。

实力与地盘，不断招兵买马、扩军备战，而这些恰恰给老百姓造成了深重的灾难，使得民生凋敝、满目疮痍。北京的中央政府更是在军阀的操纵之下，你方唱罢我方登场，很多政策的连续性难以实现，更多的是突发性、临时性税收等政策影响企业的发展，造成的直接后果就是交通运输不畅，时局变幻莫测，使企业不能在健康有序的政治经济环境中正常发展。到了1931年，"九一八"事变爆发，受影响最大的就是东北和华北地区，给耀华玻璃公司的发展带来了许多不利因素，所有这些对中国国内生产造成很大的破坏。就是在这样的发展环境下，耀华玻璃公司的领导者们能够准确定位中国玻璃市场，客观分析利弊，毅然决定引进先进技术，发展中国自己的平板玻璃工业，并且取得了成功，自有其过人之处。通过对耀华玻璃公司市场管理、市场控制、产品营销等方面的研究，可以汲取其有益的经验和教训，以史为鉴，面向未来，更好地为今天中国企业的发展提供积极借鉴。从近代工业史的研究方面来讲，也可以丰富其研究内容，使工业史的研究层面、研究对象更为完善和宽广，为后来者提供一些帮助。

二　研究时段界定

本书选取耀华玻璃公司作为研究对象，力求对其产生发展到不断壮大进行系统、客观、全面、立体式的研究，在相关资料允许的条件下，做到了尽可能原貌反映事件发生发展的全过程。在对耀华玻璃公司现存档案资料查阅收集过程中发现，自1921年年底开始筹备建厂，到1936年9月比利时方面背信弃义，在中方不知情的情况下私自在巴黎和日本人秘密谈判，把其所控股份全部售予日本人为止①的十多年当中，无论是开始的筹备阶段、中国比利时合办的自营阶段（1921—1924），还是双方合办的托管阶段（1924—1936），相关档案保存较为全面、详细、完整、连续，甚至连一些总董、总理等人批阅的内容或是记载相关内容的纸片都被耀华玻璃公司完好保存下来，鉴

---

① 当然，这与事先没有相应规定不无关系，在公司章程第六条中规定："本公司股票用记名式，分甲乙两种各占五成，除乙种外，其甲种概不得押售于非中国国籍之人。"只对中国人持有的甲种股票做了相关规定，对比利时方持有的乙种股票却没有做出规定，甲种股东当然没有权利反对。

于此，决定以 1936 年比利时方面股权转与日本企业为研究截止点。

三 研究现状

耀华玻璃公司的创办是中国玻璃工业发展史上一个重要的里程碑，为中国玻璃工业的发展开启了引进先进技术的先河，奠定了玻璃工业发展的基础。然而，这样一个在中国近代玻璃工业发展史上举足轻重的大型企业，到目前为止并没有引起学术界的足够重视，无论是原始性资料类的汇编，还是学术性论文成果均不多见，在专业学术性著作方面更是鲜有问世。

有关耀华玻璃公司研究的学术专著到目前为止还没面世。有关中国近代玻璃工业发展史的专著查找到一本，即萧维良先生编著的《天津玻璃工业史记略》，1992 年 8 月由天津市工人文学创作社编印出版。该书不是建立在大量有价值的史料基础之上的专著，更多采用的是当时工厂工人的口述内容，有一定的口述史价值。此外，书中虽然写的是天津玻璃工业史方面的内容，但记述的大多是近代中国老式吹制玻璃器皿工业发展情况，所述各厂均为天津市本地企业，各位师傅能手也都是天津本地或由附近各地到天津玻璃制品厂谋生的。书中对料器工人的来源、恶劣的劳动环境、劳动强度与工时、收入水平、食宿及野蛮的管理情况做了较为详细的记述，对料器制造的主要设备以及日用玻璃器皿磨花技术、煤油灯具制造等亦有说明。该著作在最后的附录中录入一篇张训坚、郭治平先生合著的《中外资本合营的耀华玻璃公司》，是一篇回忆性的文章，粗线条简单地介绍了中华人民共和国成立前耀华玻璃公司各个发展阶段的一些基本情况。不过书中记录的工人工作生活环境、工资待遇、工厂管理以及产品销售等方面的内容反映了当时的社会背景，对于本书的完成亦有很多可以借鉴的地方。

对于研究耀华玻璃公司，较为重要的一份资料是耀华玻璃厂志编纂委员会编写的《耀华玻璃厂志》，1992 年 2 月由中国建筑材料工业出版社出版。该志共分为生产建设篇、技术进步、生产、市场与销售、经济效益与盈利分配、体制机构、企业管理、党群工作、教育、职工生活、厂办附属企业 11 个篇章的内容，但内容多为中华人民共和国成立后耀华玻璃公司各个时期的发展概况，之前的发展状况只占很小的篇幅。尽管如此，它对于本书的撰写仍具有极高的参考价值，可用部分资料的真实性相对较高。

经查阅统计可知，硕博士学位论文中有关耀华玻璃公司的文章共计有 8 篇。其中，刘建萍先生的硕士毕业论文《试析秦皇岛耀华玻璃厂的创办及经营》（1921—1936）① 可以称得上是一篇对中华人民共和国成立前耀华玻璃公司研究的专业学术性成果。该篇文章从耀华玻璃公司的开办背景、开办过程、建厂资金的筹措及其生产经营几个方面进行了阐述，对资金的筹措和佛克法专利技术的引进着墨颇多。但查看相关档案后发现，由于文章篇幅所限，作者在很多问题上没有深入展开，在佛克技术的产生以及在国外的转让过程、副总工程师带队在比利时学习情况、中外工人的待遇、工厂水电问题解决过程及结果、市场纷争详细情况、产品的销售管理等方面都有继续深挖细研的空间。其他几篇文章是关于耀华玻璃公司财务困境预警、资产置换等方面的研究，均是对现当代耀华玻璃公司的着笔。

在查阅的相关期刊杂志论文中，多为中华人民共和国成立后耀华玻璃公司在技术进步、产品丰富、经验介绍、工厂改革、矿山设备更新等方面的内容，在此不做介绍。少数部分是一些耀华玻璃公司老人的回忆性记述。有李德芳先生的《光耀中华走向世界——纪念中国耀华玻璃集团公司创建 75 周年》②，杨欢、陈厉辞先生的《秦皇岛市玻璃博物馆与工业遗产保护》③，张景焘先生的《耀华 70 年的回顾与展望》④，余德新先生的《耀华玻璃公司的兴衰——中国平板玻璃史话之三》⑤，李君先生的《中国玻璃工业的巨星——秦皇岛耀华玻璃总厂史略》⑥，王怡洁先生的《中国玻璃工业的摇篮——耀华玻璃的民

---

① 刘建萍：《试析秦皇岛耀华玻璃厂的创办及经营》（1921—1936），硕士学位论文，河北大学，2007 年。

② 李德芳：《光耀中华走向世界——纪念中国耀华玻璃集团公司创建 75 周年》，《中国建材》1997 年第 5 期。

③ 杨欢、陈厉辞：《秦皇岛市玻璃博物馆与工业遗产保护》，《文物春秋》2013 年第 4 期。

④ 张景焘：《耀华 70 年的回顾与展望》，《中国建材》1992 年第 3 期。

⑤ 余德新：《耀华玻璃公司的兴衰——中国平板玻璃史话之三》，《中国建材》1993 年第 1 期。

⑥ 李君：《中国玻璃工业的巨星——秦皇岛耀华玻璃总厂史略》，《中国工商》1990 年第 6 期。

族情结和开放视野》①。在这几篇回忆性文章中，均或多或少记述了一些在中华人民共和国成立前耀华玻璃公司发展的情节，尤其是对耀华玻璃公司的创办多有阐述。

其他涉及近代耀华玻璃公司发展问题的研究内容，多散落在研究周学熙以及华北或天津近代经济社会发展的文章中，这些文章多数是将耀华玻璃公司作为周学熙创办实业集团的一部分，作为滦矿"股息以每股二元四角为最大限度，过此则提存为创办新事业专款"②的新事业创办对象出现，论及时一般是从开办经费的来源等角度提及，多为零星介绍，没有专门叙述。这类文章如宋美云先生的《试论近代天津企业规模化发展路径》③，公孙訇先生的《周学熙与近代直隶工商经济的兴起》④等，不能算作对耀华玻璃公司的有效研究，可以为研究耀华玻璃公司发展的某一方面内容时提供借鉴。

由上述可知，无论是在耀华玻璃公司发展的内容研究上，还是在其发展的研究方法上，学术界并没有给予足够的重视，没有形成较为完整全面的学术性成果，依然有必要对其展开深入的研究，呈现给大家一部动态的、全面的、细致的著作。本书希望通过有效的研究，动态地展示1936年前耀华玻璃公司发展状况的全貌，为中国"玻璃工业的摇篮"——秦皇岛耀华玻璃公司的研究，乃至中国近代玻璃工业发展史的研究做一点有益的贡献。

四　研究思路与方法

（一）研究思路

本书主要从历史学、社会学、管理学等视角出发，以耀华玻璃公司的发展为主线，研究其专利技术的引进、公司的创办、资金的筹措、产品的生产与销售、职工的待遇、公司的管理、盈余的分配以及比利时方股份转售情况，总结其取得的成就、发展的特点以及存在的

---

① 王怡洁：《中国玻璃工业的摇篮——耀华玻璃的民族情结和开放视野》，《中国建材报》2012年7月6日第002版。
② 周叔娟：《周止庵（学熙）先生别传》，出版社不详，1948年版，第172页。
③ 宋美云：《试论近代天津企业规模化发展路径》，《历史档案》2004年第4期。
④ 公孙訇：《周学熙与近代直隶工商经济的兴起》，《河北学刊》1988年第1期。

不足。除了充分利用现有的档案材料以及研究成果之外，尽可能多参阅学术界对同时代中国企业家们创建的民族企业的研究成果，尤其是周学熙实业集团其他中坚企业的研究成果，尽可能加强与其他企业的对照研究。坚持实事求是原则，充分考虑时代背景，努力把写作思维放到当时的历史环境中去考虑耀华玻璃公司的发展问题。充分利用各种研究方法，力求把研究时段内耀华玻璃公司的发展情况翔实地呈现到研究成果中。

本书绪论部分阐述课题的缘起、选题的意义、研究的现状以及研究思路和研究方法等内容，在此基础上对研究时限进行界定、相关概念进行厘清，并从个案角度出发，对耀华玻璃公司研究的重点、难点进行说明。

第一章叙说耀华玻璃公司的创办。简要回顾玻璃的出现以及中国近代玻璃工业的发展概况，说明佛克法专利技术产生、发展、在世界其他地区的传播以及辗转来到中国的历程；耀华玻璃公司利用这一技术创办中国第一家利用机器连续生产平面玻璃的企业。在这一章重点介绍专利技术的转让经过。

第二章研究耀华玻璃公司的资本筹措。耀华玻璃公司得到周学熙实业集团的支持，成功利用了滦矿"新事业"专款，但由于比利时方是以专利技术入股，建设经费很快就捉襟见肘，将原来议定发行的50万元债票改为发行股票募集资金，仍然杯水车薪，不得以再次发行80万元的优先股股票。利用有利时机与酬金团展开旷日持久的拉锯式谈判，最终成功解决专利酬金难题。在这一章主要介绍耀华玻璃公司的三次股票发行、专利酬金解决经过、银行借贷以及企业间的资金拆借情况。

第三章分析耀华玻璃公司的体制机构。有效的组织管理是公司各项事业顺畅发展的重要前提和保障。本章对耀华玻璃公司的股东会及其职责、董事会及其职责、总协董的管理及其职责、监察人与总协理的管理及相应职责、委托开滦代管以及各级人事管理情况进行研究，分析耀华玻璃公司在管理方面的独到之处以及存在的短板。

第四章说明耀华玻璃公司的生产制造。主要阐述耀华玻璃公司工厂建设的前期规划，炉窑的建设，玻璃的产量，与开滦在供给各种建筑材料、生产原料燃料和设备的维护等方面的协商，最后说明耀华玻璃公司与佛克专有法联合会之间关于玻璃技术改进进行联合的来往始末。

第五章涉及耀华玻璃公司产品的营销。将产品生产出来不是最终目的，只有更好地组织市场销售，实现经济效益才是关键。这一章主要叙述耀华玻璃公司前期的市场调研、商标的注册与管理、公司的广告宣传、客户的管理、产品的销售以及销售中的联营活动情况，详细说明耀华玻璃的销售活动，总结其产品营销方面的成功经验与不足。

第六章述及耀华玻璃公司的经济效益状况。合理的盈余分配与使用，可以保证公司既赢得股东的信赖与支持，增强股票市场竞争力，又可以使公司得到有效的发展资金，不断发展壮大。耀华玻璃公司在产品上市前就开展了详细的经济效益预算，但玻璃市价的跌落使耀华玻璃公司预算的利润大幅减少，不得不做出新的调整。这一章主要涉及耀华玻璃公司利润的获得、分配及使用情况，反映耀华玻璃公司的经济效益，研究耀华玻璃公司在盈余分配方面的做法和存在的问题。

第七章主要写耀华玻璃公司的劳资关系。职工是企业发展的第一要素，如何有效地管理职工，充分发掘职工的潜能、发挥最大的作用，是决定企业生产效率的一个关键因素。此章节主要介绍耀华玻璃公司各级人员的工资福利待遇等，以及工人利用罢工等手段争取自身利益的情况。

第八章主要写耀华玻璃公司比利时方股东掌控股份的转让问题。比利时资方的撤资使得耀华玻璃公司由中国与比利时合办转为中国与日本的合办，这其中有多种因素作用在一起。本章内容主要从思想根源、经济根源、市场环境、政治环境等方面分析耀华玻璃公司比利时方股份转让产生的原因，并就其转让过程作进一步的研究。

（二）研究方法

本书坚持以马克思主义唯物史观为指导，综合利用历史学、政治学、经济学、管理学、社会学、统计学等方面的相关理论与方法，坚持史论结合、以史带论的治史优良传统，注重分析、加强对比，运用历史考察、演绎、归纳综合分析等方法，进行多层次、多角度、历史性与共时性的综合研究。注重定量分析与定性分析相结合，力争使论点明确、论据充分、结构严谨。

在史料的运用上以耀华玻璃公司存放的原始档案资料为主，辅以文史资料、有关著作、报纸杂志等相关资料，用发展的、联系的观点展现耀华玻璃公司发展的时代特点和全貌。

五 有关问题说明

（一）公司的性质

在以往的研究成果中，多数学者将中外合资企业归为外资企业，少数学者将它归为民族企业，如刘建萍先生在其文章中认为："其专利的引进、吸收、最终为己掌握的成功例子，在近代民族工业发展史上很有代表性。"这就承认了耀华玻璃公司是民族企业，是不科学的。曹均伟先生认为：它既不同于外资企业也不同于民族资本企业性质，它是中外资本相结合的产物。理由是：从其组合的经济成分来看，一方是外国资本，另一方是中国的国内资本；从其投资的地区来看，基本上产生于中方仍拥有"主权"的地区；从其经营权来看，尽管大多企业的经营权操于外人，但它毕竟是中外双方共同经营和举办的，中方仍有一定的经营权，甚至有的企业中方占主导地位。① 合资企业是双方当事人共同出资、共同经营的企业。

作者认同曹先生观点。耀华玻璃公司是典型的中外合资企业，不能将其归为民族企业或外资企业。按照曹先生的理论，首先看它的经济成分，在《耀华机器制造玻璃股份有限公司华洋合股合同》（以下简称《华洋合股合同》）中明确规定："本公司股本总额暂定为中国通用银元壹百贰拾万元，每股计银元壹佰元，共计壹万贰仟股，由甲乙两方各认陆仟股，计甲种股份陆拾万元归甲方投资，乙种股份陆拾万元归乙方投资，将来增添股本时，仍由甲乙两方采均投资。"② 这就充分说明耀华玻璃公司的资本是由中外双方组成的。从投资地区看，耀华玻璃公司总事务所设在天津，工厂设在秦皇岛，均为中国主权地区；再从经营权看，耀华玻璃公司的经营活动由双方共同管理，重要的人事任免、发展决策等都由董事会决定，且在董事会中往往因

---

① 曹均伟：《对近代中外合资企业的再认识》，《广东社会科学》1988 年第 4 期。
② 《耀华机器制造玻璃股份有限公司华洋合股合同》，耀档：室卷号 2—1—2。

为比利时方只有少数股东在华从事管理工作，而中国方面在开滦的支持下更占据主动性，可以说这一主动性体现在耀华玻璃公司发展的诸多环节。所以，从任何一方面看，耀华玻璃公司都应是中外合资企业。

（二）专利技术名称问题

对于专利技术的称呼，在绝大多数关于耀华玻璃公司的研究著作或文章中使用"弗克法"一词，这其中包括耀华玻璃公司的厂志，但笔者查阅耀华玻璃公司的档案时发现，档案中始终使用的是"佛克法"一词。虽然可能只是译音问题，但本着尊重档案记载的宗旨和原则，在本书中除了引用他人成果时如遇有使用"弗克法"一词者给予保留外，在书中其他地方使用这一专利技术名称时一律遵照档案，使用"佛克法"这一词语。

第一章　耀华玻璃公司的创办

一　玻璃的出现及发展概况

　　玻璃是一种具有诸多优良性能的工业材料，它具有良好的透明性、耐磨性和一定温度下良好的可塑性，加入着色剂后还可以产生各种美丽、鲜艳的颜色，满足人们个性化的需求。其主要原料石英、石灰石等分布很广，来源丰富，价格低廉，产品成本不高，使其也由初期的"旧时王谢堂前燕"，变成如今的"飞入寻常百姓家"，成为大众能够消费得起的日常物品。

　　根据《辞海》① 的定义，玻璃是由熔体过冷所得，并因黏度逐渐增大而具有固体机械性质的无定形物体。按照《硅酸盐词典》② 的定义，玻璃是由熔融物而得的非晶态固体。日本的《新版玻璃手册》③指出，玻璃为"表现出玻璃转变现象的非晶态物质"。赵彦钊、殷海荣主编的《玻璃工艺学》④ 一书中定义为：玻璃是熔融、冷却、固化的非结晶（在特定条件下也可能成为晶态）的无机物，是冷过的液体。

　　玻璃的出现已有超过五千年的历史，世界公认最早的玻璃制造者为古埃及人。公元 1 世纪的时候，古罗马人发明了用铁管把熔化好的玻璃液吹制成各种形状的制品，用于满足人们需要。这一创举对玻璃

---

　　① 辞海编辑委员会：《辞海》，上海辞书出版社 2007 年版。
　　② 中国建筑工业出版社、中国硅酸盐学会编：《硅酸盐词典》，中国建筑工业出版社 1984 年版。
　　③ ［日］作花济夫等：《新版玻璃手册》，《玻璃与搪瓷》1985 年。
　　④ 赵彦钊、殷海荣主编：《玻璃工艺学》，化学工业出版社 2006 年版。

的发展起到了极其巨大的作用。不久，人们掌握了玻璃在一定高温下容易成形的特点，对其加以利用，把它做成玻璃窗、玻璃瓶、望远镜等，开始更多地用于生活当中。这是玻璃发展的第一阶段。

到了11—15世纪，世界玻璃的制造中心已经转移到了威尼斯。1291年，威尼斯政府为了技术保密，把所有玻璃工厂集中在穆兰诺岛，这种集群式的管理（哪怕是被动的）促进了玻璃工业的发展，使得各种产品十分精美，已经具有较高的艺术价值。16世纪后期，穆兰诺岛的工人开始逃亡到国外，玻璃制造技术也就随着他们的外逃被传播到其他地区。17世纪时的欧洲，许多国家建立了玻璃工厂，燃料也由煤代替了木柴，炉温大大提高，有力地促进了玻璃工业的发展。瑞士人狄南（Guinand）在1790年发明了利用搅拌法制造光学玻璃的技术，为后人熔制高均匀度玻璃开创了新途径。到了18世纪后期，随着蒸汽机的出现，机械工业和化学工业的不断发展，加之路布兰制碱法①的问世，使玻璃制造技术得到了进一步的提高。1828年，法国工人发明了第一台吹制玻璃瓶的机器，但由于产品质量不高而没有得到广泛推广。19世纪中叶，发生炉煤气和蓄热室池炉开始应用于玻璃的连续生产，促进了玻璃连续生产能力的提高。

20世纪初，由于玻璃瓶罐的需求量激增，出现了各式各样的自动制瓶机，逐渐代替工人的手工操作，实现了玻璃瓶的机械化生产。1905年，英国人文斯发明了第一台玻璃瓶自动成形机。1925年第一台行列式制瓶机相继问世。比利时发明家佛克设计出一种拉板机，经过几十年的改进，发展成为引上机，机制平板玻璃由此开始进入连续大量生产时期。英国皮尔金顿公司经过近30年的研究，在1959年发明了浮法玻璃技术。浮法技术的出现，是世界玻璃制造发展史上的又一次重大变革。

中国古代玻璃究竟是舶来品还是"中国制造"？长期以来，不少学术界人士及西方学者认为：中国古代的玻璃是从埃及传入的，古代中国人不懂得玻璃制造技术。但近年来，随着我国河南、湖南、广西、陕西、新疆等地考古工作的开展，在古代墓葬中多次发现料珠、

---

① 1791年法国医生路布兰首先取得专利，以食盐为原料，制得了纯碱，是为路布兰制碱法。

管球、棱形珠、玻璃璧等文物。尤其是在湖南一些古墓中出土的大量战国、西汉时期的玻璃器皿，上面绘画着具有中国民族服饰特点的纹饰及图案，具有鲜明的民族特色。这批文物的出土引起了国内外考古工作者的极大关注，经过中外专家用现代光谱技术的鉴定，得出的共同结论是：发现的中国早期玻璃是"铅钡玻璃"，与西方的"钠钙玻璃"分属两个不同的玻璃系。这一事实证明，中国古代的玻璃是用特有的原材料制造出来的。

中国科学院院士干福熹教授认为：尽管我国古代玻璃以"铅钡玻璃"为主，但在广东、广西出土的玻璃大多是高钾、低镁玻璃，是世界罕见的，氧化镁含量仅为 0.6%—1.0%；而古埃及及地中海沿岸地区出土的玻璃氧化镁含量高达 3.0%—9.0%。[①] 这再次说明中国古代玻璃是用自己独特的原材料制造的，中国是世界上最早发明玻璃的国家之一。

二 中国近代玻璃工业的发展

1895 年 4 月 17 日，腐败的清政府被迫与日本在马关（今下关市）签订了丧权辱国的《马关条约》，正式承认外国资本家可以在中国投资设厂，从此帝国主义各国向中国输出资本取得合法地位。既然已经允许外国资本家在中国投资设厂，清政府如果再想方设法限制国人的投资热情于情于理也是说不过去的，所以"清政府不得不给民间资本让一条出路"[②]，这就让中国的民族资本家取得了与外国资本家在中国进行投资设厂的同等权利，更进一步激发了爱国民族资本家们实业救国的热情，于是他们纷纷筹资设厂，踏上实业救国的道路。20世纪的最初几年，中国的民族资本家们依然持续着甲午战后"窃惟商战之秋，舍实业无以富国，利权待挽，非众擎不足为功"[③] 的爱国热

---

① 《我国古玻璃是自己独立制造出来的？》，http：//news. xinhuanet. com/newscenter/2003 - 01/02/content_ 677057. htm。

② 周秀鸾：《第一次世界大战期间中国民族工业的发展》，上海人民出版社 1985 年版，第 1 页。

③ 周叔媜：《周止庵（学熙）先生别传》，载沈云龙主编《近代中国史料丛刊》第一辑，文海出版社 1966 年版，第 32 页。

情，"实业救国"的浪潮并未减退。孙中山先生也曾提出，"行开放门户政策，以振兴工商业"①，积极提倡利用外资创办企业。"共同出资，共同经营是近代中外合资企业区别于其他性质企业的标志。这种合资企业是一种正常的国际间经济合作关系。从投资国而言，它是直接投资的方式之一，就所在国而论，它则是一种利用外资的形式。"②有效率的经济组织是经济增长的关键③，中外合资企业就是很好的经济组织之一。自明治三十六年（1903）到四十一年（1908）5 年之间，根据商部章程，纯以中国人自己的资本所创办之股份有限公司，计有 154 家，合资有限公司 52 家，合资无限公司 20 家，独资经营者39 家；资本总额达 138337660 元。④ 由此可见，这一时期的股份制公司如雨后春笋般涌现，大大促进了中国近代企业的发展。

　　早在耀华玻璃公司创办之前，中国已有多家制造平面玻璃的工厂。这些企业力图利用外国技师的技术，改变中国传统平面玻璃制造的格局。但是，他们势力薄弱，规模很小，基本属于尝试性质，并且最关键的是，这些企业把外聘技师带来的技术嫁接到国内传统的人工吹制玻璃基础之上，所以没有形成规模生产，均在开办不久即行倒闭或停业。1921 年，上海总商会对中国实业发展情况进行调查，其报告中写道："数千年来制作瓷器的这个民族，在玻璃制造这一行业上是显著地远远落在后面。"⑤

　　1882 年，国人在上海开办了上海玻璃制造厂，具体开办人不详，雇用英国技师。⑥ 当时的捷报对此报道称，"杨树浦路上新兴的各种工业中，有一家玻璃制造厂，坐落在路的西边。地皮是从一位有名的中国人手里买来的，已雇了许多苦力进行夯建地基"⑦。但是，因为

---

　　① 《孙中山全集》第 2 卷，中华书局 1982 年版，第 499 页。

　　② 曹均伟：《近代中外合资企业的再认识》，《广东社会科学》1988 年第 4 期。

　　③ ［美］道格拉斯·诺思、罗伯特·托马斯：《西方世界的兴起》，华夏出版社 1989年版，第 1 页。

　　④ 汪敬虞：《中国近代工业史资料》第二辑（1895—1914）下册，科学出版社 1957年版，第 738 页。

　　⑤ 《中国玻璃工业之新趋势》，《上海总商会月报》第 1 卷第三号，1921 年 9 月。

　　⑥ 孙毓棠：《中国近代工业史资料》第一辑（1840—1895）下册，科学出版社 1957年版，第 1167 页，民族资本经营的近代工业简表（1872—1894）。

　　⑦ 《捷报》，卷 30，页 363。转引自孙毓棠《中国近代工业史资料》第一辑（1840—1895）上册，科学出版社 1957 年版，第 130—131 页。

该公司购得地皮后在建设厂房方面遇到不少困难，只好在平和洋行码头附近的空地上建造了一所很小的化学试验室，其目的在于化验在中国所能得到的原料是否符合制造玻璃用，并在此训练中国工人，以备将来试验成功、建好较大工厂后可以立即组织生产。就在这个临时的试验室中，在外国化验师监督指导之下，做了很多有价值的试验，博得了董事和秘书们的高度赞许。同时也向他们证实，化验师格里顿（W. H. Gritton）的确是一位很能干的专家。实际上可以说，他是在中国第一个用纯砂酸盐制造玻璃的人。[①] 不幸的是，这家公司在1884年即告失败，到1888年时厂房被上海英商福利公司以2万两白银的价格购买，准备将其改造成一个酿酒厂。

1903年，清朝候补知府林松堂，即林友梅，禀准湖广总督张之洞，集资60万两白银，在武昌白沙洲创建耀华[②]玻璃厂，"该厂聘德国技师，采用德制机器，原订日产平板玻璃六十箱，并生产玻璃器皿"。"由于该厂原料产地远，成本高，又不善经营；更主要由于欧美洋货玻璃倾销，该厂仅勉强维持到1910年，转让给沪商源丰润商号。"[③] 按照余德新先生的考证，这家"耀华厂"才是中国第一家使用机器制造平板玻璃的玻璃制造企业。但一是存在时间很短，二是规模很小，产量低，没有实现大量连续生产。

1904年，山东创办了官商合办的博山玻璃有限公司，专门制造玻璃片及各种洋式器皿，除官股银5万两外，另招商股银10万两，并禀由农工商务局详奉鲁抚杨莲帅（即杨士骧）批准，获得专利10年。[④] 当时周馥在山东任巡抚，批准了山东农商局关于创办博山玻璃公司的呈文。同年9月周馥离开，继任者胡廷干任命张謇、许鼎霖、顾思远等人筹办工厂，实际负责人其实只有顾思远一人。光绪三十二年（1906）旧历十月投产，产品"尚属不劣"。但由于资金不足等原因，最终被迫改为生产玻璃杯、汽水瓶、糖罐之类的产品，即便是这

---

① 《捷报》，卷30，页574。转引自孙毓棠《中国近代工业史资料》第一辑（1840—1895）上册，科学出版社1957年版，第131页。

② 一说为"辉华"。

③ 余德新：《中国第一个平板玻璃厂创办于何时》，《中国建材》1991年第4期。

④ 各省工艺汇志，《东方》，3年10期，实业，页196，1906年9月。转引自汪敬虞《中国近代工业史资料》第二辑（1895—1914）下册，科学出版社1957年版，第815页。

样，也没有逃脱倒闭的厄运。1911年，博山玻璃公司彻底倒闭，一切资产收归官有。

1904年，许鼎霖在宿迁详细考察之后，认为宿迁盛产的玻璃砂是上等的玻璃原料，且交通便利，人口众多，具备设立玻璃工厂的优越条件，"遂与李君伯行、陈君润甫、张君季直、袁君海观、丁君衡甫、余君寿平、黄君伯雨等，出资选购砂地三千二百六十三亩八分三"①，创办了耀徐玻璃公司，并于当年正式注册登记。1905年，"张謇与许鼎霖亲至宿迁规划营建，开始在六塘河上井龙头地筹建厂房"②。耀徐玻璃公司的股东有"南张北周"之一的张謇、安徽盐运使许久香、李鸿章之子李伯行、上海商会总董陈润甫、吏部郎中丁衡甫等人，这些人物或为政要，或为实业家，或为官宦，有利于公司发展。1907年年底工厂建设竣工，1908年1月投产试制产品，不久即因英国工程师福斯德违约离去以及资金不足等问题陷入困境。后来经过澳洲技师维斯罗的指导改造，1909年开始大量生产，每日生产玻璃片7000余块。但最终因有"官商合办"之病，外国技师不尽心办事之弊，外货输入、低价倾销、抢占市场之患，以及有其他原因共同影响，使这个新兴的民族玻璃企业早早被扼杀在萌芽状态。1911年秋，耀徐玻璃厂破产歇业。③

另据当时的捷报报道，镇江玻璃厂最初因黄河河床原料取之不竭，感觉很有发展潜力。最初聘来一位外国技师，买了一些不合适的机器，等到资本已经消耗大半，才通过奥国（奥地利）领事馆从波西米亚（中欧地名）聘来一位真正的技师，带了三个监工，购买了较为适用的新机器。但由于"市场既未开拓，经理人也没有给他们的货物登出广告，并且运往上海取费之重，竟致不可能和廉价的日本货竞争"④，玻璃厂最终于1909年关闭。

---

①《东方》，7年9期，调查第一，页83，1910年9月。转引自汪敬虞《中国近代工业史资料》，第二辑（1895—1914）下册，科学出版社1957年版，第816页。

② 南通市档案馆、张謇研究中心：《张謇所创企事业概览》，南通市档案馆、张謇研究中心2000年版，第346页。

③ 政协连云港市文史资料委员会：《私企旧事——连云港市文史资料》第13辑，2000年版，第108页。

④《捷报》，1902—1911年，镇江口，页420—421。转引自汪敬虞《中国近代工业史资料》，第二辑（1895—1914）下册，科学出版社1957年版，第847页。

此外，1887 年厦门开办了一家玻璃制造厂，开办人不详，规模很小，属于尝试性质，不久即停产。① 在参与创办耀徐玻璃公司的同时，丁衡甫又于 1905 年在广东开办了广东玻璃厂；1906 年留日归国学生（具体开办人不详）在江北（四川）刘家台开办鹿蒿玻璃厂，该厂在最初三年聘用日籍技师，生产花瓶、灯罩、玻璃缸以及精工装潢的玻璃器皿，② 曾在南洋劝业和巴拿马赛会获金奖；1907 年侨商张振勋投资 40 万元在广东惠州创办了福惠玻璃厂；1908 年厦门广建玻璃制造厂创立，资本 3000 元，雇用当地工人 54 名，日产各种品级灯罩 300 打，每百打价值分别为 17 元至 140 元不等，主要市场是厦门境内；③ 同年，福建商人在福州创办了谦祥春记玻璃厂；1909 年被革职官吏蒋唐佑在北京创办了北京玻璃公司。这些玻璃公司无论是在资金方面，还是在技术方面，与外国舶来品相比都存在明显的劣势。有时候甚至由于创办现代企业的经验不足，加上国家权威日衰，保护工商企业发展的能力欠缺，在与外国资本团打交道的过程中经常蒙受损失。

耀徐玻璃公司经理许鼎霖在 1910 年的报告中写道：光绪三十一年（1905）九月二十六日，与英商福斯德订立合同，以每星期出平片、滚片十五万方尺，每日出瓶、罐三万个为度。三十三年（1907 年）腊月，工竣试火，经四十日之久，始能出货。初出平片，有炸裂之弊，继有泡点之弊，实验数月之久，始知弊在熔炉短小。经过改建，所出平片始能洁净。后福斯德竟因琐事，私将机器拆去，并带洋匠回沪。嗣经英国领事调节，饬令福斯德君仍派洋匠四人住宿厂装机，苟如前此试验相同，即可作为完备。开全机后，乃知竟有大谬不然者，盖每班做工八时，已将熔汁用尽，再用余汁，泡点复见，屡试皆然，若仅做工八小时，次日再做，则汁又洁净如常。由此观之，是

① 孙毓棠：《中国近代工业史资料》第一辑（1840—1895）下册，科学出版社 1957 年版，第 1167 页，民族资本经营的近代工业简表（1872—1894）。

② 报告，1902—1911 年，重庆口，页 269。转引自汪敬虞《中国近代工业史资料》第二辑（1895—1914）下册，科学出版社 1957 年版，第 818 页。

③ 报告，1902—1911 年，厦门口，页 109。转引自汪敬虞《中国近代工业史资料》第二辑（1895—1914）下册，科学出版社 1957 年版，第 818 页。

熔炉仅能化八小时之料，而不能化二十四时之料。① 福斯德为省俭工料，故意将熔炉改小，没有按照合同履行职责。后来不得不重金聘请奥地利技师维斯罗②前来指导，对设备进行改造后才可以正常生产。类似的问题在北京玻璃公司身上也有发生。

北京玻璃公司在建厂初期曾与德商瑞生洋行订购玻璃生产机器，"共计机价十八万余金，原订合同作四次分交"，德商却突然由"德公使行咨外部，谓玻璃公司如于三日内不将款交齐，必责令农商部偿还"。该公司总理蒋唐祐被叫到外部后，持合同据理申辩，却惹得某司长勃然大怒，"将蒋送交外城总厅押追，并有咨请民政部将玻璃公司封闭，以其机器物料折价偿还瑞生洋行"③。后来由于"资本不充，经理其者处置失宜，遂归停顿"④。1921 年正当耀华玻璃公司筹办之际，农商部曾致电耀华玻璃公司发起人李树德，"此项事业目前至关重要，该厂规模已具，废置殊为可惜，尊处筹办天津玻璃公司，于该业素有经验，京厂原有基址及一切机械炉窑，据专家鉴定，颇有举办之价值，且基础完成，若能筹集款项继续办理，自属事半功倍"⑤，并希望耀华玻璃公司能够派人前去堪估。但是，耀华玻璃公司发起人不愿意接手北京玻璃公司的烂摊子，于 1924 年 12 月回复农商部，"现在敝公司正直筹办之际，诸事尚未完备，承示堪估京厂一节，拟请稍缓再行酌办，办理就绪成立之后，自当派人前往"⑥。李树德等人婉言谢绝了农商部的建议。因为耀华玻璃公司此时已经与秦皇岛玻璃公司签订了合作协议，而且如果答应了农商部的建议，接手北京玻璃公司，技术不是最先进的，机器不是最先进的，厂房等设施也会与佛克法技术要求有所差别，所有一切均需要推倒重来，还不如"另起炉灶"，创办一个崭新的公司。

---

① 《东方》，7 年 9 期，调查第一，页 83—85，1910 年 9 月。转引自汪敬虞《中国近代工业史资料》第二辑（1895—1914）下册，科学出版社 1957 年版，第 817 页。

② 中国社会科学院近代史研究所中华民国史研究室：《中华民国史资料丛稿·人物传记》第十四辑，中华书局 1982 年版，第 64 页。

③ 京外近事汇录，东方，7 年 5 期，记载第 3，页 121，1910 年 5 月。转引自汪敬虞《中国近代工业史资料》第二辑（1895—1914）下册，科学出版社 1957 年版，第 846 页。

④ 《覆农商部工商司函》，耀档：室卷号 2—1—4。

⑤ 《农商部致李树德函》，耀档：室卷号 2—1—4。

⑥ 《覆农商部工商司函》，耀档：室卷号 2—1—4。

三　佛克技术的发明及转让

在佛克法技术发明之前，欧美国家已开始注意玻璃制造技术的发展，他们在原有旧法制造玻璃的基础上不断探索总结，吸取历次失败的经验与教训，深刻剖析原因、查找不足，最终由比利时人哀米尔·佛克（Emaile Fourcauit）站在前人的肩膀上，发明了影响半个多世纪的有槽垂直引上法，即佛克法。其发明过程是艰难曲折的，当时中国驻比利时大使许熊章受邀参观了比利时沙尔勒尔洼省端蒲额米玻璃厂，对佛克法的发明有较为深入的了解，在其随后发回国内的报告中做了详细的介绍，现简要陈述于后。

旧法制造玻璃，以一人持一根心铁杆，铁杆的一头蘸取已熔好的玻璃源质，该物既热且带凝性，与铁杆容易黏合。"其熔质黏于杆上既多，则执而吹之，同时动摇烘烧，始成长圆管形，脱去铁杆后，由纵面而分裂之，复运输至炉中烘热，再用木具压之，使平，而后截切，方得平坦面玻璃焉。"① 这种旧法制造玻璃慢且难度大，工价昂贵，产品质量的好坏也因吹工手艺的巧拙而有高低优劣之分。工人工作环境极其恶劣，厂中空气炎热，呼吸困难，加上制造玻璃全靠工人吹气，对肺伤害较大，严重影响工人的身体健康，玻璃匠的寿命也因此缩短。

面对这种落后的玻璃制造技术，径蔚黎炎·门克纳尔科发明了一种新的技术，用机械代替人工，使铁杆提升玻璃熔质，由下而上拉长玻璃原料，使之直接成片形，无须用炉烘平。这种方法生产的玻璃成本较人工吹制的玻璃降低了很多，而且可以使工人免去身体上的伤害，和旧法相比，"不啻天渊之别"。这种方法从理论上来讲"固佳"，但实验的结果并不理想，玻璃片提升的越高，其下方则越减缩成三角形，经过再三试验，也没能找到有效的解决办法。后来改用机力由上而下，让玻璃液从一缝中下漏，薄厚与缝形相等，"前病遂瘳，颇为幸事，奈当玻璃片下降时，下重上轻，厚薄不一，常至半途破裂"②。面对挫折和失败，人们往往越挫越勇，越要想方设法探得究

---

① 许熊章：《中比制造玻璃实业之组织，用福尔哥制平面玻璃之完善，秦皇岛玻璃公司之建设》，耀档：室卷号2—1—4。

② 同上。

竟。从 1886 年至 1902 年，卜斯百尔·昂而艾氏与跛鲁·西慕氏改进前人的做法，发明了使用机力横向拖动玻璃，上述弊病得到有效解决。但玻璃制成薄片后平置的时候与机器彼此接触，使玻璃质量受到影响。比利时玻璃技师阿扶蛮，想从根本上解决前面的困难问题。他采用的方法是仍用机器提升玻璃源质，由下而上伸成圆管，并利用空气冷度力预防其减缩，"则其管形成而无减缩厚薄之弊，斯法为美，人所采用后，加以改良，方法日新月异，随时进步，数十年来，伸吹机之效果遂得由者发明焉"①。

哀媚楼·福尔哥②氏，比利时国家名誉矿师，兼任玻璃社会长，时任比利时端蒲额米尔玻璃厂总办，找到一个改良方法。此方法的创意人是哀媚楼·哥伯氏，比利时徐麦玻璃厂的技师。虽然创意是哥伯提出的，但在试验上取得的所有进步均来自于福尔哥。福尔哥的改良方法是用一个标浮器，又名发源器，把上面挖空，再钻一长缝，缝门在原料平线之下，玻璃片由缝中出来，玻璃的凝结力已达到要求，然后用一根下线丝网与玻璃质相接，再用机力将网向上提，于是玻璃熔质次第上升，发源器上的热度也逐渐降低，玻璃上升越高，则其熔质坚固性越强，不受其他熔质渗入或出现变形的影响。福尔哥曾在端蒲额米厂中建造一个小炉窑用于生产试验，其面积仅为 18 平方米，等于平常玻璃厂中所用炉的 1/5，随后由一而建二，由二而建三，试验两年后，其玻璃出产已近 3 万平方米。利用这种方法制造玻璃与人工所制无异，但成本较旧法降低 40% 多，且其厚薄均匀，约为 2 毫米。利用福尔哥法制造玻璃，玻璃汁的利用率可达 70%，而在旧法中最高只能利用 55%，所用工人人数亦可减少 70% 以上，除了专门工头，对其他工人没有技术要求，可以随便雇用。可见新法无论在成本还是在用工方面较旧法均有突出优势。

佛克法技术逐渐成熟，自 1904 年开始在比利时国内应用，但有著作③称：1914 年世界上第一座采用佛克法制造玻璃的工厂在比利时

---

① 许熊章：《中比制造玻璃实业之组织，用福尔哥制平面玻璃之完善，秦皇岛玻璃公司之建设》，耀档：室卷号 2—1—4。

② 哀媚楼·福尔哥即哀米尔·佛克（Emaile Fourcauit），此处为音译差别。

③ 耀华玻璃厂志编纂委员会编：《耀华玻璃厂志》，中国建筑材料工业出版社 1992 年版，第 1 页。

建成投产，这一说法有待商榷。根据耀华玻璃公司档案记载，其实早在 10 年前就"开始在比利时国内应用"了。"其宗旨欲令斯法普及世界，推广势力，不料欧战发生，前项计划遂成画饼"①，欧战结束后开始在世界范围迅速扩展，极大地促进了近代平板玻璃工业的发展，"使平板玻璃由手工生产跨入使用机器大批量生产的时代"②。同样，也为中国引进这一先进技术创立秦皇岛耀华玻璃公司，建成中国乃至亚洲第一家使用佛克法技术制造玻璃的工厂提供了前提条件。

佛克法技术日趋成熟后，制造出的产品成本低廉，质量可靠。本着"令斯法普及世界，推广势力"的目的，发明者在欧战结束后不断将这一先进技术的专利权转售于各公司或各个国家，以促进世界玻璃工业的发展。由于该项专利是当时世界上最先进的平板玻璃制造技术，加之欧战结束后，参战的各个国家或被战火燃及的地区处于满目疮痍、百废待兴之际，急需重振工业，恢复经济社会发展，所以欧美一些工业发达国家争相购买佛克法专利技术。截至 1919 年已有 12 个国家先后创办 25 家利用佛克法制造玻璃的工厂，平均每年有 2.2 个多佛克法玻璃工厂建立。欧战结束后，"欧洲和平恢复，在捷哥司诺发哥③国已建造二厂，一在阿斯多米司，二在勃米斯打。至于他处之建造尚未完工者甚多，如在英境内之昆薄那须，在法之举塞为西，在和灡④之马斯路易，在希腊之彼矮，在日本之河马加沙几皆用福尔哥之法制造，现德人亦利用是法，于本年间已起首建立同样玻璃厂"⑤。这些工厂的创办有力地证明了佛克法技术的先进性，这无疑创造了一个平板玻璃制造的崭新时代。

该项专利技术在各个国家和地区转让的具体条件不尽一致，但基本思路大体相同。大概都是收取一定的专利费，再加上产品出产后一定数目的酬报利金，或是工厂将来扩建添加机器时在一定出产数量上

---

①　许熊章：《中比制造玻璃实业之组织，用福尔哥制平面玻璃之完善，秦皇岛玻璃公司之建设》，耀档：室卷号 2—1—4。

②　耀华玻璃厂志编纂委员会编：《耀华玻璃厂志》，中国建筑材料工业出版社 1992 年版，第 1 页。

③　捷哥司诺发哥即捷克斯洛伐克。

④　和灡即荷兰。

⑤　许熊章：《中比制造玻璃实业之组织，用福尔哥制平面玻璃之完善，秦皇岛玻璃公司之建设》，耀档：室卷号 2—1—4。

再收取一定数目的酬报利金。这种做法对专利所有人来讲，既保证了能够在最初得到一定数目的专利转让费，又能在各个玻璃工厂正式生产后得到一部分酬报利金，而对于该项专利权的使用者来讲，也能使其以较少的代价先获得此项专利的使用权进行生产，在一定程度上减轻企业初建时的资金压力，这种模式对于专利所有人和使用者双方都是有利的。

该项专利权的具体转售情形约略如下：希腊，转让费为英金15000镑，酬报利金在外，但售让的条件只以设置 4 架机器为限；荷兰，转让费不详；德国，转让费为英金 10 万镑，另有 2 万方尺玻璃上的酬报利金，并要求 1922 年必须有一个能放置 8 架机器的玻璃工厂正式开工；日本，转让费为英金 6 万镑，酬报利金在外。[①] 除上述各国，意大利、斯坎大尼维亚（即挪威、瑞典、丹麦等国）、西班牙、葡萄牙以及南美洲各国，也积极与各国的公司协商，拟筹款购买佛克法专利技术从事平板玻璃生产。

经过耀华玻璃公司发起人的积极努力，佛克法专利技术最终辗转来到中国。"不发达国家可以在一个较短的时间引进发达国家在一个相当长时间内发展起来的先进技术"[②]，减少其积累探索的过程，耀华玻璃公司在中国成功完成了这样一个使命。1921 年引进比利时该项专利技术，以有槽垂直引上法（即佛克法）生产平板玻璃，较之"人工吹制法"和"拔筒法"生产的平板玻璃具有产量高、平整度好、规格齐全等特点，当时成为最先进的技术。[③] 佛克法专利权辗转售与耀华玻璃公司的总体情况是：米乞尔代表伦敦商业银行及大英藩属玻璃有限公司向索洛维佛克尔弍公司购得全世界专利权，购价为 26 万英镑；饶明代表比利时对华贸易研究会从米乞尔手中购得在华专利权，随后又将该项专利权转售与成立于比利时的秦皇岛玻璃公司；秦皇岛玻璃公司再将该项专利权转售与耀华机器制造玻璃股份有限公司。

---

① 罗遮：《佛克尔弍新法在华专利权购得始末》，耀档：室卷号 2—1—4。

② 刘佛丁、王玉茹、赵津：《中国近代经济发展史》，高等教育出版社 1999 年版，第148 页。

③ 耀华玻璃厂志编纂委员会：《耀华玻璃厂志》，中国建筑材料工业出版社 1992 年版，第 59 页。

比利时索洛维佛克尔忒公司为取得专利回报，将其拥有的佛克法技术售与波西周司·米乞尔，米乞尔便拥有了在中国利用佛克尔忒抽制玻璃新法专有权。比利时人德希尔·饶明（银行家，比利时沙洛罗洛波银行董事）看准了中国广阔的民用玻璃市场前景，以及世界玻璃市场的高额利润，便于 1920 年 5 月 1 日与波西周司·米乞尔及其代表的哈得雷（伦敦商业银行董事）订立了专利权转让合同，购得佛克法技术在中国①的使用权，并且"米乞尔君现在及将来所有关于此项新法上之权利与特殊利益，一切机器上实用之知识，以及此后随时一切改良进步之新法"②，饶明都有购买上的选择权。按照合同规定，上述选择权有效期至 1920 年 9 月 30 日止，在有效期内如欲购买上述权利，必须付给对方英金 4000 镑，这说明这种选择权不是无限期的，同时也不是免费的。到期如需延长，以每月为一个期限，且每月须付费用 1000 镑，最多只能延长到 1921 年 5 月 31 日。

同时，饶明享有"所派代表不论其为工程师、会计员或工人等，只须饶明君签押之书信即可任意至丹瑞米玻璃工厂以及其他利用佛克尔忒式新法之玻璃工厂内随意参观，米乞尔君并允对于此项人等予以必需之协助，俾得将佛克尔忒式新法内一切改良之点完全谙悉"的权利，米乞尔还要"与各方面接洽妥协，以省每次饶明君派人参观均须请求特许之烦劳"③。这项权利的获得，为后来耀华玻璃公司选派副工程师及技术工人到比利时参加培训学习提供了先决条件，确保工人回国后很快就能胜任工作，也为后来逐步减少比利时的技术、管理等方面的人员奠定了基础。合同还规定，米乞尔应选派一名干练的工程师来中国，在玻璃工厂完工之后对场地及机器进行实地考察，并帮助一起安装机器。除了帮助选派工程师之外，还要帮助饶明选派一名经验丰富的工厂主任。这些关键技术人物的来华，无疑为耀华玻璃公司能够成功投产提供了有力的技术保证，免去了因国人学习不精，在回国后实

---

① 此处的中国按照合同内容是指"中国政治上之界限而言，满洲、朝鲜不在其内。至于各国在中国国内或沿海之租界、殖民地以及保护地，如香港、澳门等处，皆认为中国之一部分"。

② 德希尔·饶明与波西周司·米乞尔签订在中国利用"佛克法"技术专有权合同，耀档：室卷号 2—1—1。

③ 同上。

际生产中遇到棘手问题还要到比利时请教的弊端。作为回报，饶明须付给米乞尔技术转让费 5 万镑英金，并约定在中国工厂最初制造的 200 万方尺（2 毫厚）玻璃上，每方尺付给米乞尔专利酬报金 4 便士。米乞尔为了技术上的保密，在合同中作了明确规定：倘若饶明不向米乞尔订购机器，则机器的各部分不得向一处制造厂订购，并须把订购机器的清单谨慎分散到各个地区，以免制造机器的工厂窃知机器的整体组成情况[1]。这一条款充分体现了米乞尔对于保护专利技术的敏感性。

　　合同签订后，比利时公司对于在华创办玻璃工业一事进行了详细研究，认为单独来华创办独资公司并不划算，"诸如人员之薪水、律师之用费、办公处之维持费以及各员之旅费等项，所费亦颇不赀。同时又以重资购得一切火炉池、煤汽机以及需用佛克式新法专门技师、监督在华所设工厂等之详图"[2] 均为不利条件。"乌得米银行为比京最大之建筑，且开滦矿务总局经理处亦设在该银行之内"[3]，所以二者之间较为熟悉，希望在华的投资设厂事宜能够得到开滦的鼎力支持。1920 年 6 月 11 日，开滦伦敦办事处将与乌得米银行接洽的情况向总部做了汇报，分析了利用佛克法技术在秦皇岛设立玻璃工厂的有利条件。其间，开滦总经理瓦尔德·那森例假回国[4]，曾借机去比利时利用佛克法制造平板玻璃的各工厂参观，认为"佛克玻璃制造法制造巧妙，制出的玻璃品质精良，可在中国设厂仿造，谋取厚利"[5]。

---

　　[1]　德希尔·饶明与波西周司·米乞尔签订在中国利用"佛克法"技术专有权合同，耀档：室卷号 2—1—1。

　　[2]　罗遮：《佛克尔式新法在华专利权购得始末》，耀档：室卷号 2—1—4。

　　[3]　《罗遮致那森函》，1922 年 9 月 7 日由比京发，耀档：室卷号 2—1—23。乌得米银行是乌得米财团重要组成，除此还包括沙洛罗波银行和对华贸易研究会。

　　[4]　有学者认为：1921 年开滦总经理英人那森少校例假回国。张训坚、郭治平：《中外合资的耀华玻璃公司》，中国人民政治协商会议天津市委员会、文史资料研究委员会：《天津文史资料选辑》（第一辑），天津人民出版社 1978 年版，第 30 页。但据耀华机器制造玻璃股份有限公司第一次股东会（1922 年 3 月 27 日召开）议事录记载（耀档：室卷号 2—1—8）：一年前当鄙人在欧洲时曾至比国佛克制造玻璃工厂参观，此处没有写明具体时间。而饶明与秦皇岛玻璃公司是 1921 年 1 月 11 日订立的合同（耀档：室卷号 2—1—2），此合同应该是那森回国参观工厂后与罗遮、古伯等人决议与饶明合作时签订的，所以据此推测，那森应是 1920 年回的国。

　　[5]　张训坚、郭治平：《中外合资的耀华玻璃公司》，载中国人民政治协商会议天津市委员会、文史资料研究委员会《天津文史资料选辑》（第一辑），天津人民出版社 1978 年版，第 30 页。

经过在伦敦、布鲁塞尔两处多次开会讨论，1920 年 12 月 6 日，饶明等与开滦矿务总局订立了合作合同。合同第一条规定，"矿务局对于比国团实行其一切之计划时，担任予以势力及职务上之协助"①。主要包括在秦皇岛以最合适的价格代购建厂地基；代招工人；比国团认为矿务局制造的火砖可以使用时，矿务局应按其所需数目供给；保障用煤需求；所属各工厂尽其能力所及供比国团使用；以拥有的商务上的便利、运输上的组织协助比国团。后"又向丹瑞米工厂接洽，得其全体职员之赞助，古伯②君（工程师）亦允来华协助，此举即视为将来营业发达之担保者也"③。这样，确保耀华玻璃公司创办后在技术指导方面能够及时得到古伯的帮助。

瓦尔德·那森、毛立司·罗遮等人对使用佛克法在中国从事玻璃制造业充满了信心，1920 年 12 月 28 日在比利时首都布鲁塞尔注册成立了秦皇岛玻璃公司（Glass Company Ltd. Of Chin Huang Tao），准备以开平矿务有限公司的名义在中国独资或合资办厂，从事玻璃生产。他们深谙，"只有接受并采用中国传统市场上作为主体的经营者处理人际关系的某些方法和伦理道德观念才能生存和发展，他们只有通过在中国社会中有地位、有势力的买办与中国官府、士绅、富商，乃至包括黑社会势力在内的各种帮派、团体建立起良好的关系，才能在市场上站住脚"④。开平矿务局与滦州煤矿董事会协商后，决定另行成立新公司制造玻璃。秦皇岛玻璃公司组建后开始与饶明接洽，双方于1921 年 1 月 11 日签订了佛克法技术专利转让合同。饶明将其获得的所有权限让与秦皇岛玻璃公司，协助公司选派在机器上富有经验的总监工 1 名，在中国境内不再将佛克新法直接或间接售与第三方面。作为转让条件，秦皇岛玻璃公司付给饶明 6 万镑英金，在中国工厂最初制造的 600 万方尺玻璃上每方尺付给饶明专利酬报金 4 便士。但这些转让费用是指在中国安装 8 架机器时的数目，如果将来公司发达，再

---

① 《开滦矿务总局与饶明君合同》，耀档：室卷号 2—1—2。

② 即奥利弗·古伯，比利时人，改进佛克技术的埃米尔·古伯的儿子，来华后担任耀华总工程师。

③ 罗遮：《佛克式新法在华专利权购得始末》，耀档：室卷号 2—1—4。

④ 刘佛丁、王玉茹、赵津：《中国近代经济发展史》，高等教育出版社 1999 年版，第159 页。

添加机器时，在最初制造的 25 万方尺上仍须付给饶明专利报酬金。[1] 但罗遮在《佛克尔忒新法在华转让始末》中提道："比国公司对于在华之玻璃事业乃属最先创始之人，因其与佛克尔忒新法发明人之家族有密切之关系，故得与大英公司交涉，使其将所要求之代价减让至英金五万镑。"[2] 并且，"将其技艺最高之技师遣之来华，为吾人工厂中永远之职员"[3]。这些有利的转让条件是之前其他国家购买该技术时没有享受的。

四　耀华玻璃公司的成立

耀华玻璃公司的创办与开滦矿务总局的创意和支持密不可分。开滦利用一战后帝国主义的势力垄断中国市场，获利丰厚，滦州煤矿虽然只占利润分配的四成，但其获得的利润仍使国内其他企业望尘莫及。耀华玻璃公司成立的前几年，滦州煤矿每年的股息可以达到其股本的 70%，此外还积累了大量的公积金。当时的有志国人认为："中国贫弱，为根本计，非振兴实业不为功。"[4] 周学熙认为："工业为农商枢纽，机器乃工业权舆，东西各国工业勃兴，皆胎息于机器之进步。"[5] "我国工业落后，势非急起直追不可，苟非利用既成事业之人力、物力，则不足以谋长足之进展。"[6] 并认为"此乃华北利权，既具财源应用之提倡华北实业，以裕地方而富民生"[7]。所以周学熙曾于滦矿营业鼎盛时提出议案，经股东会讨论通过，"嗣后股息以每股二元四角为最大限度（股票票面每股十五元），过此则提存为创办新

---

① 《饶明与秦皇岛玻璃公司合同》，耀档：室卷号 2—1—2。
② 罗遮：《佛克尔忒新法在华专利权购得始末》，耀档：室卷号 2—1—4。
③ 同上。
④ 陈克宽、陈克俭：《洋灰陈传略》，上海三联书店 2001 年版，第 121 页。
⑤ 北京市档案馆：《北京自来水公司档案史料》（1903—1949），北京燕山出版社 1986 年版，第 20 页。
⑥ 周叔媜：《周止庵（学熙）先生别传》，载沈云龙主编《近代中国史料丛刊》第一编，文海出版社 1966 年版，第 182 页。
⑦ 周学熙：《周止庵先生自叙年谱》，载沈云龙主编《近代中国史料丛刊》第三编，文海出版社 1966 年版，第 61 页。

事业专款,以之生息,建设实业"①。耀华玻璃公司就是利用这项新事业基金创办的企业之一,而且"尤以耀华玻璃公司,完全为开滦所创办"②。

起初,那森、周学熙等人为了谋求更高的利润,本想利用开滦自身煤炭、运输等方面的优势条件,创办铁厂、钢厂乃至垦牧造林等各种事业,"曾于皖采铁砂化验,将于秦皇岛设炉,化铁炼钢","终以技术问题未臻圆满,不及实行"③。当那森回国参观比利时佛克法制造玻璃工厂后,便和周学熙商议引进比利时技术,创办玻璃公司。当时玻璃已经成为建筑普遍使用的材料,"无论通商大埠穷乡僻壤,凡建造房屋在所必需,每年海关进口数达二三十万箱,金钱溢出不可胜计",而旧有玻璃工厂因"人工旧法,制造未精,出货即少,成色又不能与外货相颉,顽坐使利源外溢"④。欧战爆发后,来货较少,价格日涨,"遂先作玻璃厂之议"⑤。创办玻璃工厂的计划遂被提上日程。"先作玻璃厂之议"的原因还与比利时主动找滦矿有关,"周学熙考虑到当时中国的玻璃制造业,只能生产一些玻璃瓶,所有玻璃板材,都依赖日本的进口,如今有找上门的外资,引进其先进技术和设备,既可为民造福,又可借以抵制日人之玻璃板材的倾销,实乃天赐良机"⑥。需要指出的是,"中国玻璃之输入,向以比利时为巨"⑦,此时并不是日本玻璃大量倾销于中国。据统计,1913 年至 1918 年,欧美发达国家"仅玻璃就向中国倾销一百四十万九千箱,随着世界资本主义向帝国主义阶段发展,他们的侵略方式由商品倾销转向资本输出"⑧。耀华玻璃公司就是在这样的历史背景下诞生的。耀华玻璃公司的建立反映了这样一种观点,"中国近代工业是在欧风美雨的刺激

---

① 周叔媜:《周止庵(学熙)先生别传》,载沈云龙主编《近代中国史料丛刊》第一编,文海出版社 1966 年版,第 182 页。

② 同上书,第 183 页。

③ 同上。

④ 《呈为集资创设机器制造玻璃股份有限公司拟具章程》,耀档:室卷号 2—1—4。

⑤ 周叔媜:《周止庵(学熙)先生别传》,载沈云龙主编《近代中国史料丛刊》第一编,文海出版社 1966 年版,第 183 页。

⑥ 郝庆元:《周学熙传》,天津人民出版社 1991 年版,第 238 页。

⑦ 屠恒峰:《中国化学工业调查》,《上海总商会月报》1923 年 10 月。

⑧ 中国企业史编辑委员会:《中国企业史·典型企业卷》(下),企业管理出版社 2002 年版,第 574 页。

下发展起来，进口替代是对这种刺激的一种反映，是近代民族工业兴起发展的主要途径之一"①。

当然，耀华的创办与比利时资本团急切希望来华办厂不无关系。1921 年 6 月 11 日，比京秦皇岛玻璃公司董事会给那森的来函中提道："倘以敝处所拟在华筹办事业胜利之宣告认为正确，即请尽力设法征求中国资本家允许筹办股本，盖敝处所欲在华召集股本之意诚愿从速设立工厂，早日开办，俾可获夏秋两季之便利，不致专事讨论有失时机，因此事深信足能成功，是以敝处希望能得中国资本家赞许，敝处即可筹办应需股本以期早日开办，敝处亦可不待中国资本家决定先为进行，籍以表明敝处深信此事定能成功，而中国资本家可以在此期内从容商决也"②。不待中国资本团决定，比利时方即可先行着手筹集资本，等待中方磋商，可见比方资本团与中国资本团合作创办新式玻璃制造公司的这份诚意。

耀华玻璃公司外国股东方面由那森少校代表，中国团体方面由周缉之（即周学熙）先生代表，就创办耀华机器制造玻璃股份有限公司拟定协议。在"当时中外合资企业以采矿业最多"③ 的情况下，1921 年 12 月 22 日中国资本团耀华玻璃公司发起人李伯芝、王少泉、李希明三人与秦皇岛玻璃有限公司代表罗遮、瓦尔德·那森、乔治·那森正式签订了中比双方合办公司的《华洋合股合同》，成功的在玻璃制造行业与外国资本开始合作。"这是当时诞生在中国土地上的远东第一家采用中外合资经营形式建造起来、并引进当时世界先进技术生产玻璃的企业。"④ 合同条款规定：双方集股创办耀华机器制造玻璃股份有限公司，由中方资本团推举 7 人具名呈请中国农商部，按照中国商律注册为中国有限公司；专利转让费为法金 3393000 法郎，合华洋 526863 元。公司资本共计银元 120 万元，分为 12000 股，每股 100 元。公司股份为记名式，分为甲乙两种，甲种股份为中方持有，乙种股份为外方持有，甲乙

---

① 樊卫国：《论进口替代与近代国货市场》，《上海社会科学院学术季刊》1995 年第 3 期。

② 《照译那森为创办新法玻璃公司来函》，耀档：室卷号 2—1—4。

③ 曹均伟：《浅论近代中外合资企业的演变及其特点》，《财经研究》1987 年第 8 期。

④ 李君：《中国玻璃工业的巨星——秦皇岛耀华玻璃总厂史略》，《中国工商》1990 年第 9 期。

两种股本数目相同。乙方持有的 6000 股股本"以乙种股东购得之专利权及秦皇岛玻璃公司之组织费并其总理之费用及薪金作抵,①"比方承诺自合同签字之日起 90 日内将饶明与秦皇岛玻璃公司所订合同的签字原本,以及所有足以证明乙方已经获得佛克机器制造玻璃技术在中国的专有权涉及的所有文件移交给耀华玻璃公司。

至此,耀华玻璃公司与外国资本团完成了合作举办工厂的协议,解决了外国资本团"远到中国来设厂,诸多困难,一时无法兴工"②的顾虑。关于耀华玻璃公司注册为普通中国公司还是中外合资公司一事曾有分歧,李希明建议按照普通中国公司在中国政府注册,不仅"将来可受中国方面购货之欢迎",且将来售货时应缴纳的所有关税都会较少,"只出百分之五之通行税",但又怕"中国公司董事部内恐无外国人充当董事之规定"。后经周学熙查证,中国公司条例并没有规定外国人不能担任董事的条文,故外国人在耀华玻璃公司内担任董事可以办到。最后决定,在中国农商部注册成立中国公司,股本以中国国币银圆为本位币,按照中国股份公司要求订立章程,但实质上是中国与比利时合办的合资公司,中比双方各占一半股本。1922 年12 月,耀华玻璃公司领到天津县公署转发农商部颁给的注册执照。图 1 - 1 为耀华玻璃公司早期的营业执照。按照公司建设进程安排,自 1922 年 3 月 17 日已由开滦具体负责开始建设秦皇岛工厂。

在《华洋合股合同》签订的同时,发起人李伯芝、王少泉、李希明代表耀华玻璃公司与那森少校代表的开滦矿务总局签订了耀华机器制造玻璃股份有限公司与开滦矿务总局合同,就开滦在耀华玻璃公司工厂用地、招录工人、原料供应、运输销售等方面应给予的具体帮助做出明确规定。矿务局以坐落于秦皇岛京奉车站以南及附近拥有的土地,"其中九十一亩七分一厘为伦敦开平矿务有限公司名下永有之产业,今矿务局代表开滦矿务有限公司将该地租与公司,租期二十九年,计至一千九百五十年七月十四日为满期。其余三十九亩九分三厘为中国政府租与矿务局之荒地,租期自一千九百二十年算起凡三十年,今由矿务局转租与公司,其期限即以矿务局向中国政府承租之期

---

① 《华洋合股合同》,耀档:室卷号 2—1—2。
② 萧维良:《天津玻璃工业史记略》,天津市工人文学创作社编印 1992 年版,第 292 页。

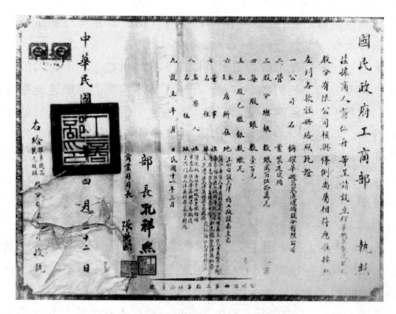

图 1 - 1　耀华玻璃公司早期营业执照

限为止"①。"永有之产业"部分每亩每年付给开滦 10 元租金，转租的土地每亩每年付给 1 元租金。租期期满后需要继续租用时，矿务局承诺对其自有的土地仍按上述条件准予续租，向中国政府承租的土地，此后若能得到政府允许，仍按照矿务局承租秦皇岛荒地的办法准予续租。除了尽力代为招募所需工人，以大小各式钢砖与火泥、建筑用砖低价供应耀华玻璃公司外，矿务局还应以其生产的最上等烟煤供给耀华玻璃公司使用，且自成立之日起两年内卖给耀华玻璃公司的煤，不论运至唐山或秦皇岛皆按成本价核算。运输方面也规定了优惠条件，耀华玻璃公司所需的货物、原料及各种物料需要由外洋运来时，"矿务局担任交其自用或包用之轮船代为运送至秦皇岛，以能力所及为度"②。运输费用由耀华玻璃公司负担，但矿务局收取的数目不得超过自行运输材料物品所付的价格。矿务局制造的物品运送到耀华玻璃公司厂内的，可以豁免一切运费。唐山或秦皇岛工厂需要用电时，矿务局必须于"可用地点及时间以强力最大之电流供给公司一切

---

① 《耀华机器制造玻璃股份有限公司与开滦矿务总局合同》，耀档：室卷号 2—1—2。

② 同上。

发动机械及电灯之用"，电的使用价格应当比照矿务局与铁路及其他公共团体所规定的优惠办法由双方自主商定。

从上述优惠条件可以看出，开滦矿务总局对耀华玻璃公司的支持和帮助涉及公司发展的各个方面，保证了耀华玻璃公司的建设在战火纷飞、灾乱不断的动荡年代得以顺利完成，"耀华玻璃公司的创办和迅速投产，是与华北'灰矿'的支持分不开的"①。耀华玻璃公司的领导集体从表面上看是一套独立的班子，实际上这些领导者或是开滦的股东，或是启新的管理者，或是华新纱厂的董事，或者兼而有之，耀华玻璃公司能够不断与敌货竞争，占领华北、东北等重要市场，与各方面的合力是分不开的。

先进的中国人在帝国主义资本入侵的刺激下，不断吸取教训，总结经验，尝试着举办各类工业，发展国民经济，与外来资本抗衡。同样，中国的玻璃制造企业也没有因为之前各地所设工厂的失败而裹足不前。正如美国人所言："中国并没有停顿不前；中国人在各地所开设的外国式的玻璃制造厂、织呢厂、造纸厂等企业即其明证。……上述各企业中，有的不很成功，但无大害，因为中国人知道这是由于他们自己的错误。在这些行业里新企业仍将继续开办。等到一朝真正成功了，前进的力量会获得动力，而使新工业在这个国家里稳固地建立起来。"②

1922 年 3 月 27 日，耀华玻璃公司第一次股东大会在天津"特别一区中街中英美商务联合会"召开，甲方股东 98 人代表 4128 股权参会，乙方股东 3 人代表 6000 股权参会。会上，李伯芝和那森分别代表中外双方报告公司的组织筹备情况，最后采用预选办法选举产生了甲乙双方的董事和监察人以及候补董事和监察人。至此，耀华机器制造玻璃股份有限公司正式宣告成立，成为"国内最新式、最宏大之玻璃厂"③，"世界上利用佛克制造法最优美之厂，且出货种类不受限制"④ 的中比合资企业。"耀华的诞生，改变了我国依赖国外进口平

---

① 郝庆元：《周学熙传》，天津人民出版社 1991 年版，第 240 页。

② 美国外交文件，1885—1886 年份，页 176。转引自孙毓棠《中国近代工业史资料》第一辑（1840—1895）下册，中华书局 1962 年版，第 1014—1015 页。

③ 《中东半月刊》，第 1 卷，第 6 号，1930 年 5 月 20 日，第 79 页。

④ 《耀华玻璃公司第二次股东临时会议事录》，民国 13 年 3 月 14 日，耀档：室卷号 2—3—47。

板玻璃的落后状态"①,"开创了中国玻璃工业的新纪元"②,结束了舶来品独占中国平板玻璃市场的局面,从此拉开了近代中国利用机器连续生产平板玻璃的大幕。

---

① 秦皇岛耀华玻璃总厂厂志办公室:《历史上耀华的股份制》,载中国人民政治协商会议河北省委员会、文史资料委员会《河北文史资料》,河北文史书店发行,总第36期,1991年第1期,第169页。

② 中国企业史编辑委员会:《中国企业史·典型企业卷》(下),企业管理出版社2002年版,第577页。

第二章　资本筹措

甲午战后，外国侵略者通过武力迫使清王朝签订不平等条约，凭借他们在中国劫取的种种特权，大量向中国倾销商品，输出资本，不断控制中国的经济发展命脉，垄断中国的金融与财政，使中国的企业发展普遍存在资金不足的问题，这也成为了中国企业发展的瓶颈，正如毛泽东同志所言："不但在商品竞争上压倒了中国的民族资本主义，而且在金融上、财政上扼住了中国的喉咙。"[①] 中国的各类企业只能在外国资本主义剩余的夹缝中寻找生存发展的空间。

一　普通股本的筹措

（一）首期股本的募集

耀华玻璃公司虽然在开办时有滦州煤矿新事业基金的支持，但是，滦州煤矿也只是在其开办初期给予了资金帮助，并没有后续资金的再投入。"惟是办事以集款为先。"[②] 但耀华玻璃公司的开办资金自始至终都不是很充裕，一直在寻求解决建设经费困境的出路，几经波折才将公司建成投产。

耀华玻璃公司最初成立时，按照《华洋合股合同》规定："本公司股本总额暂定为中国通用银元一百二十万元，每股计银元一百元，共计一万二千股，由甲乙两方各认六千股，计甲种股份六十万元归甲方投资，乙种股份六十万元归乙方投资，将来增添股本时，仍由甲乙

---

① 《中国革命和中国共产党》，《毛泽东选集》第 2 卷，人民出版社 1952 年版，第 599 页。
② 周叔媜：《周止庵（学熙）先生别传》，载沈云龙主编《近代中国史料丛刊》第一辑，文海出版社 1966 年版，第 175 页。

两方采均投资。"① 在这 120 万元股本总额中，甲方的 60 万元是滦州煤矿的新事业开办费投入，而乙方的 60 万元绝大部分（52 万余元）是佛克法专利技术转让费，再加上公司对秦皇岛玻璃公司的费用补偿，最后乙方实际出资不足 2 万元。所有 120 万元股本很快就募集到位，实际收入只有 60 余万元现金，耀华玻璃公司只能"恃华方的现金六十万元以资挹注，这当然是很快地就告罄竭"②。此时耀华玻璃公司又赶上国内爆发了第一次直奉战争，社会动荡，人心不稳，政局混乱，这不仅使耀华玻璃公司的工厂建设陷于停顿，就连原本拟定如果资金不足就向银行募集公司债的打算也化为乌有，各家银行均由于社会的不稳定而不愿意再承募。"合资经营是利用外资的一种有效方式，而利用外资又是对外经济关系中一个重要组成部分。"③ 只不过耀华玻璃公司与比利时秦皇岛玻璃公司合资时，对方的首期投入是以专利技术转让费冲抵了现金。

（二）二次股本的添招

1922 年 9 月 28 日耀华玻璃公司召开第一次股东临时会议，会上总董李伯芝报告称：公司原定招股 120 万元，募债 50 万元，共计 170 万元。其中，120 万元股本召集齐后公司开始从事订购火砖、机器等建筑材料和设备，但"不意关内外遂起战端，百务停顿"④；工程师古伯到华后详细勘验秦皇岛工厂地点、填筑地基、围墙、铁路及正在筹备的工程，认为均属合适，唯有机器房及割玻璃厂按照原制图样距离太窄，与比利时丹瑞米厂新式尺寸不合，拟一律加宽；锅炉房原拟按照比利时方法仅用铁棚，后经实地考察，认为中国北部天气寒冷，必须用砖制房屋；工厂领班宿舍及工人住房因秦皇岛一带房屋建筑甚少，必须工厂备建；制造玻璃用煤汽机在原预算书中未曾精算，经古伯到华后勘验，如公司制造玻璃使用开滦所产的煤，

---

① 《耀华机器制造玻璃股份有限公司华洋合股合同》，耀档：室卷号 2—1—2。

② 张训坚、郭治平：《中外资本合营的耀华玻璃公司》，载中国人民政治协商会议天津市委员会、文史资料研究委员会《天津文史资料选辑》（第一辑），天津人民出版社 1978 年版，第 33 页。

③ 王一鹤、许锷、周鉴平：《中外合资经营企业》，上海社会科学院出版社 1984 年版，第 9 页。

④ 《耀华玻璃公司第一次股东临时会议事录》，耀档：室卷号 2—1—9。

必须购置铁制煤汽机 12 架方能合用；因战事公司生产停滞，出货日期也必须随之暂缓，物价、工价上涨，致使公司的管理费用、人工费用等须多费数月。所有上述原因导致公司"原预算所定一百七十万元，出货之前均为必要之需"①。

古伯在致那森的实地勘察预算信函中也说道："弟在此实地调查研究后，决不主张稍动分文，弟以为吾人如欲工厂收良好之效果，弟所预算之新股本实不可减少丝毫，至于该项增加之款如何筹措，弟无权过问，但主张不能减少一分一厘。"② 各种原因交织在一起，使耀华玻璃公司的建设资金确实有些不敷使用。耀华玻璃公司一方面要通过不同的途径尽量多筹集资金，另一方面在筹集资金时也要考虑公司的资产负债率，要严格控制这一数据，以免将来公司资不抵债，建成之时即其破产之日。

因为"将来开工之始所需流动资本尚顿"，"若现在募债将来又复透支，必有捉襟见肘之虑"③，所以耀华玻璃公司在会上决定将原本拟定募债 50 万元之决议改为添招股本，以解决公司建筑经费不足问题。公司添招股本章程规定，添招股本仍照公司定章由甲乙双方各认购一半，50 万元股本分为 5000 股，每股 100 元；股票仍照旧式采用记名式，此次添招股本尽老股东摊认，按 5/12 缴纳，应得利息及红利与老股一样；股款分两期缴纳，首期先缴一半，以 1923 年 2 月底为限，次期临时酌定登报通知。④ 甲方筹集的股本交天津中国实业银行，乙方筹集的股本交比利时乌得米银行，股东如有不愿意参加新股本添加者，应于 1923 年 1 月 13 日以前致函公司董事部，以便将其不愿认购的股本拨归其他股东摊认。如果老股东摊不足数时即行招募新股东。

到 1923 年 1 月 5 日时，因为玻璃市场行情的不断下滑，物价受到战事的影响不断上涨，虽经各位股东多方努力，但添招的新股本并不理想。为了能够保证按照会议决定如期筹集到足额股本，公司又在《大公报》《河北日报》等报纸分别登出催交广告。"现在股款业经收

---

① 《耀华玻璃公司第一次股东临时会议事录》，耀档：室卷号 2—1—9。
② 《节译古伯来函》，致那森君者原函法文（1922 年），耀档：室卷号 2—1—27。
③ 《耀华玻璃公司第一次股东临时会议事录》，耀档：室卷号 2—1—9。
④ 《耀华机器制造玻璃股份有限公司添招股本章程》，耀档：室卷号 2—1—18。

有成数且有逾额认股者，惟查当时各股东中有住址缺略邮寄未能到达者，现据截止之期不远，特此登报声叙，即祈未经认股股东查照如愿续认股款者，务希于截止期前函知本公司，以便匀配是幸。"①

在流动资金问题谈判的过程中，比利时财团方面仍然希望以发行债票的方式加以解决，而耀华玻璃公司认为无论如何50万元的资金不能按照比方建议发行债票。在3月2日的公司董事会上议决，中国资本团自己筹集应认购的25万元股本，比方必须于3月20日将其应认购的25万元股本一并收齐，不能以之前所议分作两期，而且，须将其中15万元立即汇到中国用于公司建设。最终于1923年6月以前全部收齐新添招股本50万元。

二　流动资金、优先股本及酬金减让

（一）流动资金筹措始末

1920年5月，饶明和米乞尔签订在中国利用佛克法专有权合同时就有规定："饶明君并担认对于在华工厂最初制造之二百万方尺（二毫厚）之玻璃上每方尺付给米乞尔君专利酬报金四便士。"② 后来，饶明于1921年1月21日与秦皇岛玻璃公司合作，签订专利权转让合同时再次对专利权转让酬金做出新规定："公司并允认对于在华工厂最初制造之六百万方尺玻璃上每方尺付给专利酬报金四便士。""以上系按最初所装置之八架机器而言，在办公司订定六年之内。公司如在八架机器外添置机器，则于所添机器上制造最初之二十五万方尺之玻璃，每方尺仍应纳交饶明君专利酬报金四便士。"③ 至此可以发现，饶明与米乞尔签订合同时规定的是最初制造的200万方尺玻璃上每方尺给米乞尔4便士专利酬报金，而饶明与秦皇岛玻璃公司签订合同时就变成了600万方尺，此外还增加了6年内于8架机器外添置机器时最初制造的25万方尺也得交饶明专利酬报金4便士的要求。后来1921年12月，耀华玻璃公司签订《华洋合股合同》时又规定："乙

---

① 《添招股本广告》，耀档：室卷号2—1—8。
② 《饶明与米乞尔合同》，耀档：室卷号2—1—1。
③ 《饶明与秦皇岛玻璃公司合同》，耀档：室卷号2—1—2。

方（即秦皇岛玻璃公司）所有各项权利暨专有权并各种利益、各种义务、各种契约等项完全移让与本公司（即耀华玻璃公司）名下。"①也就是秦皇岛玻璃公司的所有权利和义务在合同签订后均由耀华玻璃公司担任，那么所有专利报酬金也就自然转到了耀华玻璃公司的名下。

早在1922年1月27日，耀华玻璃公司发起人李伯芝等人就曾致函饶明，请其核减公司应付专利酬金。5月12日得到饶明的复函，称并不拒绝，并请随后再提。这说明饶明并不反对核减专利酬金，给后来的酬金减让谈判留下了空间。随着公司秦皇岛工厂建设工程的开展，以及输入中国市场的比利时玻璃因汇兑行市低落而进行的廉价销售，使得玻璃的盈利空间大为缩减，专利酬金减让一事再次被提了出来。

耀华玻璃公司第五次董事会于1922年9月26日召开，会上董事们讨论了公司对于最初制造60万箱玻璃上所应支付的酬金问题，决议嘱托那森总理致函饶明，请其将酬金减让，并委托那森致函那少校及罗遮两人，请他们用力协助，设法达到减让的目的。②那森当场答应照办。

9月29日，那森按照公司董事会的决议致函饶明，就减让酬金一事的重要性和必要性给出了较为详细的说明。首先是公司建筑工厂原预算是在比利时拟定的，及至中国开始建筑工厂后发现原预算存在问题，经考核后与实际不符，公司必须再加增股本；其次是国内战事发生后物价飞涨，购买建筑材料、雇用人工建设费等都不断增加；再次是汇兑行市低落，比利时玻璃在华售价异常低廉，只能坐视预算中的盈利大为减少，按照原预算，公司初期每箱可获利5.25元，占股本的61%，修正后的预算中每箱玻璃获利不过3.46元，且开办初期的几个月因产品质量不定，不能及时上市，正常运转费用尚须筹措；最后是虽然"开办之起初数年中虽亦不无利息之可获，所分之红利虽亦不至甚非"③，但众所周知，耀华玻璃公司为中外资本合办事业，专

---

① 《耀华机器制造玻璃股份有限公司华洋合股合同》，耀档：室卷号2—1—2。
② 《耀华玻璃公司第五次董事会议事录》，耀档：室卷号2—1—9。
③ 《译总理致饶明君函》，1922年9月29日，耀档：室卷号2—1—25。

利酬报金是付与外国资本团相结识的人，当初提出原预算时，中国方面之所以没有提出异议，是因为中方人员认为利润为数甚大，"最初所制造六百万方尺之玻璃，每方尺上应缴纳设厂酬劳金四便士，计合每年应缴纳利金二万五千镑，因该项利金之支付不过仅属四年以内之事"①，没有将其作为重点考虑。后来玻璃市价不断低落，实际利润远低于预期，所以公司既然以华洋合办为基础，专利酬报金理应稍微给予减让。

那森还认为，与其等到将来开办后观其成效如何再议，必使中方各股东不断提出意见，不如即行商办。如能与秦皇岛玻璃公司合同中规定的酬金数额略是减让，"则此间必可得充分之满意，而中比两国资本团之感情亦必益行巩固，将来办事上亦当较为顺手"。此次预算中股本增加，利润减少，对于与此项营业有关系的人"不免会发生不很美好的印象"，"然阁下倘能于此时略为让步，则不但对于一般人士可以恢复起初之信用，切可免去种种困难，此项合办事业双方之信用与办事之顺利上有绝大之关系"②。那森在函中将各种情况分析得十分透彻，恳请减让专利酬报金的理由表达充分，使得饶明等人也不得不对此项议题详加考虑，就此事与耀华玻璃公司进行必要的磋商。

饶明等人收到那森的信函后，拟定了初步的解决办法，拟将 10万金镑专利酬报金发行 8 厘债票，20 年还本，以半数给予应得酬金人，其余半数归耀玻璃公司华收执，随时按照最初 600 万方尺出品的比例匀配分给。"若营业失败，则以所余债票分给各股东，俾与应得酬金人享有同等之权。"③ 为酬谢比方减让酬报金，拟请中国资本团购买以上发行债票中的 25 万元，以凑足比方应认购的新股，使用此办法解决问题，可使比方在汇兑行市上勉受较大的亏损。中方股东认为，如若按照饶明的办法办理，对公司实属不利，亦必导致公司将来募债方面发生困难，公司建设计划终将归于失败；不仅比利时玻璃价格低廉，而且金镑汇兑行市又落，减少酬金乃是当务之急。更进一步提出，酬报金须按国币规定数目，每箱不得过银 5 钱，若能按此数规

---

① 《耀华机器制造玻璃有限公司筹备情形报告书》，耀档：室卷号 2—1—14。
② 《译总理致饶明君函》，1922 年 9 月 29 日，耀档：室卷号 2—1—25。
③ 《译比方来电》，1922 年 11 月 23 日，耀档：室卷号 2—1—24。

定，则秦皇岛玻璃公司方面应行续认的股份如果不能全部认购时，中国资本团方面亦不难凑集。如若对方坚执自己意见，"惟有以辞职为对待"。杨嘉立、那森等人对比方提出的条件极为不满，发出了严重的警告。对于秦皇岛玻璃公司此前所言仅能认购 6 万法郎一说，杨嘉立和那森等人认为，比方若能确定其在华认识的友人在秦皇岛玻璃公司应认购的 25 万元股本内随意入股，则可以立即募集至少 5 万元。12 月 21 日，罗遮复函转达了应得酬金人饶明等的意见："对于尊处所提议之减少办法不能承认，若欲减少酬金须有一合宜之交换条件，并盼立即提出为要。"① 双方沟通至此，在专利酬报金的减让数量以及减让办法方面存在较大分歧，致使双方的谈判几乎陷入了僵局。

为了打破僵局，使双方在专利酬报金问题上易于达成一致，解决耀华玻璃公司的建设经费以及生产后的流动资金问题，杨嘉立在耀华玻璃公司第六次董事会上提出了新的办法："按应付酬金之数共合英金十万镑，约合华币九十万元，今试付应得酬金人以半数之乙种股票，计合票额四十五万元，以为减免酬金之交换，本公司既须筹五十万元之现款，连此共计九十五万元，甲乙两方公司之股额及利益必须相等，双方平分此数，各应筹四十七万五千元，既以乙方四十五万元之股票给予应得酬金人，是乙方仅须筹出二万五千元之现款，至于甲方之四十七万五千元则应统筹现款。"② 经过诸股东的讨论，李伯芝认为给予应得酬金人的股票应与普通股票不同，即应作为一种经过指定期限后再行付息的股票。如果按照李伯芝的意见，那么这种股票实则是一种债券。鉴于李伯芝等人的不同意见，杨嘉立继而提出了另一个方法，如果甲方不愿筹集 47 万元的现款，可以改为甲乙双方各筹40 万元，以保证双方股额相等，建筑工厂必需的 50 万元，由甲方筹集 40 万元，乙方仅需筹集 10 万元，余下的 30 万元即以乙种股票形式给予应得酬金人，作为减免酬金的交换条件。会上各位董事没能达成一致意见，没有做出一致决定。

1923 年 1 月 9 日耀华玻璃公司召开第七次董事会，总董李伯芝、代理协理杨嘉立、王少泉、陈汝湜、翁之憙等人参加了会议，会上再

---

① 《译罗遮来电》，1922 年 12 月 21 日发，耀档：室卷号 2—1—24。
② 《耀华玻璃公司第六次董事会议事录》，1923 年 1 月 5 日，耀档：室卷号 2—1—31。

次论及酬金减让问题时，李伯芝提出意见，认为第六次董事会上杨嘉立的提议（即给予应得酬金人股票 30 万元，因欲使甲乙双方股额平均，又得筹募 50 万元的现金，共计 80 万元，各方解决 40 万元）亦不甚妥当，各董事主张给予 30 万元的债票。杨嘉立认为："公司为完成工厂起见，尚须募债六十万元，连同此数须借九十万元，岂不大难？"于是经过大家讨论，有人提议致电比利时，"甲方对于筹集二十五万元之新股，其困难正及不减于乙方，关于此事甲方殊不能有所助于乙方，然若二月二十八日以前能确知偿付酬金之条件已有改让，则一切困难当可锐减，今为筹集急需之五十万元股本起见，忆恳乙方要求应得酬金人允认承受，彼所要求九十万元之半数，以第二次债票付给，此项债票即照彼方所提议按八厘行息"①。最后经过公议，将给予应得酬金人的债票数额由 45 万元减为 40 万元。

那森于 1 月 11 日致电罗遮，通知其甲方股东对于减让酬金商定的条件。现在甲方添加股本 25 万元极为困难，已无余力再帮助乙方解决，"欲减少集股之困难，须能于二月二十八日以前确切宣布减少酬金办法方可，我等呕盼五十万元股本可以招齐起见，拟请转商酬金人领受第二次抵押之八厘公债票四十万元作为酬金之全部，此项公债可与进行资本之第一次抵押之六十万元公债发行时同时交付，倘此项办法不蒙采纳，则公司前途不堪设想"②。再次将酬金减让对公司将来发展产生的利害关系讲出。

1 月 20 日罗遮复电公司，称英国债权人对于最初 200 万方尺上的酬金不肯减少，为使谈判顺利进行，罗遮建议以 2.6 万镑的代价购买英方 3.3 万镑的债券，从速全由比利时财团收购，"倘华团愿认一万三千镑，安德雷·古伯亦愿垫一万三千镑，双方各领八厘公债，十三万元五年还本，此后比团愿将应得之半数领债票，三十三万五千元与拟发之六十万元公债同等同时发行，如能筹办则其余半数付法可以格外通融"③。

2 月 5 日公司召开第九次董事会，减少酬金问题再次被提交讨论，

---

① 《耀华玻璃公司第七次董事会议事录》，1923 年 1 月 9 日，耀档：室卷号 2—2—31。
② 《译致比京罗遮电》，1923 年 1 月 11 日，耀档：室卷号 2—2—36。
③ 《酬金交涉情形摘抄》，耀档：室卷号 2—3—46。

会议认为按照 1 月 20 日罗遮所提办法，公司必须发行 96.5 万元的债票，数额巨大，予以否决，决定等将来必须募集 60 万元公司债票时再行研究，并致电比方，"所提议之偿付酬金办法，董事会难以承认，甲方于二月前筹募二十五万元，深望乙方亦当照办"①。那少校由欧返华，耀华玻璃公司于 3 月 2 日召开第十次董事会，会上那少校答应亲自致电安德雷·古伯，"请其设法维持，俾将酬金大为核减以解目前之困难，其余各事均俟酬金问题定有办法再行解决"②。面对比方展开的拉锯战，耀华玻璃公司开始采取强硬态度。3 月 3 日致电比方，"华人对于召集新股及发行债票上殊多困难，是以专有权主有人必须将酬金减让，否则玻璃工厂事即须打消，若能允其减让，则华人方面便允筹款"③。

　　耀华玻璃公司采取的强硬态度收到明显效果，安德雷·古伯开始采取了退让办法。3 月 7 日古伯复函那少校时称，"鄙人情愿对于最初二百万方尺按数领受第一次抵押之债票，其余弟所应得之酬金当俟公司付完股票上八厘正利后如有盈余再行付给"④。安德雷·古伯提出的解决办法得到了耀华玻璃公司的认可，但提出了必要的条件，3 月 10 日召开的董事会上做出决定：一是比国团应负责筹集流动资金，利息不得超过 8 厘；二是支付酬金的债票利息亦不得超过 8 厘；三是应付酬金的债票要等到酬金到期应付时方能付给。耀华玻璃公司答应了比方提出的以八法郎零四分三按华币 1 元折算的条件，但必须以下列条件为前提：一是该款全数须于 3 月 20 日招足，不得再按 3 月 15 日和 6 月 15 日分两期两次缴纳；二是应将在比利时所筹款项中的 15 万元立即汇至中国，其余款额存放在比利时作为购买材料等物的费用。⑤

　　面对耀华玻璃公司提出的条件，安德雷·古伯也针锋相对地提出了要求。4 月 5 日致电那少校，"第一次所造二百万方尺上即用酬金

①　《耀华玻璃公司第九次董事会议事录》，1923 年 2 月 5 日，耀档：室卷号 2—2—31。

②　《耀华玻璃公司第十次董事会议事录》，1923 年 3 月 2 日，耀档：室卷号 2—2—31。

③　《酬金交涉情形摘抄》，耀档：室卷号 2—3—46。

④　同上。

⑤　《耀华玻璃公司第十一次董事会议事录》，1923 年 3 月 10 日，耀档：室卷号 2—2—31。

发行八厘公债票，给付其额数为八百万便士或作三万三千三百三十镑亦可，若公司愿以洋元给付亦可商办，须按每镑十元算"。"英公司方面不论公司情形如何，亦须照付，在到期前先行付清，由其他团体代为支付，鄙人必得此项债票以为处置。""公司即刻发行债票亦无不便，每年出货一百五十万方尺，第一年应付酬金六百万便士（二十五万元），今若发行八厘债票十年还本计，第一年利合二万六千六百六十元，还本洋三万三千三百三十三元，共合六万元。"① 同时声称，"今予等已设法令该行（指中法实业银行）与秦皇岛玻璃公司发生关系，现在该行已经声明，愿饬令在华代办中法实业银行机关当地施行其势力，在必要时耀华应即与该行接洽，以便借款，以备流动资本之需用，并已经饬令天津该分行，与巴黎董事会以及比方行中友人，自本日起即行开始接洽，务求达到目的而后已"②。60 万元的流动资金既已有着落，耀华玻璃公司答应古伯拟即刻发行债票，"但其利息则须于酬金到期时再行起息，其利息之数目亦以到期酬金之数目为计算之标准"。进而对债票的付息时间和还本时间提出要求，定于工厂开始制造玻璃、酬金到期后每半年支付一次利息，每年的 6 月 30 日和 12 月 31 日为付款日；此项债票全数还本应以 10 年为期，还本时间应于酬金到期后一年再行开始。③ 至此，双方争论的焦点转为酬金的还款时限和利息的起息时间。

正当耀华玻璃公司以为流动资金已有着落准备发行债票时，得知中法实业银行拒绝透支。那少校就此事电告比国，并称"发行债票事非此事解决不能着手"④。接到那少校电函后，古伯、于士德等人与中法实业银行进行了磋商，中法实业银行答应"于收到数目相同十年还本（自第二年还本起）之债票时即开一三十万元之来往款，并可随后在中国发行三十万元之债票供给于中国资本团，倘中国资本团拒而不受，中法实业银行亦可认购"⑤。耀华玻璃公司不希望 60 万元流

---

① 《酬金交涉情形摘抄》，耀档：室卷号 2—3—46。

② 《十二年四月五日安德雷复那少校函》，《酬金交涉情形摘抄》，耀档：室卷号 2—3—46。

③ 《译那少校复安德雷·古伯函》，1923 年 6 月 6 日，耀档：室卷号 2—2—36。

④ 《十二年八月三十日那少校发致比国电》，耀档：室卷号 2—2—39。

⑤ 《比方古伯、于士德、罗遮致那少校电》，1923 年 9 月 15 日，耀档：室卷号 2—2—39。

动资金以债票的形式筹得，在公司第十五次董事会上没能讨论通过，
"大家佥以为万难赞同之理由厥有二端，酬金三分之一既须用债票付
给，如无股东会上之决议，董事会决无多发债票之权一也；股东屡次
所闻，深知惟付给酬金一节须发行债票，而流动资本可用透支，无须
再发债票，现在如再欲发行，向股东甚难声说二也"①。于是耀华玻
璃公司决议致电古伯，发行债票会对股东心理上造成不好的影响，请
其竭力设法筹款，不能发行债票。

（二）优先股本筹措始末

向中法实业银行筹借 60 万元流动资金的事情搁浅之后，古伯等
人于 1923 年 10 月 11 日以非正式谈判的方式再次电告耀华玻璃公司
一解决办法，并希望尽快得到答复，"一、能否（在华）借得此款，
此间愿以秦皇岛玻璃公司所有耀华公司股份作为抵押品；二、或（在
华）发行六十万债票，鄙人允代办，试令应得酬金人减让酬金数目
1/3；三、或（在华）借款后缓付酬金，以应付酬金之数移还借
款"②。这一设想给耀华玻璃公司资金的筹措带来了缓机，如真能使
酬金减少1/3，便可使耀华玻璃公司的产品成本减少 0.5 元，在市场
上的竞争力会得到极大提高。

11 月 28 日，杨嘉立、乔治·那森联衔致电比方，告知中方意见。
"中国资本团不愿参与发行债票的事，中方以为现时金融奇紧，即使
愿意如此办理，亦未必能够筹有成数，因据探询得知，中国各家银行
借款利息每年须二分，且用吾人耀华的抵押品亦不能借，此事关系重
大，中方需款甚急，请将尊处意见及办法速为示及。③"对于耀华玻
璃公司筹措资金一事，古伯等人可谓尽心尽力，不仅为公司利益计，
更是为了自己切身利益打算。本着此目的，罗遮、古伯等人积极筹划
其他办法，秦皇岛玻璃公司董事部也对此问题进行了慎重考虑。

12 月 28 日，罗遮等人电告耀华玻璃公司，告知经与欧洲制造玻
璃砖会社联系，对方同意帮忙解决资金问题，但提出了苛刻的合作条

---

① 《耀华玻璃公司第十五次董事会议事录》，1923 年 9 月 17 日，耀档：室卷号 2—2—33。
② 《十二年十月十一日比国来电》，耀档：室卷号 2—2—39。
③ 《译杨嘉立、乔治·那森联衔致比国电》，1922 年 11 月 28 日发，耀档：室卷号 2—
2—39。

件，"耀华应担任发行八厘债票，还本以十年至二十年为期，此项债票由制造玻璃砖会社担任认购；耀华方面应担任以所制玻璃厚不得过四毫，并不得将佛克玻璃磨光为交换条件；制造玻璃砖会社亦担任非约同耀华合资办理时，不得在中国发起制造玻璃砖以及磨光佛克玻璃之事业，此项合作事业之投资以各半为标准"。比方认为，中国资本团既然因为资本不足或不愿投资于耀华玻璃公司的流动资金，除此办法外再无其他筹款措施。对于欧洲制造玻璃砖会社的过分要求，耀华玻璃公司的董事们持否定态度。1924 年 1 月 5 日，杨嘉立致函耀华玻璃公司比利时经理处，"董事等现在对于所提条件意中均不愿赞同，盖以为有碍公司之前途，今各董事正在筹划在华筹出此款之法"。"然筹出此款先必须按照十月十一日尊电之提议，将酬金减少三分之一，吾人渴望尊处将此事办妥，以便有相宜之解决。"[①] 1 月 8 日罗遮由比京致耀华玻璃公司函，"如欲使应得酬金人减去三分之一，吾人必须得有尊处坚确之允许，此项所需款全数之筹出，秦皇岛玻璃公司请阁下将条件电示"[②]。

耀华玻璃公司"正在筹划在华筹出此款"的办法其实是正在与开滦矿务局协商。1 月 13 日，耀华玻璃公司将与开滦矿务局协商的条件电致比方，由开滦矿务总局筹借 80 万元，行息 8 厘，自 1926 年 1 月 1 日起每月偿还 1 万元；在借款期内，开滦矿务总局享有入股优先权；开滦矿务总局将公司的管理权及各地销售处的管理权全部收回，由其统一管理，公司每年须付给 5 万元作为酬劳金，这一办法亦可使耀华每年节省 5 万元管理费；借款一经还清，开滦矿务总局即将管理权交回；与开滦矿务总局所订合同中的各项价目，应视耀华玻璃公司经济状况为修改的标准。[③] 但是开滦提出，上述条件的实现以专利酬报金减少 1/3 为前提，否则不予以考虑。

乌得米银行为了能够插手耀华玻璃公司的事务，针对开滦提出的条件再给耀华开出更加优惠的条件，"中国资本团与乌得米银行两方面各认同数之优先股，但须担保有股票权，譬如中国股额十元，乌得

---

① 《照译杨协董拟致比方电》，1924 年 1 月 5 日发，耀档：室卷号 2—3—48。

② 《照译比方来电》，1924 年 1 月 8 日，耀档：室卷号 2—3—48。

③ 《照译公司发致比国电》，1924 年 1 月 13 日发，耀档：室卷号 2—3—48。

米银行股额百元，如此办理，中国资本团定可满意"①。耀华玻璃公司董事会拟将乌得米银行提议条件提请股东会承认，但须稍加修改，因为按照中国公司条例，不允许外国人持有中国公司多数股份，只能将股票改为永久性债票，也可以给乌得米银行一定的管理权，并提议债票额按照需要筹发华币 60 万至 80 万元。2 月 12 日，伦敦转来乌得米银行详细的计划：发行甲乙两种 8 厘优先股，甲种共计 7000 股，每股 10 元，有 7000 股股权，乙种共计 7000 股，每股 100 元，有 7000 股股权；甲种优先股由中国资本团筹集，共计洋 7 万元，乙种优先股由乌得米银行筹集，共计 70 万元；银行对于一股两权一节情愿让步，可使两方票权平均。该行要求：对于耀华玻璃公司章程的变更、对外借款须有否决权，对每年的账目、财产的买卖、总理人员的选派须有同意权，在公司的董事会须占有一定的名额。② 乌得米银行开出的资金扶持条件力度确实很大，对于急需资金的耀华玻璃公司来讲很有诱惑力，但是开出的参与公司管理的条件同样有些苛刻，按其所列条件，几乎所有耀华玻璃公司关键性事务均有管理和否决权，这不利于公司的发展。

工厂建设因战事等原因有所耽误，加之开滦矿务局不能按照预想供应水电，"流动资金其势不得不加，董事等详加考虑，以为此项必须六十万元，连同电流、自来水之二十万元，共需八十万元，此项现在董事等所拟筹八十万元之法即全数发行优先股，请老股东认购"③。3 月 6 日，比方股东卡笛尔由比京来电，声称曾与秦皇岛玻璃公司接洽，要求询问"召集优先股四十万元事如何之处，日内再当详确奉闻，所提议之分利办法请再详示"，并说"减少酬金一节，当以取消前与中国公司所订包销合同为转移"④。3 月 7 日公司及时复电比京，详细叙述了 40 万元优先股处置办法：先提 1/20 为公积金；次分优先股本正利 8 厘；再分普通股本正利 8 厘；如有盈余分作十成，以六成均分为所有股本上之红利，以二成为特别公积金，以二成为董事

① 《十三年二月八日比方复电》，《酬金交涉情形摘抄》，耀档：室卷号 2—3—46。
② 《十三年二月十二日伦敦转来乌得米银行电》，耀档：室卷号 2—3—46。
③ 《耀华玻璃公司第二次股东临时会议事录》，1924 年 3 月 14 日，耀档：室卷号 2—3—47。
④ 《比方卡笛尔来电》，1924 年 3 月 6 日，耀档：室卷号 2—2—42。

人等花红，公司章程第九条删去；取消包销合同条件，董事部业已
认可。①

经过卡笛尔等人的多方努力，专利酬报金减让事宜呈现利好态
势。罗遮3月10日致电公司，"二月二十九日专电敬悉应得酬金人承
认减少酬金，每箱减少为一元；秦皇岛玻璃公司将入股四十万元，所
有其他条件均行承认"②。3月16日耀华玻璃公司致电比国，告知股
东大会已研究通过发行80万元优先股的议案，包销合同业已取消，
委托开滦管理业务一事，股东大会亦已通过。③ 至此，耀华玻璃公司
决议增加优先股8000股，每股100元。"优先股的持有者不仅可以优
先领取股利，优先处置公司财产，而且还可以获得比普通股更高的优
惠的年息率。"④ 耀华玻璃公司优先股股票的权利规定如下：股东可
于每届净利内优先获得优先股正利8厘，如有不敷，不得用下届净利
拨补；每届净利除尽先付给优先股正利8厘外，再提普通股正利8
厘，如尚有盈余时可以和其他股份一起按公司章程照分红利；优先股
股东在开股东会时，每一股有一票议决权；公司若停止营业，优先股
股东对所余资产享有优先偿还的权利，如普通股份偿还后仍有剩余，
可以和普通股东一起享有分配权；优先股由甲乙双方股份平均分认，
按老股的比例摊配，所余零数董事会可以酌量支配。⑤

由于决定发行80万元的优先股，耀华玻璃公司相应修改了原花
红及红利分配办法。每年除去各项营业费之外倘有盈余，先提1/20以
上为公积金，再提优先股本正利8厘，然后再提普通股本正利8厘，
其余分作十成，以六成为股本之红利，以二成为特别公积，以二成为
董事、监察人、职员等的花红。公积金提存至资本1/4以上时，由股
东会另行议定使用。

耀华玻璃公司以发行80万元优先股股票的方式，解决了60万元
的流动资金问题和因开滦不供应水电而不得不自行建设的20万元经

① 《译杨协董复电》，1924年3月7日，《筹款往复电报汇抄》，耀档：室卷号2—2—42。
② 《罗遮来电》，1924年3月10日由比京发，12日到，耀档：室卷号2—2—42。
③ 《译公司发致比国电》，1924年3月16日发，耀档：室卷号2—2—42。
④ 张忠民：《艰难的变迁——近代中国公司制度研究》，上海社会科学院出版社2002年版，第383页。
⑤ 《耀华玻璃公司第二次股东临时会议事录》，1924年3月14日，耀档：室卷号2—3—47。

费，同时，通过坚苦卓绝的谈判，原本 90 万元的专利酬报金也得到比方减让 1/3 的承诺，为后续就减让酬金问题进一步与比方进行协商打下了良好的基础。

至此，从筹办到 80 万元优先股的发行，耀华玻璃公司共先后募集股本 3 次，分别于 1922 年 3 月募集普通股股本 120 万元，1923 年 6 月募集普通股股本 50 万元，1924 年 6 月募集优先股股本 80 万元，共计募集股本 250 万元，此后，在中比合办时期再没有募集过股本。有著作称，"耀华玻璃公司的一百二十五万元中方资本，则直接从滦矿的'新事业专款'中提拨"①，这一说法是不正确的，从耀华玻璃公司股东交款记录档案中能够很明显地看到，有很多股东存在，其中包括献县等一些高等小学。在这 250 万元股本中，共有股东 678 户，每户股数不等，少的一般仅有几股，多的达到上千股。②

1927 年第六次股东大会研究通过，将欠酬金团款 37 万元改为优先股，耀华玻璃公司章程原定 250 万元股本总额改为 287 万元以解决酬金团酬金问题。因为当时政局混乱，时局动荡，没有来得及上报农商部备案，此事一直拖到南京政府成立，之后南京政府要求各公司必须遵照章程重新注册。"适本公司酬金团问题亦已解决"③，经 1929 年 3 月第四十七次董事会议决，仍按实收资本 250 万元报农商部审核，禀请照准并发给执照，将股本总额改回 250 万元，所以，耀华玻璃公司股本额始终为 250 万元。

（三）酬金减让

耀华玻璃公司 1925 年实现全年生产，法郎的国际汇兑却不断下降，法郎贬值愈加厉害，比利时生产的玻璃不断大量涌入中国市场，中国的玻璃市场价格持续低迷，公司营业困难重重，虽然全年生产玻璃超过 16 万箱，但公司利润仍然为零。面对低迷的销售市场，耀华

---

① 周学熙著，虞和平、夏良才编《周学熙集》，华中师范大学出版社 1999 年版，第 13 页。

② 秦皇岛耀华玻璃总厂厂志办公室：《历史上耀华的股份制》，载中国人民政治协商会议河北省委员会、文史资料委员会《河北文史资料》1991 年第 1 期，总第 36 期，第 169 页。

③ 《耀华玻璃公司第十届股东会记录》，1931 年 6 月 10 日，耀档：室卷号 3—4—161。

玻璃公司在 1925 年 5 月 27 日的董事会上提出，请那少校转告比国财团中国玻璃市场的实际行情，酬金团每箱玻璃的酬金已占玻璃市价的 20%，严重影响到了玻璃的市场价格，但没有提出过多的核减要求，只希望能将酬金由原来议定的 1 元核减为 0.9 元。比方雅多等人接到函后，认为所述理由符合实际，对 60 万元的酬金付款办法做出了让步，决定允许耀华玻璃公司于所获余利当中减除成本后提取 25% 偿还酬金，而且"此项成本可以将日后重要修理及重新开炉所需费用按一定比例包括在内"①。这样的让步实际上给了耀华玻璃公司很大的实惠，因为"重要修理及重新开炉所需费用"按比例也可以包含在内。

但是，6 月 26 日耀华玻璃公司董事会讨论的结果是拟按照比京提出的给付办法，以 50 万元为最终限额付给酬金。耀华玻璃公司得到的答复是："其趋势似尚赞成，允许耀华从缓付款。"而 7 月 9 日比京酬金团转来的确切意见认为，耀华玻璃公司提议的给付方法将会使酬金付款变为无限期，完全不赞同。李伯芝等人认为双方的分歧只是在于酬金给付方式，应该还有商量的余地。酬金团要求耀华玻璃公司每月按照盈余的 25% 给付，而耀华认为公司开办伊始，尚无多少余利，且因公司建设尚欠开滦垫款 20 多万元，如果用 25% 的余利给付酬金，公司的流动资金就会不能满足日常所需。耀华玻璃公司还认为：每月账面盈余可能并非真实数据，只有等全年工作完毕，经过会计认真核算后才能判定；即使出现盈余，也应将其进行再投资，不断占据竞争市场，扩大公司业务，壮大公司实力；如果此时酬金团强行索要应得酬金，日后众股东必定不肯将其所得再次投入公司。因此，耀华玻璃公司没有同意酬金团的给付方法。为使问题得到解决，经过再三考虑，杨嘉立提出一个新的办法，"每次发放股息不分多少，皆按股息的百分之二十五提付酬金，直至六十万元付完为止"②。这一办法同样没有得到比方的认可，双方在酬金给付问题上的谈判陷入僵局。

1926 年 10 月，为尽快解决酬金的给付问题，比京致电耀华玻璃公司，提议由耀华给酬金团一定数目的公司股票。但耀华玻璃公司董事皆认为按照中国公司条例，甲乙双方股票数目必须相等，外方不能

---

① 《译比京秦皇岛玻璃公司来函》，1925 年 6 月 24 日，耀档：室卷号 2—3—65。
② 《译协董对于酬金之意见录》，耀档：室卷号 2—3—65。

占有多数公司股票。10 月 31 日耀华玻璃公司收到比京秦皇岛玻璃公司提出的新建议,"以现款十万元及三十万元之优先股偿付六十万元酬金,华人方面得有权按照票面价值购回此项股票全数或一部分"①。至此,酬金团方面已经认同耀华玻璃公司提出的以 40 万元代价清偿60 万元酬金的提议,只是双方在给付方式上依然没有达成一致。

杨嘉立继而提出,耀华玻璃公司以优先股 4000 股,每股 100 元,共计 40 万元偿还全部酬金,并负责说服股东同意增添 40 万元的优先股,一半直接拨付酬金团,一半以华人名义购买,之后再将这一半股票抵押给酬金团。这一办法可使酬金团实际拥有 40 万元的优先股,而名义上仍能保持中外双方各占公司一半的股份,形式上符合中国公司条例的规定。酬金团全体人员"磋商良久,并历无限困难,始议定办法"。"英籍酬金团原应享受二十万元现允以耀华优先股票抵偿,比籍酬金团原应得四十万元现允将其债权减至二十万元,并允以耀华优先股票抵偿。"② 至此,由杨嘉立提出的耀华以 40 万元公司优先股偿还全部酬金的意见得到酬金团的认可。为使酬金团满足起见,比京秦皇岛玻璃公司愿将其拥有的 40 万元等额优先股先行转给酬金团,请耀华玻璃公司速用不记名式如数加印,随后如数偿还。但是,比籍酬金团中的南比银行反对激烈,要求其应得酬金 3 万元必须以现金方式解决。为获取其同意,罗遮等人决定与之签订合约,分三期赎回其3 万元股票。

按照中国公司条例规定,所有股票均须用记名方式,且股票半数须登记在中国人名下。为解决实际困难,杨嘉立提出:"增加新优先股四千股每股百元股票,权利与上次所发之优先股同,呈请政府注册;此数之中应发三千七百股,其中一千八百五十股记酬金团所指定之户名,其一千八百五十股记耀华总董或其他负责华人之户名;由华人出名之一千八百五十股应以契约出押于开滦矿务总局,股票本息作为开滦所有,再由开滦立约,将此一千八百五十股之本息交给秦皇岛

---

① 《照译比京秦皇岛玻璃公司来电》,1926 年 10 月 20 日发,耀档:室卷号 2—4—82。
② 《照译比京秦皇岛玻璃公司清结酬金来函》,原文法文,1926 年 12 月 31 日由比京发,耀档:室卷号 2—3—104。

玻璃公司所指定酬金团之人员。"① 如此办理可将应该给付酬金团的 37 万元优先股股票全部转移到酬金团手中。其余的 3 万元优先股股票，耀华玻璃公司决定分三期以现金赎回，1927 年付洋 1 万元，1928 年付 1927 年度 300 股优先股应得利息，1929 年付洋 1 万元，再付 1928 年度 200 股优先股应得利息，1930 年付 1929 年度 200 股优先股应得利息，1931 年付洋 1 万元，再付 1930 年度 100 股优先股应得利息，1932 年付 1931 年度 100 股优先股应得利息。这样就可以在 1927 年、1929 年、1931 年分三次将南比银行应得 300 股优先股股票赎回，并于次年付上一年相应剩余优先股股票按照约定数额应得的利息，到 1932 年本息全部付清。

罗遮首先对此次股票的出让权提出要求，无论何时应有权出售此项股票，这就为日后比方将股票全数出售给日本企业埋下了伏笔。其次，罗遮等人认为 3700 股优先股中由中国人出名的办法过于复杂，"改请开滦直接承受此项股票并代秦皇岛玻璃公司保存，盖开滦以华洋合办公司之名义承受股票固无困难"，再由开滦将股票抵押给秦皇岛玻璃公司，且要求耀华玻璃公司如不付息或所付利息数少于应付之数时，利金仍须照付。同时，对南比银行 300 股赎回办法做出调整，"一九二七年六月三十日付洋五千元，一九二七年十二月三十一日付洋五千元暨三万元项下按八厘计算六个月之利金及二万五千元按八厘计算六个月之利金，一九二八年十二月三十一日付二万元项下十二个月之利金，一九二九年六月三十日付洋五千元，一九二九年十二月三十一日付洋五千元暨二万元项下六个月之利金及一万五千元六个月之利金，一九三零年十二月三十一日付一万元项下十二个月之利金，一九三一年六月三十日付洋五千，一九三一年十二月三十一日付洋五千元暨一万元项下六个月之利金及五千元六个月之利金"②。按照罗遮等人的修改，300 股优先股的赎回费用在 1927 年、1929 年、1931 年中由每年一次付给 1 万元改为了每半年给付 5000 元。

双方终于达成一致，将多年悬而未决的酬金问题给予解决。耀华

①《照译开滦杨嘉立君致秦皇岛玻璃公司秘书函》，1927 年 2 月 12 日，耀档：室卷号 2—3—104。

②《译比京秦皇岛玻璃公司来函》，1927 年 2 月 19 日由比京发，耀档：室卷号 2—3—104。

玻璃公司成功将原本高达 90 万元的专利酬金最终用 40 万元的优先股股票加以解决，主观原因是耀华玻璃公司各位董事锲而不舍、坚苦卓绝的讨价还价谈判精神，客观方面是中外签订《华洋合股合同》时中国玻璃市场利润颇丰，耀华玻璃公司发起人没有过多考虑专利酬金问题，认为所占利润比例甚小，不足"为患"。但时过境迁，法郎、日元等国际汇兑行市持续下滑，比利时、日本等国家的玻璃不断降价竞销，耀华玻璃公司原本认为的丰厚利润不复存在，不得不将减少酬金作为一个减少成本的办法与外方展开谈判。还有一点，当时购买佛克法专利权时，"对于酬金一项既没有按当时的汇率将酬金数目用国币固定下来，也没有声明等玻璃售出获得盈余后再开始提付"①。就这样"囫囵吞枣"地接受了合同条件，也正好为耀华玻璃公司后来的谈判提供了一些理由，没有约定的就可以谈。当然，这也是整个酬金减让谈判过程长达几年的原因之一。

三　银行借款与企业间的拆借

　　企业通过负债借入资金，是扩大生产经营的一个重要途径，关键是要控制好资产负债率。"特别是近代中国民族资本企业，由于资本原始积累极为薄弱，不能完全依靠企业自有资本来拓展经营，通过各种形式向银钱业借款，面向社会筹集资本，是必不可免的。"② 耀华玻璃公司的资金从开始建厂就一直是个让其头疼的问题，随着 1927 年公司经济效益的好转，又决定扩建工厂，1930 年开始建设二号窑。虽然二号窑建成投产后耀华玻璃公司的玻璃产量得到增加，但资金却不断出现紧张情况。为了解决资金问题，耀华玻璃公司开始不断从银行和其他企业拆借资金，以解燃眉之急。

　　首先于 1933 年 4 月 1 日从天津盐业银行借款 15 万元。此项借款每月按 9 厘计算利息，以 6 个月为清偿期限，从 4 月 1 日起至 10 月 1

　　① 张训坚、郭治平：《中外资本合营的耀华玻璃公司》，载中国人民政治协商会议天津市委员会、文史资料研究委员会《天津文史资料选辑》（第一辑），天津人民出版社 1978 年版，第 34 页。
　　② 汤可可、钱江：《大生纱厂的资产、盈利和利润分配》，《中国经济史研究》1997 年第 1 期，第 26 页。

日止，期满时本利如数清还。这笔借款还没有还清，耀华玻璃公司于 6 月 22 日再次与盐业银行签订合同，借款 35 万元，这次借款以活期方式按月息 9 厘计算，6 个月期限。[①] 仅以上两次，耀华玻璃公司就从天津盐业银行筹借资金 50 万元。可见，此时的耀华玻璃公司资金链上出现了较大的问题。

耀华玻璃公司不仅向天津盐业银行借了款项，还向天津中国实业银行申请了借款。"天津中国实业银行成立后，给周学熙实业集团各企业在资金周转、扩大再生产方面以很大的帮助"。[②] 6 月 22 日与天津中国实业银行签订合同，以活期形式借款 20 万元，双方约定按月息 9 厘计算利息，清还期限为 6 个月，到时本利金如数偿还。[③] 耀华玻璃公司除了向这两家周学熙创办的自家银行筹集款项外，还不断向周氏集团的其他企业拆借款项。

1933 年 6 月间，耀华玻璃公司先后两次向启新洋灰公司拆借资金。6 月 20 日，与启新洋灰公司签订合同，借款通用洋 30 万元，由启新公司出具一张 30 万元现金票据交给耀华玻璃公司领取现金，借款利息按年 7 厘计算，以 6 个月为清偿期限，自 6 月 20 起至 12 月 20 日止，期满本利如数清还。[④] 双方约定，耀华玻璃公司如果需要延期时，在启新洋灰公司同意的情况下可以再续签 3 个月或 6 个月。但是，就在耀华玻璃公司借走这笔钱后一周的 6 月 28 日，再次向启新洋灰公司提出请求，申请筹借通用洋 20 万元，此次借款仍然以 6 个月为期限，至 12 月 28 日止，借款利息较上次有所增加，由年息 7 厘增长为按月息 8 厘计算，这次计算的利息要比前次多出不少。

到 1934 年年底，耀华玻璃公司从启新洋灰公司拆借的 30 万元期限已到，但无力偿还，只得向启新发函，按照合同规定和双方意愿，

---

① 《耀华机器制造玻璃股份有限公司与天津盐业银行借款合同》，1933 年 6 月 22 日，耀档：室卷号 4—1—199。

② 张洪祥、马陵合：《略论周学熙实业集团的经营管理思想》，《南开大学学报》1992 年第 2 期，第 43 页。

③ 《耀华机器制造玻璃股份有限公司与天津中国实业银行借款合同》，1933 年 6 月 22 日，耀档：室卷号 4—1—199。

④ 《耀华机器制造玻璃股份有限公司与启新洋灰股份有限公司借款合同》，1933 年 6 月 20 日，耀档：室卷号 4—1—199。

"除已由双方批注展期六个月外"①，所有之前 6 个月中利息按照周息
7 厘，合洋 10500 元全数支付。1935 年年底，耀华玻璃公司为了偿还
到期债务，与天津大陆银行签订协议，取得透支款 10 万元，而这 10
万元透支款的条件比以前的借款更为苛刻。除规定支票支用数目不得
超过约定透支数目外，所有透支数目还要看天津大陆银行是否方便借
出，在约定期限内可以随时通知透支，本利金在期限内亦可以随时要
求归还，按照月息一分计算。② 这份透支合同约定的条件显然十分苛
刻，随时给予透支，随时可以索还，即便是这样苛刻的条件耀华玻璃
公司也不得不接受。

　　与此同时，耀华玻璃公司为了更好地解决资金周转不灵问题，还
给远在欧洲回国探亲的那森去函，请其向比京秦皇岛玻璃公司咨询，
能否在经济上给予耀华玻璃公司一定的帮助。那森等人虽在欧洲，但
对于公司的经济状况能够随时掌握，经过他的积极沟通，得到比方确
切答复，可以借给资金 40 万元，按照一分年息计算，但附有条件：
此项借款成立后，交款与还款均以比国法郎为货币单位，耀华玻璃公
司将来所有借款除因工厂工作开支外，如有富余须尽先归还此项借
款，按甲乙两方平均摊还；所有公司盈余在此项借款全数偿还完毕
前，不得用以分派股息或花红；耀华玻璃公司已借的款项在没有征询
秦皇岛玻璃公司意见的情况下不得增加续借；秦皇岛玻璃公司在任何
时候均可以向第三者转让其债权，但受让者须承认此项借款的各项条
件；此项借款未清偿完之前，耀华玻璃公司不能中途要求提前归还。③
这些条件虽然苛刻，但耀华玻璃公司为了借到资金，保证周转顺畅，
有时候不得不接受一些条件，才能筹到款项。

---

① 《息借启新洋灰公司三十万元展期函》，耀档：室卷号 4—2—225。
② 《与天津大陆银行立往来透支契约》，耀档：室卷号 4—3—246。
③ 《照译那森君来函》，耀档：室卷号 4—3—246。

第三章　管理体制

一　组织机构

　　组织机构是指为了实现共同的目标、任务、利益，把本单位的全部人力、物力、财力等按一定的形式和结构有成效地组织起来，开展各种社会活动的实体单位。耀华玻璃公司自创办即以中外合资企业论，早在中外签订《华洋合股合同》时就已经订明："本公司组织系遵照中国股份有限公司条例订立章程，由甲方资本团推举七人，具名呈请中国农商部批准立案注册。"① 耀华玻璃公司成立后注重组织机构建设，不断加以完善，形成了较为完备的体系。

（一）股东大会

　　"股份有限公司在企业内部的组织管理方面有较为明确的分工层次。"② 这种明确的分工层次有利于公司的管理，"股份有限公司的治理结构具有股东大会、董事会、总经理相结合的资本所有权与使用权分离的形式，股东大会作为行使公司最高权力机构，以委托代理制的形式选举董事组成董事会；董事会以董事长为法人代表，独立自主地行使企业法人财产所有权，代表公司实行相应的决策管理；由董事会任命的总经理则在董事会的领导下，负责企业的日常经营管理"③。

---

　　① 《耀华机器制造玻璃股份有限公司华洋合股合同》，1921 年 12 月，耀档：室卷号 2—1—2。

　　② 宋美云：《中国近代企业制度与公司治理结构——以天津为例》，《文史哲》2004 年第 3 期。

　　③ 张忠民：《艰难的变迁——近代中国公司制度研究》，上海社会科学院出版社 2002 年版，第 327 页。

1922年耀华玻璃公司成立初期即形成了一个比较完备的组织系统，连同天津总事务所和秦皇岛工厂各个机构共设有19个职位或部门，对公司行使行之有效的管理。

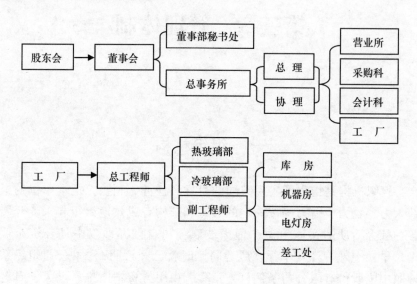

图 3-1　耀华玻璃公司中比合办时期组织系统①

股东大会是股份公司的最高权力机构，由全体股东组成，公司重大事项均由其进行决策，拥有选任和解除董事的权力，并对公司的经营管理有广泛的决定权。所以，"股份公司者，股东之公器也"②。股东大会可以分为两种形式开会，一种是定期会议，一般在年终或年初召开；一种是股东临时会议，可由部分召集人提议，临时商讨决定公司的一些重要事项。它是股东作为企业的投资者和财产的所有者，对企业行使管理权的一种组织。股份制企业一切重大人事任免和经营决策，一般都必须经股东大会通过和批准方能有效。

耀华玻璃公司于1922年3月27日在天津特别一区中街中英美商业联合会召开第一次股东大会，会上通报了耀华玻璃公司章程，第一条即规定了公司的性质，"本公司定名为耀华机器制造玻璃股份有限公司，

① 《耀华机器制造玻璃股份有限公司中比合办时期组织系统表》，耀档：室卷号2—1—14。
② 周叔媜：《周止庵（学熙）先生别传》，载沈云龙主编《近代中国史料丛刊》第一辑，文海出版社1966年版，第30页。

按照中国股份有限公司条例，呈由北京农商部核准注册为华商股份有限公司"。股东大会作为公司最高权力机构主要有六项权限："一是议定和修改公司章程，二是选举董事及监察人，三是通过或追认本公司年度营业报道决算表册及业务计划，四是通过盈余分配方案，五是议定本公司股本的添招、资本的增减和公司债的发行，六是议定董事会所不能决定的其他重要事项等。"① 这些权力在公司章程中均有体现，如公司章程第五条："本公司股本定为中国通用银元一百二十万元，分为一万二千股，每股银元一百元，股票均为记名式，如需添招股本应由股东会开会议决之。"第八条："按照中国股份有限公司条例得由股东常会议决发行债票。"第十三条："股东常会之事务系考核并通过公司之账略暨盈亏表册等件，并选举新任董事监察员。"②

耀华玻璃公司股东大会分为股东常会和临时会议两种。股东常会的召开时间及次数有明确的规定，股东常会每年召开一次，时间定在年度决算后六个月内，在公司总事务所召集或由董事会另行指定其他处所开会。股东临时会议则无定期，董事会及监察人认为事情重大有必要召开时，议决后可以随时召集；或者公司股东股本 1/10 以上的股东认为有必要召集，提出要求后也可以随时开会。无论是召集股东常会或是股东临时会议，所提议案均须在报纸广告中刊出。此项广告最迟须于会期前一个月登载在北京政府公报及中国南北各大报纸，并呈报当地中国政府相关部门备案。董事会还须将广告另用其他办法公布，但不能认为是董事会的必要职责。耀华玻璃公司第一次股东大会开会前，甲乙双方代表召开会议，决定把召集股东大会的广告在"天津登大公、益世、京津泰晤士及华北明星报，北京登政府公报、北京日报，上海登时报"③。这是因为耀华玻璃公司的股东主要分布在天津、北京、上海、唐山等地。广告刊登在这些报纸上，不仅是按照章程规定通知各位股东，更有宣传公司，让民众了解公司的作用。

股东参加股东大会，要事先到耀华玻璃公司领取股东大会入场券，开会时凭券验证后方能进入会场参会，没有证券不允许进入会

---

① 秦皇岛耀华玻璃总厂厂志办公室：《历史上耀华的股份制》，载中国人民政治协商会议河北省委员会、文史资料委员会《河北文史资料》，河北文史书店发行，总第 36 期，1991年第 1 期，第 171 页。

② 《耀华机器制造玻璃股份有限公司章程》，耀档：室卷号 2—1—19。

③ 《耀华机器制造玻璃股份有限公司甲乙双方代表会议议事录》，耀档：室卷号 2—1—9。

场。股东会入场券格式如下。

耀华机器制造玻璃股份有限公司		
（注意）入场缴券无券不得入场 （第　号）	股东会入场券	午三时 开会日期　廿五年六月十八日星期四下 股东　户　股

图3-2　耀华玻璃公司股东会入场券

　　股东因事不能到会，可以委托其他股东或代表列席大会，代其行使应有的股权，代理他人行使股权的代表必须于开会之前将"嘱托书"①预交公司验明，列席时并须先将名单交主席查核。嘱托书格式如下。

嘱托书
迳启者国历六月十八日星期四下午三时
贵公司在天津英租界开滦矿务总局内开第
十五次股东常会，鄙人因事不克到会，特嘱
托
君代表行使鄙人应有之股权
相应奉达，即希
察照为荷，此致

图3-3　耀华玻璃公司股东会嘱托书

① "嘱托书"即"委托书"。

如 1936 年召开股东大会时，股东瑞麟记因事不能到会，于 6 月 1 日特嘱托李勉之代表其行使应有之股权。① 股东会议决或选举所用方式为记名式投票，股东或其他代表均须持有签字凭证方能与会参加讨论。股东常会以公司总董为会长②，若总董不能到会，即由董事会推举一人为会长，并由会长指派书记两人，一名为中国人，一名为外国人，以便记录会议的议题事项。书记记录的议题事项在下届股东常会上要当众宣读，如无错误再由会长签字存档。召开股东常会时，无论甲种股票，还是乙种股票，每股有一票选举权。大会召开须达到一定数量的股权数，与会股东或其代表须超过股份总额的 2/3 以上方能开会。所议事件或选举能否通过同样做出规定，以列席股权 2/3 以上多数通过方能议决通过。

根据耀华玻璃公司档案有关股东大会议事录记载，每年股东大会正式开会之前，首先由大会主席宣布到会股权数，并分别宣告甲方到会股权数和乙方到会股权数。每次股东大会到会股东及股东代表的股权数都超过了章程规定的 2/3，也就是说，耀华玻璃公司每次股东大会都是符合开会规定要求的。大会选举时采用单计法，即由甲、乙各方按照规定数额，分别推选出代表甲方和乙方的董事、监察人，再由大会依次投票表决通过。

（二）董事会

董事会是股东大会下设的日常经营管理机构，它受股东大会的委托，代表公司处理对内对外重大事项。"董事会对企业享有直接的、独立的支配权，它通过自己的决定，来保护股东的利益，向股东负责。"③ 耀华玻璃公司董事会的主要职权有以下几项：召开股东会，并执行其决议事项；规定公司内部的组织；负责公司的总理（包括协理）、总工程师等重要人事任免；审定公司各项业务计划；审定公司各项业务的执行程度及会计年度预决算一切报表，拟定盈余分配方案，并提交股东会通过；核定各项章则及重要契约等。董事会在行使

---

①　《股东会嘱托书》，耀档：室卷号 4—4—252。

②　即大会主席。

③　［美］Eunice K . Kim：《试论中国股份制企业内部机构的组成——兼与美国有关公司立法的比较》，《法学评论》1987 年第 4 期。

职权过程中，如遇有属于股东大会职权范围内的议决事项时，均须提交股东大会议定或追认。

董事会人员额数在耀华玻璃公司不同的发展时期有所变化。在创办初期，设董事 7 人，由甲种股东选举董事 4 人，乙种股东选举董事 3 人，共同组成董事会，议决公司一切议案、规章，监督执行一切应办事件，董事会有不能议决的，需交由股东临时会议决办理。① 随着公司事业的发展，为了集思广益、群策群力、共图进步，加上股东不断提出增加董事名额的要求，经 1932 年 6 月 8 日第十一次股东会议决定，董事会组成由 7 人增至 15 人。② 董事人员名额增加后，势必增加董事部经费开支，虽然在股东大会上主席一再声明，"董事员额随增而于董事部经费毫无影响"，但股东李益臣、卢开瑗、周实之、李叔芝等人依然不放心，遂向总协董提出建议，"主张此后董事部用人，行政一切经费，倘视上届旧额有所增加，均须提经董事会通过，如未经公决，概不能认为有效"③。这样，董事部的经费开支就上升到制度层面，用制度把董事部的经费开支管控起来。耀华玻璃公司各项文件契据、历年简要账略、股票根据暨营业报告、各股东的重要提议以及董事会议案、股东会议事录等均由董事会保存。

董事的参选、当选条件以及任期也有明确规定。耀华玻璃公司章程规定，"凡年满二十岁，有本公司股份至少五十股者有被选为董事之资格"。选举董事由股东投票互选，得票数多者当选。董事任期定为 3 年，任满仍可续举。自第一次股东会后，任期满 3 年需要另行选举时，采用抽签的方法留任 7 人中的 5 人，满 4 年时仍用此法于 5 人中留任 3 人，以后照此轮流退职。

耀华玻璃公司设总董、协董各 1 人，由董事会各董事互选，以得票数多者当选，总董由甲方担任，协董由乙方担任。总协董任期为 3 年，任期届满时留任或续举由董事会于选举前临时决定。总协董代表

① 《耀华机器制造玻璃股份有限公司章程》，耀档：室卷号 2—1—19。
② 秦皇岛耀华玻璃总厂厂志办公室：《历史上耀华的股份制》，载中国人民政治协商会议河北省委员会、文史资料委员会《河北文史资料》，河北文史书店发行，总第 36 期，1991 年第 1 期，第 173 页。
③ 《袁巽庵、李益臣、卢开瑗、周实之、李叔芝等致总协董的函》，民国 21 年 10 月 8 日，耀档：3—5—191。

董事会管理全部事务，对于公司自总协理以下全部人员有指挥使用的权利，凡关于施工、营业计划以及各项重要事件均须由总协董会同议定。在总董、协董之外，公司董事会还选派了总理、协理各1人来管理公司事务。总理由外国人担任，协理由中国人担任，但职权一律相同。另外，董事会还可以视情况适时酌情授权总协理，使之有权办理公司董事会认为可以办理的一些事宜，董事会还有权规定总协理享受公司利益的条例。①

董事会开会时总董为主席，如果总董因事缺席，则由协董代表他行使主席权力，如果总协董均因事缺席，则由到会董事互相推选1人作为本次会议的主席。董事会议案须经莅会董事2/3以上的人同意方能议决。董事亦可委托其他董事代表自己，但是须事前办好委托电函为证。除按照法律应由股东会议决的事件外，董事会有权议决及办理公司一切事项，并可主持办理关于公司财政上的一切事务。董事会有权委任董事中的1人或数人或第三方面，代表董事会为公司办理业经规定的各项业务。

总协董及总协理办理公司事务的权限也有限定。总协董及总协理可以以公司名义并附署自己的姓名与第三方订立合同，凡遇总协董签字署名的文件应由二人会同署名。如有事情不能会同签字，彼此亦可各请其他董事代为署名，由董事署名的文件须以每次2人共同署名为有效。总理须与协理会同署名，董事可会同总理署名。如果总理不在公司，公司董事亦可会同协理署名。总之，联合署名的人1个须为甲种董事或股东所委托的人，1个须为乙种董事或股东所委托的人，保证每次会签是由甲乙两种股票持有者。如果2位署名的人均为甲种或均为乙种董事或股东所委托的人，则其所署姓名视为无效。这种情况在后来的实践中偶有发生。1923年5月28日，董事王少泉上函总协董指出："近与开滦矿务总局通函仅有总理签名，并无协理副署，不知是何原因，拟请总协董询核情形，酌定办法以明权限而定责成。"②6月1日乔治·那森复函不得不承认，"本公司发出信件有时因种种困难未能会同签字，兹因董事部为注重此事，以后当筹拟办法，竭力

---

① 《耀华机器制造玻璃股份有限公司章程》，耀档：室卷号2—1—19。
② 《董事王少泉致总协董函》，1923年5月28日，耀档：室卷号2—2—41。

严守章程办事，虽然窃以为按照现在情形，此事实非公司之利也"①。上述权限的规定，充分体现了中外合资企业的性质。董事们这种负责任的态度也使耀华玻璃公司的管理运行更加严谨，符合公司发展的需要，更能够使双方的根本利益得到保障。

后来耀华玻璃公司在修订公司章程时，对总协董的权限和义务有新的补充。总协董有代表董事会监督公司业务及职员的权利，凡公司重要问题交董事会开会议决时，总协董应派秘书 1 人或数人参加，做好会议的中英文纪要。总协董需用各种报告等时由该秘书调取，以便对其行为实行监督，总协理还应按照总协董要求提供所需报告等，以便总协董查阅或审核。

董事会是股东大会的常设机构，在闭幕期间受股东大会委托，代为行使权力的机构，能够当上公司的董事就是进入了决策层，就有左右公司发展的权力。后来随着一些人野心的膨胀，耀华玻璃公司董事会失去了以往平和的局面，出现了董事名额的争夺战。

南京国民政府成立后，相继颁布了一批法律法规，其中包括新公司法，该法规定股份公司董事不能少于 5 人。耀华玻璃公司董事从1922 年召开第一次董事会就定为 7 人，一直延续到 1932 年，这个数量已经超出法律限制的最低数额，但有些股东认为耀华玻璃公司是个大企业，中比双方共有董事 7 人，为数甚少，要求增加。中方最初要求将董事名额增加到 19 人，中方 10 人，比方 9 人，但是比方不同意此方案。后经过多次协商，最终决定将董事名额增至 15 人，中方占 8人，比方占 7 人。② 这次调整爱德华·那森出力不少，1931 年 11 月接替杨嘉立出任耀华玻璃公司协董，是耀华玻璃公司第一任协董瓦尔德·那森的侄子，旅居中国多年，通晓中国人情，为竭力讨好中国资本家们便从中斡旋，使比方同意将双方董事名额各增加 4 人。这是中比合办时期耀华玻璃公司董事会一次重大的变革，整个改变了耀华玻璃公司原来董事会组成人员的结构。

在此之前，1931 年 6 月召开股东大会，耀华玻璃公司股东中各路

---

① 《抄译那总理致翁之熹函》，1923 年 6 月 1 日，耀档：室卷号 2—2—41。

② 张训坚、郭治平：《中外合资的耀华玻璃公司》，载中国人民政治协商会议天津市委员会、文史资料研究委员会《天津文史资料选辑》（第一辑），天津人民出版社 1978 年版，第 42 页。

人员就已经开始行动。6 月 10 日股东会上，娄翔青首先提出，"甲乙两方互选一层似不相宜，甲方选举董事，应由甲方股东投票选举，乙方不得参加投票"。协董杨嘉立则认为："甲乙两方互选一层明白载于章程之中，如欲修改章程，则此事须缓期从长计议。"① 最后议定大会延期再开。甲方股东经过协商，决定于 6 月 15 日召开一个谈话会，由甲方自己先行讨论解决此事。

6 月 15 日，耀华玻璃公司甲方股东如期召开谈话会，李希明首先提出，耀华玻璃公司为两合公司，如欲取消乙方股东的投票权似乎不合规定。周剑尘认为，甲乙两方投票一事须界定清楚，不能互选，甲方票选董监事，乙方不能混合投票。乙方如投票选举甲方董监事，甲方不能承认，因为乙方一票能投 12000 余股权，则甲方董事就如同被乙方所选一样。周剑尘的说法有一定的道理，耀华玻璃公司每次选举，甲方出席人数有百人左右，乙方出席人数往往仅有一两个人，而就代表的股权数来说，甲方股权数分散于多人手中，不易集中，相对而言投票结果就会比较分散，而乙方一两个人却手握 12000 股权，这一数字不论投给谁，都有决定性的作用。股东李叔芝进而提出，章程第十八条应载明，甲方董事由甲种股东推选，乙方董事由乙种股东推选。周实之也提出自己的意见，"无论如何不能承认乙方之票，因甲乙两方不能混合，但鄙人稍有意见，拟采取日本办法，候补第一、第二两人亦可均分花红，其花红亦与正式董事所得花红相等，现为救济办法，拟以吾人之花红照七人均分，庶创办人不致有向隅之欢"②。袁巽庵提出建议，如果大家都可让步，董事方面王少溥当选，娄翔青让为候补，监察人方面傅沅叔当选，李叔芝让为候补，他本人的候补监察人资格自当牺牲不要，以示让步。经过激烈的争吵，最终还是没能达成一致意见。

6 月 17 日，耀华玻璃公司再次就 10 日股东大会选举结果的有效性及章程条款存在的问题广泛交换了意见。周剑尘在这次会上首先发难，他认为既然甲乙双方是否可以混合选举在上次谈话会上没有得到解决，就应按照他在上次会上的谈话意见，除去乙方票权。主席进而

① 《耀华玻璃公司第十届股东会记录》，1931 年 6 月 10 日，耀档：室卷号 3—4—161。
② 《耀华玻璃公司谈话会记录》，1931 年 6 月 15 日，耀档：室卷号 3—4—161。

发言，如果章程不合时宜不妨彼此协商修订，随即以主席名义宣布上次选举结果有效。此话一出，立即激起了一些人的不满。娄翔青提出，"今日既无讨论余地，亦不能再行讨论，惟有自己退席"①。大会至此，可以说场面已经到了面红耳赤、剑拔弩张的地步，彼此关系已经比较尴尬。随后对章程内容进行了讨论，大家一致认为有必要修订章程，但主席仍然认定此次（6月10日）选举完全有效。

耀华玻璃公司董事们专门就此问题咨询了前农商部工商司司长王治昌。王治昌认为：虽然新公司法规定一股一权，十一股以上应以章程限制之，一人投票权最多（无论其为个人或代表他人）不得超过其总额五分之一，但那是7月1号新法实施以后的事情，现在当然是适用现行公司条例。② 这也就是支持了总董等人的意见。

总结此次争论的过程，主要围绕以下问题展开：一是甲乙股东互选一事，甲方主张甲乙双方各自分选，乙方主张依照章程应为互选，如果分别选举有分裂为两公司之嫌，若争执不下，各趋极端，定非公司之福。二是甲方之所以反对乙方加入互选，唯一原因是乙方的12000权数为乙方一两股东持有，公司会议议事时，若为乙方一股东提出意见，不必投票即可确定为乙方胜利。③ 会议最后决定，修订耀华玻璃公司章程内容，对董事选任的办法进行修改，董事选任用限额复式办法，即由甲乙两种股东分别各自开股东会，选出比定额较多或加倍的人数，再开全体股东大会，就初次当选人进行复选，最终选定董事人选。

事后公司监察人甘恩泰对新公司法也进行了详细研究。他认为公司章程第十七条可以修改为："股东会无论甲种、乙种股东，在十股以内者，每一股有一表决权，在此股数以上者，每多十股多一表决权。但每股东之表决权及其代理他股东行使之表决权，合计不得超过全体股东表决权五分之一。其每股东之股数以开会投票时之股东名簿为凭，到会之股东或其代表须逾股份全额三分之二始能开会，所议事

① 《耀华玻璃公司六月十七日继续开会谈话录》，1931年6月17日，耀档：室卷号3—4—161。

② 《前农商部工商司司长王治昌（怀清）君口述对于票选之意见》，耀档：室卷号3—4—161。

③ 《说明》，耀档：室卷号3—3—189。

件或选举以列席股权三分之二以上之多数决之"。① 这样就可以解决因乙方股票股权是委托给少数几个人为代表而带来的种种不必要的麻烦。

1932 年 6 月召开股东大会，会上先将修改章程和增加董事名额事项通过，然后按照新的章程进行选举，中比两方各自选出自己的初选董事。投票结果是中方原董事龚仙舟、王少溥、娄翔青 3 人继续当选，新选出的董事为袁心武、卢开瑗、周学辉、李益臣、李叔芝 5 人，中方新选出的监察人为石松岩，原董事赵君达和监察人傅沅叔 2 人落选。② 从新当选人员的各种关系不难看出另外两人落选的原因。周学辉是耀华玻璃公司创始人周学熙的胞弟，李益臣是初任董事李士珍的侄子，李叔芝是第一任总董李伯芝的胞弟，卢开瑗是在冀东多县当过县长、家有钱财万贯、人脉关系复杂的卢木斋的儿子，新当选的监察人石松岩是天津盐业银行的副经理，持有耀华玻璃公司的大量股票。

（三）监察人

监察人具有稽核的职权，检查公司业务及人事情况；随时检查公司财务，并审核账簿、表册、凭证及现金；审查公司会计年度预决算情况；向股东做工作报告；按照中国公司条例办理各项有关事务；必要时请求董事会报告公司业务情形，有权调阅董事会及股东会的议事录等。③ 另外耀华玻璃公司规定，监察人不能再在其他岗位任职。1928 年 10 月以后，耀华玻璃公司召开董事会时，监察人也参加，④ 这种会议称为董监事联席会，会上监察人有发言权，但仅限于监察范围内的事务。

耀华玻璃公司的监察人共设有 3 人，由甲种股东选举 1 人，乙种

---

① 《照译甘恩泰监察人致总协董函》，1931 年 9 月 22 日，耀档：室卷号 3—4—161。

② 张训坚、郭治平：《中外合资的耀华玻璃公司》，载中国人民政治协商会议天津市委员会、文史资料研究委员会《天津文史资料选辑》（第一辑），天津人民出版社 1978 年版，第43 页。

③ 秦皇岛耀华玻璃总厂厂志办公室：《历史上耀华的股份制》，载中国人民政治协商会议河北省委员会、文史资料委员会《河北文史资料》，河北文史书店发行，总第 36 期，1991 年第 1 期，第 174 页。

④ 耀华玻璃厂志编纂委员会编：《耀华玻璃厂志》，中国建筑材料工业出版社 1992 年版，第 346 页。

股东选举 2 人，共同组成监察队伍。监察人的当选及参选是有条件的，只有年满 20 岁，且有公司股份至少 25 股者才有被选为监察人的资格，由股东投票互选产生，得票数多者当选。监察人任期为 1 年，任满仍可继续被选为监察人，任满重新选举时同样用抽签法预留前任监察人 1 人，其余改为重新选举新人。监察人的开支费用由公司负责，并按照章程规定参与公司的花红分配。

由于耀华玻璃公司管理层人员的特殊性，有时候一些人员的地位职权并不好处理。例如监察人甘恩泰，既是耀华的监察人，又是开滦的股东，而且受雇于开滦在先，在一次开会讨论开滦供应烟煤及焦炭的价格时，就令其左右为难。他认为："究竟鄙人系以监察人名义到会，抑系以法律顾问名义，似应询明，如系法律顾问名义，则鄙人受开滦之雇用在先，故鄙人除以友人资格调停两方之意见外，凡关于现有办法之法律上一切疑点，鄙人均不能代表公司发言。即便钧座令鄙人以监察人资格到会，亦不免兹生种种不便之处。"① 故为免除出席会议带来的不便起见，他建议自己暂不参加会议为好。

（四）业务代管

耀华玻璃公司的发起人及多数大股东，如李伯芝、李希明、卢开瑗、王少泉、言仲远等，均是开滦矿务局或启新洋灰公司的股东或为高级管理者，有的还是天津中国实业银行、天津盐业银行的董事，与开滦有着千丝万缕的联系。为了更好利用开滦已有的丰富管理经验和遍布全国的销售网点优势，节约公司因机构设置增加的办公费用，更多地用于企业的建设和生产，耀华玻璃公司的管理层准备委托开滦矿务局代为管理公司事务。经过 1924 年 3 月 14 日耀华玻璃公司第二次股东临时会议讨论，各位参会股东一致同意，决定自 1924 年 5 月起"委托开滦矿务总局代管公司业务若干年"②。从此，耀华玻璃公司开始了由开滦代管的时代，期满后按原来条件续签了 6 次，这一代管行为一直持续到 1941 年太平洋战争爆发，英国人全部从开滦撤出，日

---

① 《照译监察人甘恩泰君来函》，耀档：室卷号 3—1—124。
② 《耀华玻璃公司第二次股东临时会议事录》，1924 年 3 月 14 日，耀档：室卷号 2—3—46。

本人全面占领开滦并全权接管开滦的业务，使之成为日本侵略中国的战略资源基地后才得以终止。

经过与开滦矿务总局协商，在耀华玻璃公司付给相当数目代管费用及授予相当管理权限的基础上，开滦也愿意接受耀华玻璃公司的意见，全面接管耀华玻璃公司的企业建设、玻璃制造、组织销售等事宜，公司业务方面予以管理和监督的权利。双方于 1924 年 5 月 13 日签订了《耀华机器制造玻璃公司委托开滦矿务总局暂行代管合同》，合同主要内容如下①：

耀华玻璃公司委派开滦矿务总局为公司经理人管理公司业务，对公司所有财产营业有管理权力，唯有董事会对公司事务仍有决策权，此项代管时限为 1924 年 5 月 1 日起至 1927 年 12 月 31 日止，首次签订期限为 3 年 7 个月，以后又数次续签合同，内容没有过多变化，唯有代管费用后来有所增加。对于耀华玻璃公司管理方面的执行行为，规定公司董事会的命令由总董或协董签名后，直接交给总局办理，所有由董事会发出命令，矿务总局皆认为是公司已经确定的命令，执行后公司必须予以承认。

耀华玻璃公司为酬报开滦总局按照合同办理各项事务，每年须付予开滦总局银洋 5 万元，此项报酬分 4 期付给，每期合洋 1.25 万元，每年第 1 期于 7 月 31 日付给总局，第 2 期于 10 月 31 日付给，第 3 期于 1 月 31 日付给，第 4 期于 4 月 30 日付给。总局除了管理工厂建设、产品制造、组织销售以及制做账目之外，秦皇岛建设工程或监督工作所雇用职员的薪水，工厂内从事制造、监理制造或制做账目所用职员的薪水、材料费用、修理费用、工厂内需用物资、公司应付的专利酬报金及玻璃出口或其他税额、运输或经销玻璃的费用、付予分销玻璃人的费用或遗失破损短少、成色低劣以及其他支出的费用，如果上述报酬足以付给，则由开滦矿务总局拨付。除此之外，没有指明的一切费用皆由耀华玻璃公司付给。

开滦矿务总局应将公司业务情形以及一切账目，按照公司与开滦矿务总局商定的时间，及时制订成册报送董事会，一切账目应用中英

---

① 《耀华机器制造玻璃公司委托开滦矿务总局暂行代管合同》，1924 年 5 月 13 日，耀档：室卷号 2—3—47。

两种文字记载。但报送董事会的报告及营业账目至多每月一次，账略至多每年一次。公司应将款项存放在指定的账户上，由矿务局总理代表公司以公司经理人名义使用，若总局总理不在职时，由代行总理职权的代表以同样名义行使权力。如果总局认为这个账户内的款项一时不急用，公司可以书面通知总局，指定某家银行，规定存放时日，存入公司账内。

为了减轻其他业务负担以节约成本，耀华玻璃公司还与开滦矿务总局约定，如果公司有需要催还的欠款，则总局应随时代为追讨，向欠款的一人或数人，或追还全部或追还一部分，或用通融付款办法，由总局确定，追还后由总局代公司签发收条。为追还欠款，总局有权派专门代理人一人或数人。对于公司分派的经理处，总局有权斟酌情形，委派经理人或分处经理人，也可以根据情况取消代理人或经理人，凡总局或代理人或经理人对于上述职权实施的所有一切合法行为，公司须一律承认有效。

耀华玻璃公司就拟由开滦矿务总局代管若干年的事项在事前也征求了秦皇岛玻璃公司的意见。秦皇岛玻璃公司认为"将公司业务移交开滦矿务总局代管办法极为妥善，致用欣慰"[1]。当然，他们也知道这样的办法可以使公司节省很多开支，"能借助开滦这个大企业的管理机构、经营经验以弥补耀华在初建阶段力量不足的缺陷"[2]，在短时间内为耀华玻璃公司玻璃打开市场，赢得用户，他们没有理由不同意这一做法。

合同签订完毕，耀华玻璃公司和开滦矿务局之间开始办理移交手续，最重要的莫过于账目、现款的移交。移交事务由开滦局总会计兼监察人李伊德与耀华会计共同负责完成，在账目上没有遇到任何困难。5月15日公司移交具体账目款项如下："中国实业银行存四万九千七百二十一元整，中法实业银行存七百一十八元四角四分，中华储蓄银行存二千一百一十三元九角七分，以上共计五万二千五百三十四元二角一分。除上述存有款项外，5月15日在中国实业银行尚存有

---

① 《译秦皇岛玻璃公司函》，1924年8月4日，耀档：室卷号2—3—46。
② 张鄂联：《对耀华玻璃公司的回顾》，载河北省政协文史资料委员会《河北文史集粹》（工商卷），河北人民出版社1991年版，第148—149页。

十五万零一百六十五元，因此款不急用，所以暂时存放在董事部存管。"① 因乔治·那森为公司总理时又兼任公司会计，会同一位中国秘书负责董事部账务，所以把那森处所存文件分为了两部分，一部分是关于公司业务的，一部分是关于公司对各股东以及其他秘书应办的事项，第一部分移交容易。中国秘书处的人员并不多，租用中国实业银行的房屋办公，每月付给房费 36 元。秘书处事务主要由下列人员管理，翁克斋担任秘书，史襄士担任中文秘书，夏绪昌、郑绍石两人担任书记。因公司存款数目多于所需，故拨交总局代管的仅是一部分。截至 6 月 30 日，开滦总局代管的款项共计 151429.43 元，公司董事部自管款项共计 161687.39 元，其中 15 万元为 3 个月定期存款，行息 5 厘，此项董事部存款须经李伯芝和杨嘉立二人会同签字才能支用。

随着耀华玻璃公司的发展，1932 年二号窑建好投产，工人雇用、产品管理等方面的管理费用都有增加，开滦矿务总局所负担的管理责任也随之增加，所以开滦于 1936 年与耀华玻璃公司续签合同时提出要求，"于合同续后第一年起，将管理费由五万元改为七万五千元，第二、第三两年则视情形如何酌量改定"②。这些管理费用的增加是合情合理的，仅就耀华玻璃公司二号炉点火生产后的工人增加人数就足以说明问题。在 1932 年之前，耀华玻璃公司工人人数一直处于 400 多人，到 1932 年时猛增到 587 人，到 1935 年更是增加到了 788 人，这就不能不增加各种管理费用，所以开滦为了维持正常的管理行为，向耀华玻璃公司提出了增加管理费用的要求。

总之，无论是在中比合办自营阶段，还是在开滦代管阶段，耀华玻璃公司虽然和比方各持公司一半股份，但实际在公司董事会上以开滦为代表的中方始终能占据决策的主导地位，这一方面与耀华玻璃公司比方股东只有少数几人在华不无关系，也与耀华以开滦为依托、开滦彰显出强大的实力有关。这与当时其他一些民族企业形成鲜明对

---

① 《译杨君复比国秦皇岛玻璃公司函》，1924 年 7 月 14 日，耀档：室卷号 2—3—46。
② 耀华付给开滦的代管费从 1924 年至 1935 年均是每年 5 万元，只是到了 1936 年管理费用增加到了 7.5 万元，并不是有些学者所言，"1924 年耀华正式委托开滦代管全部业务，每年付予开滦 7 万元代管费"。参见张鄂联《对耀华玻璃公司的回顾》，河北省政协文史资料委员会编《河北文史集萃》，工商卷，河北人民出版社 1991 年版，第 148 页。

比。在一些企业中，中方出资份额甚大，却依然没有话语权，如怡和纱厂，华股占95%，而无权管理企业，相反英股仅占5%，却独揽企业大权。[1] 所以，有学者研究得出，"近代中外合办企业的中外双方对合办企业的管理不仅无共同、平等可言，而且企业管理权的确定在很大程度上是违背中国法律，违背一般惯例的"[2]。在国不富、民不强的近代中国，多数企业的中方管理者很难取得与外国资本家一样的公司管理权，因为在那个时代，虽然中方占有更多的股份，但企业要想生存，要想取得更多利益，必须仰仗外人的势力，所以即便他们占有很小比例的股份，却掌握着更大的话语权。

二　人事管理

（一）高层人员的管理

周学熙作为耀华玻璃公司创办的实际掌舵人，在与比利时方面就合作创办企业生产平板玻璃时，就对谈判条件，也是后来对中外管理人员的安排条件已经定了基调。1921年8月26日，周学熙、那少校、李希明、王少泉、乔治·那森等人召开会议，"大家提议并赞成中比两方各选代表一人，籍以讨论公司之组织，并决定由周缉之先生代表中国方面，那少校代表比国方面，王少泉君随时从中协助"[3]。周学熙拟定十条与比利时方面商谈的基本条件，"一是公司应为中国公司；二是总董须为中国人；三是协董须为外国人；四是须有华董事四人，洋董事三人，华监察人一人，洋监察人两人；五是按照中国公司条例，董事须为单数，所有董事及股东之决议须有三分之二之人数方为有效；六是总理用洋人；七是协理用华人；八是公司股本定为一百二十万元，由华洋方面各认其半；九是此后为完成公司，工程需要款项时可发行债票以筹所需之款；十是各股一百元"[4]。从后来签订的

①　曹均伟：《再析近代中外合资企业的几个问题》，《经济问题探索》1989年第8期。
②　曾山：《近代中外合办企业管理权问题浅论》，《中国社会经济史研究》1987年第1期。
③　《译民国十年八月二十六日谈话录》，耀档：室卷号2—1—11。
④　《译民国十年八月二十六日谈话录》，耀档：室卷号2—1—11。

《华洋合股合同》以及董事的实际选举行为可以看到，这些拟定条件均得以实现。

耀华玻璃公司管理层人员主要包括总董、协董、总理、协理、总工程师、副工程师、各科室车间主任等，下表是中比合办时期领导层主要人员的更迭情况：

表 3-1　　　　耀华玻璃公司 1922—1936 年历任公司领导①

职　务	姓　名	在职时间	备　注
总　董	李伯芝	1922 年 3 月至 1926 年 12 月	
总　董	齐振岩	1927 年 1 月至 1927 年 6 月	
总　董	龚仙舟	1927 年 6 月至 1936 年 11 月	
协　董	瓦尔德·那森（Walter S. Nathan）	1922 年 3 月至 1924 年 5 月	英国人
协　董	杨嘉立（P. C. Young）	1924 年 5 月至 1931 年 11 月	英国人
协　董	爱德华·那森（Edward J. Nathan）	1931 年 11 月至 1936 年 11 月	
总　理	乔治·那森（George E. Nathan）	1922 年 3 月至 1924 年 5 月	英国人
协　理	陈汝湜	1922 年 3 月至 1924 年 5 月	
总工程师	奥利弗·古伯	1922 年 8 月至 1927 年 12 月	比利时人
总工程师	赫尔曼	1927 年 12 月至 1936 年 11 月	比利时人

注：1924 年 5 月耀华与开滦签订代管合同后，总事务所被裁撤，总理、协理二职截至至此。

耀华玻璃公司第一次董事会召开之前，秦皇岛工厂的建设、图纸的运送、工人的招聘、设备的购置等很多工作已经在紧锣密鼓地进行，这些工作的开展需要有人领导，否则各项工作会陷于混乱之中，事事无成。所以公司发起人之一李伯芝提议，"在股东会未召集、董事会未成立之前，可用公函委派临时总协理先行任事，以免延误，并责成总协理将筹办事宜拟具办法，送本公司甲乙两方代表"②。经过讨论，最后确定临时总理由乔治·那森担任，临时协理由陈汝湜担任，等到董事会成立后再行确定正式人选。耀华玻璃公司第一次股本

----

① 耀华玻璃厂志编纂委员会：《耀华玻璃厂志》，中国建筑材料工业出版社 1992 年版，由第 190 页相关数据整理得到。

② 《耀华机器制造玻璃公司签订合同章程议事录》，耀档：室卷号 2—1—9。

收齐后，那少校在甲乙双方代表会议上提出要求，"此项存款须俟股东会开后方可动用，将来动用之法当然须由总协理会同签字方可有效"①。由此可见，耀华玻璃公司这些负责筹备工作的人员非常敬业，这与他们在多家企业身兼数职、身经百战、经验丰富不无关系，也是公司后来得以在最艰难的时候依然能够顶住各种压力，不断向前发展的重要原因。

　　1922 年 3 月 27 日，耀华玻璃公司第一次股东大会召开。会上，首先推举王少泉为大会临时主席，继而由发起人李伯芝报告公司组织及筹备各项详细情形以及业经签订合同章程等文件内容，股东提问回答完毕后，开始按照公司章程选举董事。王少泉提出建议，若用投票办法，则需投票 10 次，每次 600 余票，共须填 6000 余票，手续既繁，费时亦多，"查各国有一种预选办法，即预先开出所拟推选各人之名单，当众宣布，付之表决是也，即如乙方股东应举董事三人，若按章程则乙方股东尚未全到，现在到会者仅数代表，故乙方已由预选法预先研究，将拟选之人开出一名单，少顷即宣示于大众，请诸君表决，今甲方亦拟仿行，先定一预选单宣布于众，如诸君认可即视为举定，其结果完全相同，甲乙种投票同选固无不可，但其手续实未免太繁，好在所拟推选之人，股东诸君已有成算"②，此提议经过与会股东一致表决同意。王少泉遂将甲方拟推选人员名单嘱写于黑板上，分别为李嗣香、王少泉、李伯芝、李希明，拟选监察人为傅沉叔，乙方拟选董事人员名单为瓦尔德·纳森、毛立司·罗遮、于斯德，乙方拟选监察人为甘博士（甘德）、芮德。名单写好之后，由王少泉逐一宣读，请大家起立逐一表决，所有董事、监察人员全体表决通过。

　　按照公司章程，还需要选出候补董事和候补监察人，以便董事或监察人不能经办公务时由候补人员递补，或不能在职处理事务时临时代为行使权力。经过与会股东表决，依然采用推举办法。王少泉派工作人员将甲方拟推选候补董事周志甫、李赞臣，乙方候补董事杨嘉立写在黑板上，逐一宣读起立表决，结果全部通过。推举候补监察人时

---

① 《耀华机器制造玻璃股份有限公司甲乙双方代表会议议事录》，耀档：室卷号 2—1—9。
② 《耀华机器制造玻璃股份有限公司第一次股东会议事录》，耀档：室卷号 2—1—8。

乙方选择放弃，甲方推选言仲远为候补监察人，诸股东一致通过。至此，耀华玻璃公司所有董事、监察人员均被选定。

同日下午，耀华玻璃公司召开第一次董事会议推选总董和协董。按照章程规定，总董由中国人担任，所以，会上那少校提议推选李伯芝为公司总董，列席董事全体赞成通过。总董人选确定后，董事王少泉提议推举那森为协董，亦全体赞成通过。至此，耀华玻璃公司的总董和协董人员全部选定。

值得一提的是，耀华玻璃公司的创办主要是由周学熙和那森两人主持发起，但周学熙并没有亲自出面担任耀华玻璃公司的总董，而是让给了李伯芝，这是有一定原因的。一是因为他年事已高，周学熙1866年1月生，1922年已有56岁高龄；二是他已经担任多家企业的首脑，如天津中国实业银行、滦州煤矿、启新洋灰公司等，没有必要再把自己的精力放到这个企业上来；三是李伯芝任耀华玻璃公司总董和周学熙出任没有太大的区别，因为二人有一层更密切的关系，"李兼任中国实业银行协理，周是这个银行总经理，两人在一屋办公，遇事可随时面商于周，秉承办理"①。这就是周学熙没有亲自参与耀华玻璃公司管理事务的几点理由。

耀华玻璃公司为了节省经费，决定自1928年起将"所有中文秘书事宜归并洋文秘书办理，史襄士除支本月薪水外，另给薪水三个月，以示体恤"②。这就减少了秘书人员，节省了部分办公经费。随着耀华玻璃公司1932年二号窑的建成投产，公司产量大增，业务逐渐繁忙，秘书处工作开始应接不暇。1933年第五十九次董监事联席会上，主席龚仙舟提出，"现在公司营业发达，秘书处人员不敷应用，兹提议加增书记二员以资办公，薪水以两人总数每月不出二百元为限"。娄翔青董事则提议，为了控制经费开支，此后秘书处经费不能再有所增加。那森协董代表乙方表示同意，认为"秘书处增人不但认为适当，且属绝对必需"③。因为秘书处事多人少，郭治平等人根本忙不过来，好多秘书工作都由开滦秘书代劳。

---

① 萧维良：《天津玻璃工业史记略》，天津市工人文学创作社编印1992年版，第297页。
② 《拟致开滦矿务总局函》，耀档：室卷号3—1—122。
③ 《耀华玻璃公司第五十九次董监事联席会议事录》，1933年1月19日，耀档：室卷号4—1—196。

（二）比国员司的管理

耀华玻璃公司曾于 1922 年 1 月 26 日与比利时人罗遮订立合同，派罗遮担任公司驻欧洲经理，其重要条件如下：一是罗遮应为公司在欧洲选聘建造与管理秦皇岛工厂各人员，并应负责其从欧洲动身及来华等一切事务；二是罗遮应为公司在欧洲购办材料物品及机器，并料理其运到中国等事，一切账单应送总事务所审核；三是罗遮应代表公司与丹瑞米玻璃工厂及佛克专利技术公司洽谈一切，并应调查制造玻璃机器与技术上的一切改良之处，以及欧洲玻璃工业发展情形，随时报告公司以备选择采用，罗遮为公司办理的一切事项均应严守秘密；四是罗遮等人应得薪水及费用。

1924 年 6 月，比京秦皇岛玻璃公司进行改组，推选雅多为总董，随后致函杨嘉立，提请耀华玻璃公司将罗遮驻比经理处取消，改派秦皇岛玻璃公司为耀华玻璃公司驻比经理处，拟请公司每年给予秦皇岛玻璃公司 5 万法郎，作为一切开支费用，并仍用罗遮具体负责各项事务，由秦皇岛玻璃公司各董事直接监督办理，罗遮薪水由秦皇岛玻璃公司董事等自行规定。[①] 对于雅多提出的建议，杨嘉立认为比利时法郎跌价甚低，且秦皇岛玻璃公司董事办事均富有经验，若罗遮受彼等指挥办理公司事务，必于公司有莫大的好处，这种办法甚为妥当，并建议定为华币每年 5000 元作为报酬。10 月 9 日，雅多再次由比利时来函，对耀华玻璃公司允许比京秦皇岛玻璃公司担任耀华玻璃公司驻比经理处深表感谢，并对每年经费的给付办法提出了建议，主张"最好于本年七月一日为始，以后按季支付，每次洋一千二百五十元"[②]。

耀华玻璃公司经过研究很快回函，"公司令将派尊处为敝公司驻欧经理处条件追认如下：一、令特派尊处为耀华机器制造玻璃股份有限公司驻欧经理人及代表人；二、为酬劳计每年除邮电两费外付给尊处洋五千元；三、以上经费当于一千九百二十四年（民国十三）七月一日算起，以后按季付给，每季洋一千二百五十元；四、一千九百二十二年二月一日耀华机器制造玻璃股份有限公司与罗遮君所订合同

---

① 《杨经理嘉立致秘书函》，1924 年 6 月 15 日，耀档：室卷号 2—3—56。

② 《秦皇岛玻璃公司致耀华公司函》1924 年 19 日发，耀档：室卷号 2—3—56。

应即取消；五、秦皇岛玻璃公司应将一千九百二十四年七月一日至十二月底所收款项付还敝公司"①。就这样，经过雅多的申请，耀华玻璃公司驻欧洲经理人便由罗遮变更为秦皇岛耀华玻璃公司，使其组织管理、办事效率、行为规范都有不小的进步，更有利于公司的利益和发展。

自上述条件订立以后，所有该经理处经费一直按每年国币5000元拨付，但到了1931年7月间，由于金价上涨，国币5000元折合法郎后为数甚少，该经理处不得不提出增加经费以敷办理公司各项事务的要求。耀华玻璃公司于10月14日第五十三次董事会决定，驻欧洲经理处常年经费"由国币五千元增加至比币八万法郎，约合国币银洋一万元"②。耀华玻璃公司驻欧经理处的作用很大，除去前期所做工作，公司于1930年议决不发利息和红利，将其转为扩充工厂费用、建设二号炉窑、扩大生产规模时，依然是驻欧经理处代公司在欧洲与各商家联络，购买相关设备和材料，使二号炉窑的建设工作能够按期完成，及时投入生产，增加公司市场饱有量和利润。

古伯来华担任耀华玻璃公司总工程师的时候，合同规定了其职责与义务。负责管理公司工厂机器事项，以及建筑监督并研求其利益，若公司另立分厂，与古伯协商好有关酬劳后亦可请其协助；除受董事会管理外，工厂内日常问题，古伯有全权处理的权力，但重大问题，牵涉公司大的利益时，必须禀报董事会才有处理的权力，如有必要时公司亦可随时请其发表有关意见；古伯来华完全为公司的利益服务，将其所掌握的所有有关玻璃制造机械的知识贡献于公司，并尽全部心力与技能保证所办之事成效显著；合同期内，非经公司允许，不能过问或协助其他玻璃公司；古伯如有不规范行为，公司查出确有证据，或公司屡次劝诫不思悔改时，可以随时将其革职，无须事先通知，亦无须付给赔偿金；古伯与公司如有争执，不论在华抑或在比，推公证人三名，按比利时法律判决，双方先各推公证人一名以判断其事，如两位公证人不能判决，再推选第三名公证人，按照情形由比利时商会

① 《致驻比经理处函》，耀档：室卷号2—3—56。
② 《告谨将耀华玻璃公司委任秦皇岛玻璃公司为驻欧经理处经过情形缮具节略开陈签核》，耀档：室卷号2—3—56。

议长或由天津比利时领事推选，该公证人应按法律进行，并可按比利时法律执行，此项判决即为最后的判决，不能再"上诉"。① 这些权利义务的规定可以起到约束古伯行为的作用，但从内容看，尤其是发生争执时，无论在中国还是在比利时，均按比利时法律规定处理，于中国资本团是不利的，会造成法律上的被动。耀华玻璃公司性质是中国公司，成立时是按中国公司条例设立，所雇外国人员出现问题则按外国法律解决，无论如何说不过去，是对中国司法主权的侵害，更是弱国无外交的一种具体表现。

雇用比利时普通员司时，为了更好地加以管理，耀华玻璃公司拟定了一份较为完备的合同，在这份合同中规定了比利时人员的权利和义务，以及必要的惩罚措施。雇用期限由其动身来华之日起算，但期满则不是以离职之日即开始算，而是从其乘船到欧洲任何商埠一月后为止，或其取道西伯利亚回国即算至由天津动身一月后为止。回国的途程由耀华玻璃公司指定，如不遵照执行，则概不付给旅费。在沿途符合公司规定标准的住宿费、伙食费等一切必要的开支均由公司担负。这一来一回的旅费待遇可算是优厚有加，同时也增加了耀华玻璃公司不少财务开支。

每日工作时间以 8 小时为标准，工作有昼夜之分，但无论昼夜，都可以轮换交替，遇有必要时，为将工作办理完善，应在 8 小时之外尽力完成，不得索要报酬。雇员来到中国后应纯粹服务于公司，"不得与外人方面有接洽、帮助、承诺、通知等事情，亦不得为他人服务或办理一切事宜之直接或间接妨碍本公司将来之发展者，或协助其他与公司宗旨相同营业上之发展"②。如有违约行为，或者要求缴纳罚金，或完全补偿给公司带来的损失。薪水可全部在中国领取，亦可部分在中国领取，部分在比京布鲁塞尔事务所领取，除薪水外还可以按照公司章程分享花红若干。在华服务于公司期间，耀华玻璃公司按照中国通常办法为其提供住宅一所，电灯、炉火等应备齐，费用均归耀华玻璃公司担负。无论去何处旅行或在工厂服务，如有损失、伤害、病痛、残疾以及意外等事发生，公司完全不负责任。

---

① 《译古伯合同》，耀档：室卷号 2—1—21。
② 《雇用比国人员合同稿（译法文）》，耀档：室卷号 2—1—14。

如果工作中有违规行为或犯有重大过失，耀华玻璃公司无须通知其本人，可以立即解除合同，公司对因此类事情发生的一切损失概不赔偿。其中，重大过失主要包括以下内容：一切损害或妨碍公司发达之行为，又如办事不慎、蓄意不良、毫无诚信以及其他种种意识上之险恶行径亦以此论，若公司或其代表与之发生争执时，双方应各推公证人三人，或在中国或在比利时按照情形酌情办理，双方所推公证人应会同判断其事。公证人应秉公判断，并按比利时法律办理。公证人的判断即视为最后判定，不得再行上诉。① 这里同样规定，双方发生争执时要按比利时法律办理。

耀华玻璃公司聘请罗遮为驻欧经理时规定，"如届期满三个月之前无通告解除，则双方合同仍得以继续，此后双方如欲解除合同，彼此均应于六个月前通知方为有效"②。比利时人员的雇用主要是由设在其国内的经理处办理，"选聘建造与办理本公司秦皇岛工厂各人员"是其在欧洲的重要职责之一，经其寻找物色，将拟用人员具体情况电告耀华玻璃公司，再由耀华玻璃公司根据介绍斟酌雇用。应当说罗遮在比利时为耀华玻璃公司所推荐人才整体素质都比较好，但也不乏有个别人员存在瑕疵，给公司带来一些不好的影响。

例如1923年，比利时工头斯梅仔殴打工人，引起工人义愤，工人们不但殴打了工头斯梅仔，而且提出条件，迫使总工程师答应将斯梅仔驱除工厂回国。③ 1936年工人赵长旭、陈雅泉、林仲三、王学义等人揭发卢姓化学师（即卢开津博士）盗取公司财物。陈雅泉等人揭发，11月16日，正值比利时工程师交接班的时候，刚好王姓副工程师请假外出，厂方主管以卢化学师为主。在此期间，卢化学师屡次在夜间指使他们将很多厂方物品搬运移出工厂，并和他们说经理与工程师都知道此事，"彼时工等以主管指使并无违抗，事后工等调查，此项物品均移至远方，而工等虽属粗心愚人，亦能通明大义，现工等对此事怀疑万端"④。这些工人害怕因此给他们带来不必要的麻烦，

①　《雇用比国人员合同稿（译法文）》，耀档：室卷号2—1—14。
②　《耀华玻璃公司聘请毛立司·罗遮为驻欧经理合同》，耀档：室卷号2—1—2。
③　耀华玻璃厂志编纂委员会编：《耀华玻璃厂志》，中国建筑材料工业出版社1992年版，第423页。
④　《揭发比工程师偷厂物品函》，1936年12月，耀档：室卷号4—4—273。

呈请总工程师将此事告知"会长大人"，希望体谅他们知识薄弱，设法维护他们的利益。他们还听说卢化学师经他人将公事房中的很多重要仪器物品运出，大概所运物品包括玻璃书阁 5 个，公事阁 1 个，自动电力哈司炉火表 1 架，汽油 2 桶。这些偷窃行为给耀华玻璃公司造成不少财物损失。

这些工人都是没有什么文化知识、老实巴交的当地农民，从他们口中反映出这些问题，其可信度应当说极高。这说明在这些聘请的外国职员当中确实存在害群之马，他们或飞扬跋扈，欺压中国籍工人，或偷盗公司财物，变卖兑现，这些行为毁了自己的形象，也给公司带来很多财产损失，耀华玻璃公司在外籍职员的管理方面存在着不足和漏洞，于公司的发展和利益不利。

当然，外籍职员中也不乏为耀华玻璃公司发展全心投入、不遗余力做贡献的人，如罗遮、古伯、马考尼、高布来等人。1924 年 8 月，耀华秦皇岛工厂建成投产，虽然因为天气和战事等因素致使工厂建设周期由一年延长至两年多，但在工厂建设过程中，"秦皇岛开滦矿务局经理马考尼和工程师高布来对工厂最初建筑时期颇能尽心筹划，使本公司得于建筑上节省之款甚多，且两君服务此项工程，历经困难，牺牲时日，且休息日及服务钟点以外亦少休息，种种劳绩应得厚酬"①。为了表彰两人为公司做出的贡献，总理乔治·那森和协理陈汝湜共同向总董提出建议，呈请董事会对二人进行奖励，馈送马考尼 5000 元，高布来 2000 元，聊以答谢两人对公司工厂建设尽心力的厚意。董事会研究后认为，"马考尼君及高布来君在工厂尽心筹划，服务勤劳，致公司节省费用，自应酌予报酬，所拟送马考尼君五千元，高布来君二千元尚属公允，应准照办"②。耀华玻璃公司这种赏罚不是很分明，赏往往大于罚，这种管理方式必会导致问题的发生。马考尼和高布来收到耀华玻璃公司开具的支票后甚是高兴，分别致函那森，嘱其代为向耀华玻璃公司董事会表示感谢。马考尼表示："甚感鄙人对于工厂所办工程辱蒙赞许，不胜欣喜之至，为此函恳执事向贵董事会代达谢忱，诸蒙贵董事会关照，鄙人深为感谢也。"高布来则

---

① 《译总协理上总协董函》，耀档：室卷号 2—1—25，目录号 9。
② 《拟复总事务所函》，耀档：室卷号 2—1—25，目录号 9。

表示："服务工厂建筑事深蒙奖励,至深感谢,又承贵董事会厚赐,拜领之余欣谢之至。"① 更有为耀华玻璃公司事业发展献出生命的外国职员。1930 年 3 月 24 日,比利时员司爱撒克因患肺炎于秦皇岛逝世。② 这些人都是耀华玻璃公司值得纪念的人,他们在耀华玻璃公司的发展史上都留下了光彩的一笔。

外国人远渡重洋来华工作,路途遥远,所以在合同中都规定有回国探亲的假期,这一方面造成中外职员之间待遇的不平等,一方面对公司的正常运转造成影响。例如,埃米尔·古伯的合同中明确规定,"每年须由公司给假一个月,回欧洲时公司对其妻子及个人亦须付给旅费"。根据耀华玻璃公司的档案记载,以下是部分时段外籍职员回国探亲情况。1929 年 3 月,比利时员司"万文君(译音)系本月五日归国,刻已返厂任事矣"③;同年 5 月,"厂员寇提君(译音)已于五月九日到厂"④;9 月,切玻璃厂经理西戈得(译音)于本月回国;10 月,基尔逊(译音)月内由本国回厂视事;11 月,地威(译音)于本月回国;1930 年 7 月,副经理罗萨提(译音)及引擎机机械师威克丝(译音)均于本月 24 日协同眷属等由其本国返工厂。⑤ 1933 年一年当中"高级员司之行动如下:工厂监工拉萨尔(译音)君于五月十六日请假携其妻回国,十一月十五日返华销假视事;热玻璃处助技师瓦斯(译音)君于十月三十日请假回国"⑥。

这些人员的回国假期,短则一两周,多则一两个月,甚至更长。不管这些人员在什么岗位,做什么工作,必然会影响到其所负责的工作,甚至因为他们的离岗影响到工厂的整个有序运转。而且,他们回国的旅费由耀华玻璃公司担负,这就势必增加耀华玻璃公司的成本。例如截至 1927 年 10 月,"工厂管理项下旅费一项已达二千九百六十三元,此数已分摊于各部之费用内"⑦。这些费用几近 3000 元,相

① 《照译马考尼君致那总理函》,《照译高布来君致那总理函》,耀档:室卷号 2—1—25,目录号 9。
② 《照译十九年三月份总工程师报告》,耀档:室卷号 3—3—142。
③ 《照译十八年三月份总工程师报告》,耀档:室卷号 3—2—132。
④ 《照译开滦矿务总局十八年五月份玻璃营业报告》,耀档:室卷号 3—2—132。
⑤ 《照译总工程师十九年七月份报告(1930 年)》,耀档:室卷号 3—3—145。
⑥ 《照译耀华玻璃公司总工程师二十二年份报告书》,耀档:4—2—219。
⑦ 《译十六年十月份总工程师报告书》,耀档:室卷号 2—5—100。

当于中国普通工人 15 人一年的工资。

相反，日本人没有欧洲来华路途遥远，但也可谓远渡重洋，在他们的企业当中对员工回国假期有着严格规定，待遇没有这么高。1936年比利时股东股份转让给日本后，与藤田就比利时员司解雇一事的谈话记录中有这样的记载，"日员假期无须如比员之长久，旭日公司章程通常假期每年不过两三星期，有时工作紧张且不得请假，其回国川资亦可减少"①。企业的发展要靠各个环节环环相扣、良性循环，其中任何一部分出现问题都会影响其他部门的正常运转，耀华玻璃公司在这方面的管理不如日本公司到位。

（三）中国籍工人的管理

从耀华玻璃公司投产开始，秦皇岛工厂的生产活动就昼夜连续开展，不能间断，所以规定工人上班分为三个班次，每个班次工作 8 小时，大班工人工作 9 小时，如果上班迟到 5 分钟就算旷工，没有工资待遇，旷工 3 日者即予以除名。病假、事假都要开具请假条，必须经直属领导批准。病假 3 日以上者要由主治医师开据证明，病假期间只发给工人 50% 的工资和煤、面补助，累计病假达到 90 日以上者停发一切工资、补助，超过 6 个月者即行予以解雇。因公致伤休假者，要由主管科长报请厂方批准。如果工人因事请假则不发工资和补助，全年事假连续超过 30 日或累计超过 45 日者即予以解雇。② 由上述可知，耀华玻璃公司对国内工人的管理是严格的，迟到 5 分钟就算旷工处理，没有待遇，即便是病假，也不能拿到全额工资，这对处于生活保障水平较低的普通工人来讲是严厉的，是刻薄的。

耀华玻璃公司秦皇岛工厂内设有查工房，负责工人的考勤、记工工作，录用和辞退工人由工头直接负责，查工房登记注册。1936 年开始设置劳工科，除了负责工人的考勤、记工、劳动纪律之外，还负责巡查护厂，对工人监视、搜身、刑讯等，实际上已成为管制和镇压工人的部门。

---

① 《耀华玻璃公司第七十次董监事联席会议事录》，1936 年 10 月 19 日，耀档：室卷号 4—4—251。

② 耀华玻璃厂志编纂委员会编：《耀华玻璃厂志》，中国建筑材料工业出版社 1992 年版，第 288 页。

　　耀华玻璃公司在投产初期，为了鼓励工人积极工作，多生产玻璃，对从事引上工作的工人出产量奖励办法做出了具体规定。安装的8台引上机，如果只有5台机器出产玻璃，则不给予奖励；如果有6台机器出产玻璃，则给予相当于工资10%的奖金奖励；如果有7台机器出产玻璃，则给予相当于工资20%的奖励；如果有8台机器出产玻璃，则给予相当于工资30%的奖励。每台引上机都有记录出产量的登记卡片，详细记录工人操作机器从事生产的24小时工作情况。卡片由工头保管，副总工程师负责检查登记情况，据实核发工人奖金。此外，每年年终公司会按照职工全年出勤情况发一到四分之一个月的年终奖金，即年终双薪。① 耀华玻璃公司每年年终下级员司、书记、工匠等人的奖金按照开滦的惯例奖励。在下级员司及书记当中，凡是月薪在200元以上的，公司不予以年终奖励；服务期限在6个月以上1年以下的，发给相当于半月的薪金奖励；服务期限在1年以上两年以下的，发给相当于月薪3/4的奖励；服务期限在两年以上的，发给相当于全月的薪金奖励。对于工匠的奖励办法是：凡工作时间满320天的，发给1个月工资的年终奖励；凡工作时间在290天以上320天以下的，发给相当于每月工资3/4的年终奖励；凡工作时间在250天以上290天以下的，发给相当于半个月工资的年终奖励；凡工作时间在180天以上250天以下的，发给相当于每月工资1/4的年终奖励。② 秦皇岛工厂员司的年终奖励也照此办法一并发给。

　　美国著名心理学家亚伯拉罕·马斯洛认为："激励就是采用某种有效的措施或手段调动人的积极性的过程，它使人产生一种兴奋的状态并保持下去，在这种状态的支配下，员工的行为趋向组织的目标，并且行为效率得到提高，最终高效地完成组织的目标。"③ 耀华玻璃公司这些奖励制度的制定，很大程度上可以激发职工的生产积极性，努力提高产量，这也使耀华玻璃公司在投产的第二年即超出年计划产量1万标准箱、实现年产量16万标准箱的重要原因之一。职工为了

---

　　① 耀华玻璃厂志编纂委员会编：《耀华玻璃厂志》，中国建筑材料工业出版社1992年版，第302页。
　　② 《年终员司酬劳金条例》，《照译开滦矿务总局总理致总董函》，1927年12月19日，耀档：室卷号2—3—108。
　　③ 亚伯拉罕·马斯洛：《人类激励理论》，科学普及出版社1943年版。

拿到年终出勤奖励，会努力克服困难，保证自己的出勤率，那些因琐事可请假可不请假情况出现的概率就会大大降低，可以保证公司工人出勤率的稳定，减少用工的波动性。

（四）工人赴比见习

耀华玻璃公司技术工人的获得途径主要有两个，一是聘请的外国技师及来华后在中国培养的技工。1923 年 3 月 2 日第十次股东会上就有人提出，"比国人来此者当然可以教导华人，此与派人赴比其效力正负相同，至于教育之事为法甚多，语言之困难殊无若何之关系，华人对于此种工作学习甚易，仅需观察比人动作学成必甚速也"①。此种办法不失为一种好办法，但语言的不同，沟通的不便根本不会如其所言"殊无若何之关系"，没有交流的学习不可能取得好的效果。另一个就是按照和饶明等人合同约好的办法，由副工程师带人到比利时实地见习。

1922 年 8 月 14 日，耀华玻璃公司召开第四次董事会，会上议决：公司派中国副工程师一名，该副工程师应与总工程师及开滦矿务总局会同选取工匠，由其带领前往比国丹瑞米厂实地练习半年或一年。②1923 年 2 月 1 日，公司与曾经做过北京清华学校校长、美国康奈尔大学和李海大学毕业、获林学硕士和理学学士学位的金邦正签订合同，"金邦正受委任带同工匠赴比实习"。同年 5 月，金邦正率领挑选好的具有培养前途的刘学连、王兴贤、刘继春、王云祥、张子意、张宝田、王发 7 人由国内出发，前往比利时实习。临行前，为确保所选人员能够安心在国外学习，确定在外人身安全责任以及回国后的去留问题，每位被选中工人都要与公司签订一份保证书。具体内容如下③：

　　　立愿字工人　　系　　　县人，年　　岁，今耀华机器制造玻璃
　　公司挑取资送比国学习制造，情愿遵守公司所订以下条件，此后
　　决无异言：一、工人须听从工程师指导，尽心学习，不解劳苦；

---

① 《耀华玻璃公司第十次董事会议事录》，1923 年 3 月 2 日，耀档：室卷号 2—2—22。
② 《耀华玻璃公司第四次董事会议事录》，1922 年 8 月 14 日，耀档：室卷号 2—1—9。
③ 保证书，耀档：室卷号 2—2—35。

二、工人一经挑取须仔细斟酌家中情形，能去方在此愿字，但既立之后不得翻悔或出洋之后因故请求回国；三、工人赴比来往三等川资及在比之衣食住费用悉由公司给予，此外由公司给予工人所指定之最近亲族安家费每月大洋　元，凭公司所给之条每月在天津或秦皇岛本公司或公司委托处具领；四、出外路远，天灾人事各凭天命，倘工人在外遇有意外不测之事，本公司不负责任，且只能就地料理身后，不负运回之责，但公司得斟酌情形给予最近亲族百元以内之恤金；五、工人回国须在本公司工厂遵守规则，尽心工作，三年以内不得他往，三年之后如欲他往，亦不得就与本公司性质相同之事业。此项愿字自立字之日起有效，空口无凭，立此字为据，此致，耀华机器制造玻璃公司台鉴。工人
　　签押，保证人　签押，年　月　日。

　　金邦正带领 7 人到达比利时丹瑞米厂，于四个星期后的 7 月 5 日将一个月的学习生活情况向耀华玻璃公司发函做了详细汇报。最初两个星期工作毫不间断，工人也非常努力。但后两个星期中，工人对工厂中的炎热环境不习惯，导致工人中有脚疼及手指中毒等事发生。在此期间，工人们首先参与了该厂熔化炉的修理，"得见该厂熔化炉修理情形，我工人亦在内助理，即如将砖槽取出，另铺新砖等工"①。见到了比方工厂熔化炉的构造，参与了铺设新砖等，至发函时修理工作已经完成，之后将参加学习收拾碎玻璃等事。而且，金邦正为了更好地与比方工厂人员交流，学习经验，每天坚持去法文私塾学习法语，能说些应酬客套话，但工程上的专业术语却不能。按照公司安排，允许其在比利时物色一位中国学生做翻译，回国后在工厂工作。经过努力，找到一名叫唐叔华的中国留学生，江苏武进人，沙洛罗脱辣大学肄业，曾在苏州大学两年，游学法比三年，请求公司准许其在比工厂一起学习并做翻译，回国后为公司使用。7 月 31 日，金邦正再次发函报告公司，已与唐叔华暂订定合同，雇其为助理员。暂定条件为"自十二（1923）年八月一日起雇唐叔华为助理员，自是日起

① 《译金邦正君来函》，1923 年 7 月 15 日由比国玻璃厂发，耀档：室卷号 2—2—35。

入厂悉心学习；每月用费在比时付给八百法郎；与金邦正等同回中国到公司任事。"①并建议公司与之签订正式合同，以便回国好好利用这位具有专业技术的人才。那森 10 月 11 日复函金邦正，"吾人对于执事暂行雇用唐君办法甚为赞同，惟对于将来回华后执事提议办法不若俟其回国，吾人看其能称何职再行规定之为愈也"②。

1923 年 8 月，金邦正得知罗遮为公司介绍前往秦皇岛工厂安装机器的电气技师加而利拟前往丹瑞米、蒙地尼两厂各住一星期，为使自己得到更多经验和锻炼，便和鲁克司厂商议，前往鲁克司玻璃厂参观装置机器，并征得加而利的同意。③8 月中旬，"率领工人到鲁克司厂研究炉与烟囱接连之法，因该厂正在小修理，最便研究也，顷与鲁克司及蒙地尼两厂接洽妥协，我工人随时可常往参观"④。并将在鲁克司厂参观时发现的安装机器遇到的问题向公司做出汇报，提醒公司在今后的机器安装方面多加注意。12 月丹瑞米厂因玻璃片生产过多，打算将其中两架机器停止工作两星期，金邦正积极与厂方经理联系，商请派中国工人每日管理机器 8 小时以便学习经验，并得到同意。又派包装工人到奥罗拉制镜厂学习包装玻璃及镜子，派制箱工人学习锯木机，都有很好的收获，进步颇大。金邦正的管理使工人们都有不小的进步，都得到多岗锻炼。足见金邦正等人能够充分利用各种机会，在比利时确实脚踏实地学习，以便将来回国更好地为公司服务。

1923 年年底，古伯接到比利时报告，"工人中有四人颇能勤勉，其余二三人实属疏懒，比工所教彼亦不甚用心"。金邦正对此番评价进行了解释，他根据工人的天资及经验将稍高的刘学连、王兴贤、刘继春、王云祥四人分为一个班，剩余张子意、张宝田、王发三人分为一个班。当其从工厂主任处得知四人班练习颇好而三人班不好时，一面劝诫，一面深入调查，发现并非三人懒惰，"惟对于比工人孝敬香烟、酒之殷勤不如四人一班，而比工人对于三人亦较为冷淡"⑤。并举例说，丹瑞米厂工人不只是对中国工人持有这种态度，英国一玻璃

---

① 《译金邦正君来函》，1923 年 7 月 31 日由丹瑞米发，耀档：室卷号 2—2—35。
② 《译那森君复金仲藩君函》，1923 年 10 月 11 日，耀档：室卷号 2—2—35。
③ 《译金邦正君来函》，1923 年 8 月 14 日由丹瑞米发，耀档：室卷号 2—2—35。
④ 《译金邦正君来函》，1923 年 8 月 26 日由丹瑞米发，耀档：室卷号 2—2—35。
⑤ 《金邦正致协理函》，十二年十二月十一日，耀档：室卷号 2—2—35。

厂也曾派16人来丹瑞米厂学习，英国人自视清高，不肯用联络功夫，比利时工人也是只允许他们在一旁参观，不许他们动手干重要的工作。后来经过金邦正多方联系，在其他三个玻璃厂中先后派不同工人前去学习，实地参加不同工作的实践，使得工人得到更多锻炼机会，获得更多实战经验。

截至1924年2月，金邦正等人在比利时学习已超过7个月，工人对于驾机、做箱、包装均已达到可用程度，在外思乡心切，拟于三月份订票回国，但耀华玻璃公司让他们暂缓回国。做出此项安排应与国内战乱致使工厂建设周期由一年改为两年多，依然没有完工不无关系。另外，公司想让他们在比利时多学习些时日，获得更多的经验。但是金邦正认为，工人们已得到独自驾机机会，已有驾机经验；比国工厂经理人见中国工人已有开机经验，已把机器收回，失去了练习的机会；由于比利时物价飞涨，原预算费用出现紧张，并提出回国后国内工人的培训计划。"在开工两月前，招聘心细手巧之工人三四十名，购下等机制玻璃数十箱，先由唐叔华授以割术，初步看一两月练习，至开工出货时当不至于完全不能动手，再随比割师练习深造似亦不难，此项材料费用有两千元敷用，亦不过等于添请四比工人之一次川资耳。不独割师可用此法造就，即做箱、包装工人亦应先数星期招就，随同来比工人练习，免致出货时到处堆存玻璃，有裁割不了、包装不了之弊。"① 这种训练工人方法有一定的道理，可以起到传帮带的作用，使相当一批工人能够短时间内担负起相应的工作，尽快使工厂各项工作步入正轨，产品尽快上市销售，企业尽快获利。

金邦正带领的这7位工人学成回国后，都成为了耀华玻璃公司的技术尖兵和骨干，中华人民共和国成立后都被提拔为科长或工程师，其中王兴贤就是当年回国的学徒工之一，后来成为企业发展的中坚力量。

---

① 《金邦正致总董函》，1924年2月9日，耀档：室卷号2—2—35。

第四章 生产制造

生产制造是生产企业整合相关的生产资源，按预定目标进行系统性的从前端概念设计到产品实现的物化过程。这一过程是企业的主要活动过程，也正是在这一过程中企业才能实现产品的增值，所以设计好、布置好、组织好这一过程是企业生产出高质量产品的关键，也是实现企业预定经济效益目标的重要前提。

一 工厂的前期规划

耀华玻璃公司的建设早在 1921 年就已经开始了设计预算工作。公司的总事务所设在天津，因总理须经常与开滦矿务局有接洽，所以拟于开滦矿务局新房建成之后在三楼为公司总理制备三间办公室；工厂设在秦皇岛，一部分地基是开滦局永久产业，一部分为中国政府租与开滦矿务局的土地，拟向开滦局方面转租该地。[①] 土地具体租借情况是，矿务局以坐落于秦皇岛京奉车站以南及附近的土地租与公司，该地基共计 131.64 亩，其中 91.71 亩为伦敦开平矿务有限公司名下的永久产业，矿务局代表开滦矿务有限公司将该地租与公司，到 1950 年 7 月 14 日期满；其余 39.93 亩为中国政府租与矿务局的荒地，租期从 1920 年算起 30 年，由矿务局转租给公司，其期限即为矿务局向中国政府承租的期限。公司付给开滦矿自有的土地每年每亩租金 10 元，转租的土地每年每亩付租金 1 元，两项租金均须预先付给矿务局。若耀华玻璃公司于租期届满时仍须续租，开滦矿务局自有的土地应仍按之前的条件准予续租，其向中国政府承租的土地若此后能得

---

① 《耀华机器玻璃股份有限公司筹备情形报告书》，耀档：室卷号 2—1—3。

到中国政府的允许,即按照矿务局承租秦皇岛荒地延期办法继续予以
续租。① 而且,如果耀华玻璃公司认为这两块土地完全不适用时,开
滦矿务局还要帮助寻找适宜的土地供其使用。这样,工厂占地问题较
容易地得到解决,而且用地条件甚为优惠。

比利时各厂制造玻璃原料成分比例是沙(或硅石)1千克,芒硝
(即苏打硫酸盐)80克,苏打碳酸盐345克,石灰岩290克,以上共计
1715克。在中国制造玻璃的原料成分比例也做出了相应的预算,沙
(或硅石)1千克,苏打硫酸盐563克,石灰岩290克,以上共计1853
克。从比利时丹瑞米玻璃厂的考察结果看,用1715克重的原料即可以
制成1400克的玻璃,由此推算,在中国用1853克的原料亦必可以制成
1400克的玻璃,除去各类损失,制成可用玻璃可以达到70%以上。

工厂预计安装机器8架,机炉配置的方法能使8架机器同时运
转,每架机器每年正常工作时间按10个月计算,每月每架机器可出
产玻璃至少200箱,全厂每月共计可生产1600箱玻璃,除掉意外损
失,8架机器每年可出产玻璃15万箱。生产15万箱玻璃需要的原料
也有详细的预算。

按照比利时工程师的预算,在中国制造15万箱玻璃,须用煤
13000吨。但根据开滦矿务局技师考察,认为开滦的煤不是很适合制
造玻璃使用,因为其所产生的煤气有碍于玻璃的制造,必须掺杂白煤
方可适用,所以总计用煤应为17925吨,成本为63525元。因中国北
方所产多为劣质沙,不适合用于生产玻璃,故须从山东威海购买上等
好沙,加上苦力费、水脚费等项费用,每吨约合4.5元。如果用硅石
代替沙,则北戴河、唐山附近都有产硅石的地方,其质地正适合制造
玻璃用,且价格较沙成本更为便宜,欲制造15万箱玻璃,至少需用
8450吨硅石,运到秦皇岛合洋约31680元。另一种制造玻璃重要原
料是苏打,按照卜内门洋行公司所估价格,每吨35元,共需苏打硫
酸盐4088吨,运到秦皇岛成本约合洋143080元。再加上石灰岩、装
玻璃用木箱等费用,原料总成本大约需37万元。与此同时,该预算
还将各项费用在唐山建造的数目进行了核算,具体对比如表4-1
所示。

---

① 《耀华机器制造玻璃股份有限公司与开滦矿务总局合同》,耀档:室卷号2—1—5。

表 4 – 1　　　　　　　　　　　　　原料成本预算①　　　　　　　　　　单位：元

料别 / 地区	煤 17925 吨	沙 8450 吨	苏打 4088 吨	石灰岩 2210 吨	木箱 15 万只	总　计
唐　山	51100	21125	147168	3315	127500	350208
秦皇岛	63525	31687	143080	4867	127500	370659

　　工厂的运转，离不开管理人员和工人的辛勤劳动，所以人工费用也是工厂开支的重要组成部分，需要详加计算。天津总事务所的职员和人工有总理、协理、总理秘书、协理秘书、译员、会计、书记四人，每年共计需支出 62700 元；秦皇岛工厂主任职员有总工程师、工厂主任、书记二人，每年共计需支出 31000 元；秦皇岛工厂人工包含雇用比利时工人 12 名，中国工人 208 名，每年共计需支出 91452 元。

　　原动力、灯火、地租、修理机器、水电等费用也是建设工厂所需费用之一。原动力费用在中国比在比利时较为便宜，工厂中电灯及装置费约需 5000 元，灯火等费每年约需 2 万元，每年更换新灯费约需 3000 元，其他几项费用所需无几，综合算来所有几项费用总和预算定为 12 万元。

　　综合以上几项费用，大致可以估算出耀华制造玻璃的成本，同样在预算书中将在唐山制造和在秦皇岛制造做了比较。

表 4 – 2　　　　　　　　　　　　制造玻璃成本预算②　　　　　　　　　　单位：元

类别	唐山	秦皇岛
原料	350208	370659
总事务所	66300	66300
主任职员	31000	31000
人工	92000	92000
原动力等	120000	12000
以上总计	659508	679959
在唐山制造玻璃 15 万箱成本需 659508 元		每箱合洋 4.4 元
在秦皇岛制造玻璃 15 万箱成本需 679959 元		每箱合洋 4.53 元

---

　①　《耀华机器玻璃股份有限公司筹备情形报告书》，耀档：室卷号 2—1—3。
　②　同上。

从表 4 - 2 看，在唐山制造玻璃较在秦皇岛可节省费用 20451 元，每箱玻璃成本在唐山制造较在秦皇岛制造可节省洋 0.13 元。再从工厂建设预算看，在唐山较在秦皇岛又可节省 16425 元。考虑到汇兑涨落不可预测，原料价格时有贵贱等因素，故最终将开办费用定为 170 万元。

综合各种因素，在唐山制造玻璃似乎更有利于节省费用和降低成本，但也许出于运输方便考虑，耀华玻璃公司最终没有选择在唐山建厂，而是去了秦皇岛。但是，除了运输条件外，在唐山建厂应该优势更大，一是耀华玻璃公司总事务所设在天津，唐山距天津仅有百余公里，秦皇岛距天津有将近三百公里的路程，如建厂于唐山，总事务所与工厂之间如有任何问题可以更为便捷地得到解决；二是耀华玻璃公司制造玻璃的重要燃料煤炭的供应者开滦煤矿就在唐山，煤炭的运输较秦皇岛更为近便；三是当时的秦皇岛人口不多，可供使用的本地劳动力不足，而唐山早已随着开滦、启新等企业的发展而成为中国北方一个重要的工业城市，工人数量较多，从用工方面讲，唐山也是优于秦皇岛的。事实却是耀华玻璃公司选择了在秦皇岛建设工厂，具体原因在取得的耀华玻璃公司档案中没有记载。

二　炉窑的建设

（一）一号窑的建设

在中国与比利时合办时期，耀华玻璃公司先后共计建设两个炉窑，即一号窑和二号窑。耀华玻璃公司第一次股东大会于 1922 年 3 月 27 日在天津召开，宣告 "耀华机器制造玻璃股份有限公司" 正式成立，而在此前 10 天，即 1922 年 3 月 17 日，一号窑的建设工程即开始动工，经过 29 个月的施工期，1924 年 8 月 15 日竣工投产，形成年产平板玻璃 15 万标准箱的生产能力。

耀华玻璃公司秦皇岛工厂的建设在 1921 年 12 月与比利时签订专利技术引进协议后，总体安排是由开滦负责施工材料的采购和施工的管理；由耀华玻璃公司驻欧经理处负责从比利时采购玻璃生产专用设备，并由比方派人负责设备的安装和炉窑的砌筑；由工厂总工程师代表耀华玻璃公司负责检查工程进度、验收工程质量，并决定工程设计变更和补充工程事项，同时每月向公司董事部报告工程进度和完成情况。

　　一号窑工程预算为 69.02 万元，建设中因物价飞涨及原定由开滦供应水电的协议没有达成一致，需要增加发电场和自来水场项目，工程预算不得不调整到 104.8 万元。1922 年 3 月 7 日，由秦皇岛码头至工厂铺设的铁路专用线开工，同时进行施工场地的测绘和平整工作，3 月 17 日工厂建设工程陆续开工。工程项目主要包括热玻璃部、凉玻璃部以及辅助工程，工期计划为一年半。

　　热玻璃部建设项目主要包括熔窑、煤气发生炉、综合厂房以及硅砂库、石灰石存放场、原料粉碎房等。工程投资 67.76 万元，建筑面积 3647 平方米。熔化系统砌筑了一座容纳 500 吨玻璃液的熔窑，熔化部长 28 米，宽 5.5 米，安装 8 台垂直引上机，煤气系统安装 9 台莫尔根煤气发生炉，原料系统仅安装了一台旧原料粉碎机。凉玻璃部建设项目主要包括玻璃切割厂房、包装厂房及储存玻璃仓库三层楼建筑，上层与引上采板厂房用天桥连通用于玻璃切割、装箱工序，安装了 42 台玻璃切桌；中层为制作槽子砖厂房；底层为造箱和玻璃成品库房。工程投资 17.06 万元，建筑面积 1890 平方米，厂房装有一架升降沉车。自来水场、发电场及锅炉房等辅助生产工程项目投资 19.73 万元，建筑面积 1476 平方米。主要设备有 2 台深水泵、5 台蒸气锅炉及一部英制旧发电机组。

　　随着建设工程的开展，耀华玻璃公司生产必备的水电等能源问题日益凸显。总工程师古伯在 1922 年 8 月 14 日的谈话会上强调，"关于制造玻璃一事，自来水实一最重大之问题，因抽制玻璃时两面须有凉水管夹辅以助玻璃溶液之凝结"[1]。如果公司自己设置抽水机、水管、水池，耗费颇多，会使公司的建设资金更显不足，便提议由开滦以收取水费形式协助供应。杨嘉立说，如果将供水管由六寸更换为十寸管，并将抽水机添加马力，则两公司都能够用，但此项工程需要重新铺设水管。

　　经过开滦的研究测算，9 月 6 日答复耀华玻璃公司，如果公司开工生产需要的 12 万加仑用水委托开滦由汤河抽水站供应，除每月由耀华玻璃公司固定给开滦 500 元外，每用水 1000 加仑收费 0.15 元。[2]

---

①　《十一年八月十四日谈话录》，耀档：室卷号 2—1—10。
②　《照译开滦矿物总局来函》，1922 年 9 月 6 日到，耀档：室卷号 2—1—27。

如果耀华玻璃公司同意，必须签订一个 10 年的合同。这样算来耀华每年用水的固定费用应是 6000 元，签订 10 年合同，共需付给开滦 6 万元。

耀华玻璃公司在第六次董事会上提出，经过考察发现，距工厂不远处的地下即有水源，由东方铁厂前往勘察，拟开凿人工井一口或数口，花费不会太多，出水量也能满足使用，但必须建造一间安置发动机的房屋，除此之外，地面的泉水质量也能达到使用标准，亦可为公司利用。[①] 购置自来水机需 2 万元，建筑费需 2.5 万元，以上共计需用 15 万元。

自来水的挖凿工作并不顺利。到 1923 年 6 月时，由于东方铁厂在秦皇岛挖凿人工井成效并不显著，在公司第十三次董事监察人联席会上"商洽挖凿地面井，倘使人工井不能用则地面井即可应用"[②]。6 月 12 日耀华玻璃公司董事会提出，由于东方铁厂挖凿人工井并没有把握，但地面井不论何时、不管水量多少，均能供给公司使用，而且耀华玻璃公司职员窦根在唐山方面曾经有过凿井经历，富有经验，极力主张公司再开凿此类水井。开凿这类水井"虽属费用较多，然其结果比之平常水井实为优美"[③]，可使公司生产的玻璃质量更有保证。因为开凿这类井工程颇为烦琐，必须抓紧时间着手进行，那森请求董事会立即核准。董事会经过认真讨论，最终通过了此项决议，按照窦根的计划挖凿地面井。

根据需要，耀华玻璃公司还建设了必要的水塔设施。"水塔 1923 年建成，砖石砌筑，原塔高度为 16.7 米，占地面积 42.5 平方米，储水容量 95.69 立方米。水泵房于 1923 年建成，是水塔的配套设施，由比利时设计师设计，欧式风格，总占地 260 平方米。其中控制室为单层圆形结构，占地 61.34 平方米；蓄水池为长方体结构，下有深水井，四季有水"[④]，保证了公司的用水。具体建筑如图 4-1 所示。

---

① 《耀华玻璃公司第六次董事会议事录》，1923 年 1 月 5 日，耀档：室卷号 2—1—31。
② 《耀华玻璃公司第十三次董事监察人联席会议事录》，1923 年 6 月 1 日，耀档：室卷号 2—2—31。
③ 《耀华玻璃公司第十四次董事会议事录》，1923 年 6 月 12 日，耀档：室卷号 2—2—31。
④ 杨欢、陈厉辞：《秦皇岛市玻璃博物馆与工业遗产保护》，《文物春秋》2013 年第 4 期。

图 4 - 1　1923 年耀华玻璃公司水泵房与水塔

　　用水问题得到了解决，用电问题仍需进一步研究。在一次谈话会上古伯强调，玻璃工厂生产玻璃需要用直流电，而开滦在秦皇岛的电台仅能供给间接电流。但开滦工程师认为，更换大马力的机器和锅炉后可以满足双方使用，耀华玻璃公司只需自设一种转电机器即可应用。经过预算，连同更换水管等工程，所需费用共计约 20 万元，这个办法还需向滦矿和开平矿两董事部报告，征得他们的同意方可实施。

　　9 月 20 日，开滦研究了在秦皇岛加装电机供两公司使用的问题，结果是为偿还利息及分摊添置电机费用，耀华玻璃公司须付给矿务局每月大洋 700 元，此外，公司应以前月矿务局所发电每码定价与矿务局供给公司电力的数目相乘，付给矿务局电费，"譬如正月中矿局电台发出电流每码系合洋三分四厘，今若二月中公司所用电流共合三万四千码，其计算法应用三万四千码按三分四厘计，合洋一千一百五十六元，再加以第一项内之每月定付洋七百元，共合洋一千八百五十六元，每码共合洋五分五厘"①。如果耀华玻璃公司同意矿务局提出的用电条件，也须仿照用水办法签订一份至少 10 年的合同。

---

　　① 《译开滦矿务总局来函》，1922 年 9 月 20 日到，耀档：室卷号 2—1—11。

正当耀华玻璃公司准备同意开滦提出的用水用电办法时，开滦却突然决定不供给耀华水电。1923 年 1 月 5 日，耀华玻璃公司召开第六次董事会，那森在会上作了通报，并提出自行设立电台、安置自来水的解决方案。通过了解得知，天津前英国电灯房的全套机器正在出售，该电机供应直接电流。经古伯会同之前使用过该机器的各工程师考察，了解到该机器足以满足全厂机器动力、灯火的使用，机器以外并附有大量材料，主要包括汽机 4 架、锅炉 3 架、凝化机、电线数千米，拟以废钢的价格出售，估值 1.5 万元，另有电线杆无数，所有机器设备连同附属材料大约花费 6 万元即可到手。但锅炉的数量不够用，必须再添两架，经过与开滦矿务总局接洽，决定由林西地方转售公司。以上购买电机需要 6 万元，拆卸安装费需要 3 万元，凝化机需 1 万元，林西锅炉需要 3000 元，搬运林西锅炉需要 2000 元。

1923 年电灯房建成，"原建筑共两层，总面积 2822 平方米，高 13.6 米，有法国哥特式建筑风格"①，如图 4 - 2 所示。

图 4 - 2 1923 年耀华玻璃公司电灯房

① 杨欢、陈厉辞：《秦皇岛市玻璃博物馆与工业遗产保护》，《文物春秋》2013 年第 4 期。

　　随着公司的发展，用电量的增多，后来仍有部分电流由开滦矿务局供应。耀华玻璃公司曾与开滦就电价达成协议，先按每码电四分收费，日后新添工厂开工后再将电价减为每码三分五厘。随着物价的增长，开滦局发电成本和用电情况均与之前有所变化，之前所估电价已不能适用，并将理由向耀华玻璃公司做出申诉。开滦局运煤至秦皇岛发电，其成本每吨增加 1 元多，工人工资增长 10% 以上，各项由国外运入的应需材料购买价格亦有很大增长，所以开滦局的制电成本较以前逐年增加。不仅如此，开滦原本拟在秦皇岛铺设电轨，需新建一所电厂，其发电除供电轨使用外，留有一部分可供耀华玻璃公司使用，后因各种原因，该项电气计划完成仅三分之一时即发现很难达到预期效果，不得以将之前预定的各项计划暂缓办理。而且为公平起见，开滦局提出意见，总电厂房屋机器的折旧以及装机建设费用的利息也应由耀华玻璃公司按成分担若干，拟按照能够弥补发电成本的原则，加上装机建设费用、息金及 5% 的管理费，收取耀华玻璃公司的电费。考虑到这样收取电费计算过于复杂，继而开滦提出一个建议，"每年应付之电价由上一年已确定之成本、息金数目按单位算讫，再加管理费百分之五即为现一年之电价"[1]，开滦局并为耀华玻璃公司设立专账，精确记载其用电情况。对于开滦局提出的用电加价问题，耀华玻璃公司在 1930 年 11 月 22 日召开的董事会上进行了研究，认为开滦局的提议并不过分，属合理要求，所以当即议决，"即照贵局提议办法办理"[2]。

　　1932 年耀华玻璃公司二号窑建成投产后，按照与开滦之前的约定，电价由四分减为三分五厘。1933 年时，由于发电成本上涨，电价每码按三分五厘计算已不足成本，开滦按实际消耗合算的成本是五分一厘六毫，提议此后须按这个价格收取耀华玻璃公司的电费。并且耀华曾经和开滦议定，"公司应需各项凡为开滦力之所能尽者，应由开滦尽力帮助"。"开滦得于公司获利后，按成本酌加售价，至其他各项，则悉按成本供给公司应用，开滦不得从中取利。"[3] 董监事经

　　[1]《照译开滦矿务总局总理来函》，第 3517 号，1930 年 10 月 10 日，耀档：室卷号 3—3—158。

　　[2]《拟致开滦矿务总局总理函》，1930 年 12 月，耀档：室卷号 3—3—158。

　　[3]《耀华玻璃公司第六十二次董监事联席会议事录》，1933 年 11 月 22 日，耀档：室卷号 4—1—196。

过考虑，认为如果公司自己设立电厂发电，恐怕所费成本较从开滦购买更大，所以决定答应开滦开出的条件。

另有工厂围墙、办公室、材料库及职工住房等项目。投资 13.55 万元，建筑面积 10058.2 平方米，工厂围墙长 792 米。一号窑在建设施工过程中，因直奉战争爆发波及秦皇岛，"人工、车辆、骡马皆被军队抓差，地方商情停滞，本工厂各包工者遂亦不能进行工作"[1]，工程建设一度停顿，工期不得不由一年半拖延到二年零五个月，于 1924 年 8 月 15 日才完工点火投产。工程决算 118.11 万元，其中，建筑安装费 76.35 万元，机器设备费用 41.76 万元。工程占地 21627.72 平方米，总建筑面积 17071.2 平方米，其中工厂生产区用地 112625.19 平方米，建筑面积 9201 平方米；生活区用地 103652.53 平方米，建筑面积 7870.2 平方米，共安装机器设备 55 台（套），铺设铁路专用线 3 条，长 1610 米，不含厂外引线。[2]

（二）二号窑的建设

随着耀华玻璃在国内市场站稳脚跟，经济效益开始好转，扩建工厂议题逐渐提上日程，1928 年 10 月 30 日公司召开第四十六次董监联席会议，会上讨论决定在一号窑西侧兴建二号窑。

1929 年 4 月 16 日，耀华玻璃公司召开第八次股东大会，会上就兴建二号窑进行了深入研究。首先，杨嘉立就报告书中扩建工厂计划进行了详细说明。公司虽然实收资本 250 万元，但专利及开办经费就已经占去 130 余万元，用于建设一号窑的经费仅 100 余万元。现在再以 100 万元的投资增设一个制造玻璃炉窑，并将切玻璃、库料房及其他附属各建筑稍事扩充即可使工厂产量增加一倍。此前公司以巨资购得佛克法专利技术使用权，曾规定"饶明君按照下列条件将其所有在左列划定区域内关于此种新法之权利特别利益、一切机器上实用之知识以及此后此项新法上随时之改革进步，均完全让与公司，以上所称划定区域专指中国政治上之界限而言，满洲、朝鲜不在其内，至于各国在中国国内或沿海

---

① 《耀华机器制造玻璃公司六月份报告书（1922 年）》，耀档：室卷号 2—1—26。
② 耀华玻璃厂志编纂委员会编：《耀华玻璃厂志》，中国建筑材料工业出版社 1992 年版，第 37 页。

之租界、殖民地、保护地如香港澳门等处认为中国之一部分"。"饶明君担任在以上规定让与公司区域之内决不再以佛克新法直接或间接售与第三方面。"① 而且，公司有权扩充工厂或建立分厂，"无论扩充至如何地步，均不另费分文"②，所以公司可以以 100 万元的投资获得加倍的利益。除了投资方面减少外，工厂的监工及员司等人员则不必增加，所以制造玻璃的成本也会有所减轻。根据杨嘉立等人的考察，玻璃市价不会减少过多，而且 1929 年的玻璃市价日见增涨，如果工厂出货增加一倍，公司获利也一定能够增多，股利亦可随之增加。

为了进一步说服各位股东，会上总董龚仙舟将杨嘉立的意思做了进一步的说明。龚仙舟介绍：公司出品供不应求，预料再加一倍的出货也可以全部售出，1929 年公司盈利 34 万余元，扩充后每年即可得利润 70余万元，况且关税自主后外来商品进口不会再像以前那样多，相反只会减少，到时候公司获利应当不止 70 万元。耀华玻璃公司就扩充工厂事项征询了比利时秦皇岛玻璃公司的意见，对方非常赞同公司的扩充计划，甚至允许公司将所欠酬金团的债务利息分期摊还，每箱玻璃提取五角。龚仙舟希望各位股东能够暂时忍痛，将来可以获得更高更多的股利。因为公司自开办以来始终没有发放股息，所以有股东提议扩充工厂和扩充经费应分别讨论，扩充工厂计划书获得全体一致赞成通过。

当讨论到发放股息的时候，公司的意思是不予发放，将之转为扩充工厂的资本。但股东娄翔青并代表部分股东认为，各股东不仅盼望能够早日发放股息，更盼望股票市价能够上涨，公司自开办以后始终没有发放股息，股东等遇有特殊情形时必须将股票出售或做抵押向银行借款。这种情形从耀华玻璃公司保存的档案中可略见一斑，如 1930年 9 月 19 日，耀华玻璃公司收到天津中国实业银行来函，通知其股东延龄堂伯记、李伯记将公司股票 2000 元向银行抵押借款，并请求"查明如无其他项纠葛即烦照章注册，嗣后该抵押品非经敝行同意不得有转卖损失事情，一俟抵押品赎回再由敝行函请撤销"③。这种借款在耀华玻璃公司的档案记载中有很多，在 1923 年至 1944 年间，

---

① 《耀华机器制造玻璃股份有限公司与饶明君合同》，耀档：室卷号 2—1—2。
② 《耀华机器制造玻璃股份有限公司第八次股东常会议事录》，1929 年 4 月 16 日，耀档：室卷号 3—2—128。
③ 《天津中国实业银行致公司函》，1930 年 9 月 19 日，耀档：室卷号 3—3—148。

耀华玻璃公司股东中"曾有八十六户用股票作抵押，向各银行办理借款，累计达三十七万多元"①。股东建议扩厂资金最好另筹，或向他处借贷，或增招新股，或者先酌量发放若干股息，等股票价格上涨之后，再将后面的股息拨作扩充工厂的资金。股东们的这种建议不无道理，也不是出于私心，耀华玻璃公司的实际情况确实如此。

在 1930 年 5 月召开的第九次股东常会上，再次讨论了发放股息的事情，部分股东依然担心，"公司设立将及十载，股息分文未发，股票行市久经跌落，如再不发息必更一落千丈，大股东或不以为意，但小股东之困难实不堪言。今工潮风起云涌，又机制货物捐正在开办，玻璃事业之前途尚难预料。中国利率一分二乃属平常，今公司发息一分，尚不及普通利息，各股东之款如不买股票，在外放款三四年即可倍增，今久不发息，损失之巨何堪设想"②。

面对股东的质疑，杨嘉立又做出了解释。按公司章程，在普通股支付息之前，应先发放优先股股息 8 厘，仅此一项股息就需要洋 6.4 万元，如发给普通股的股息少于优先股，则普通股诸股东必不满意，如普通股与优先股全部按 8 厘分派股息，则至少需要 20 万元。而且如果付给优先股股息，则公司所欠酬金团 37 万元欠款的应付利息共计洋 2.96 万元也得照付，如不发股息，则此项利息亦可省下。③"尊重不满意的股东行使正当权利，遇到股东质询时应当及时解释，以防止事态扩大。"④ 颜惠庆的这番话着实是对股份公司制企业的最好诠释。通过有效的解释工作，股东经过比较利害关系，最终同意了公司不发股息转作扩充工厂资本的决定。

最初工程预算款为 100 万元，后因汇率变化，向国外订购的专用

---

① 秦皇岛耀华玻璃总厂厂志办公室：《历史上耀华的股份制》，载中国人民政治协商会议河北省委员会、文史资料委员会《河北文史资料》1991 年第 1 期，总第 36 期，第 177 页。

② 《耀华机器制造玻璃股份有限公司第九次股东常会议事录》，1929 年 5 月 26 日，耀档：室卷号 3—2—128。

③ 《耀华机器制造玻璃股份有限公司第八次股东常会议事录》，1929 年 4 月 16 日，耀档：室卷号 3—2—128。

④ 颜惠庆：《颜惠庆自传——一位民国元老的历史记忆》，商务印书馆 2003 年版，第 213 页。

设备和材料价格上涨，"同时又计划增添一些自动化机械"①，耀华玻璃公司遂将预算由 100 万元调整到 156 万元。扩充工厂所需设备须在欧洲购买，公司将这一任务交给了比京秦皇岛玻璃公司代办。他们认为该项计划及应购买的机器属于公司重大事项，必须先由有经验的专家进行详细研究，深入调查，谨慎行事。同时认为，有关调查工作需花费 3 个月的时间，"调查用款约需比币十万佛郎，约合国币七千元之谱"②，乙方董事已经协商一致同意，须征得甲方董事的同意。耀华玻璃公司董事会开会讨论研究后决定同意乙方的建议。

　　二号窑建设工程由比利时工程师达尼罗夫进行设计，年生产能力为 20 万标准箱，施工材料和施工管理由开滦负责，窑炉砌筑和主要设备安装、调试聘请外国工程技术人员负责，工程进度和工程质量由工厂总工程师代表耀华玻璃公司负责检查验收。

　　工程建设项目有熔制、原料、煤气、切装造及一些辅助工程。熔制系统是二号窑的主体工程，总投资 77.8 万元，1931 年 8 月开工建设，1932 年 2 月土建工程完成，建筑面积 2190 平方米。1932 年 1 月 7 日开始砌筑熔窑和安装设备，于 12 月完成了一座容纳 600 吨玻璃液的熔窑和 10 台垂直引上机的安装。原料系统工程有砂岩库、碱库、原料粉碎房和配料房，1931 年 4 月 7 日开工建设，1932 年 7 月完工，投资 7.1万元，建筑面积 856 平方米。煤气供应工程是两座熔窑共用项目，位于两窑之间，厂房面积 675 平方米，1931 年 8 月开工建设，1932 年 3 月24 日厂房土建工程完工。接着进行煤气发生炉等设备安装，10 月供一号窑生产使用的 5 台培特煤气发生炉安装完毕并点火投入使用，取代了一号窑 9 台莫尔根煤气发生炉；12 月供二号窑生产使用的 5 台培特煤气发生炉安装完毕，共投资 40.75 万元。切装造厂房工程与一号窑切装造厂房相连向西延伸，投资 17.77 万元，建筑面积 1890 平方米，厂房内安装 1 架升降沉车，用于运输货物，安装 340 台切玻璃用的桌子。③二号窑辅助工程项目包含废热锅炉房、铁工场、木工场、稻草库、供电站和职工住房，投资 11.62 万银圆，建筑面积 5089.85 平方米，新添置

---

① 萧维良：《天津玻璃工业史记略》，天津市工人文学创作社编印 1992 版，第 303 页。
② 《关于在欧洲采购机器事致总董函》，耀档：室卷号 3—2—139。
③ 耀华玻璃厂志编纂委员会编：《耀华玻璃厂志》，中国建筑材料工业出版社 1992 年版，第 37 页。

了 1 座循环冷却水塔和 1 台废热锅炉。

二号窑全部工程施工用时 21 个月，1932 年 12 月 22 日竣工点火投产，年生产能力为 20 万标准箱。工程决算 155.025 万元，其中建筑安装费用占 84.351 万元，机器设备费用占 70.674 万元。工程用地面积 65929.21 平方米，新租用土地面积 12989.06 平方米，建筑面积 10700.85 平方米，其中生产建筑面积占 6710 平方米，生活建筑面积占 3990.85 平方米，安装机器设备 73 台（套）。

三 生产制造概况

（一）产品种类与规格

耀华玻璃公司章程第三条规定："本公司营业以制造平面、花面各种玻璃及各种玻璃器皿为主，并兼营所有附属事业与玻璃事业有关者。"① 从 1924 年投产开始，耀华的玻璃产品厚度一般在 2—2.7 毫米，玻璃的规格和尺寸大小按照用户要求进行安排，成品包装每标准箱为 100 平方尺。据秦皇岛海关册记载，"该厂所出常用玻璃，各等厚薄一律，远驾欧洲舶来货品"②。生产的玻璃有 6 种厚度，对不同厚度的玻璃以最薄厚度标准给出了具体规定，详见表 4 - 3。

表 4 - 3　　　　　　　耀华玻璃最薄厚度标准③

名　称	最薄厚度（毫米）	每平方英尺约略重量（盎司）	每箱片数（片）
单　层	2.0	16	17
半双层	2.6	21	13
双　层	3.2	26	11
三　层	3.8	32	9
厚玻璃	4.8	40	8
加厚玻璃	5.8	50	6

---

① 《耀华机器制造玻璃股份有限公司章程》，耀档：室卷号 2—1—5。

② 《关册》，秦皇岛口，1924 年。转引自《秦皇岛港史》（古、近代部分），人民交通出版社 1985 年版，第 241 页。

③ 耀华玻璃厂志编纂委员会编：《耀华玻璃厂志》，中国建筑材料工业出版社 1992 年版，第 227 页。

　　经过市场运行，耀华玻璃公司发现玻璃的重量在不同地区市场上有不同的要求，遂决定对玻璃的重量进行调整。公司从 1926 年 4 月规定两种单厚玻璃，一种是 16 两以下的，一种是 18 两的，此外又经研究规定一种 40 两重的厚片玻璃及 50 两重的特厚玻璃，具体规定的重量是：单厚玻璃重 15.5 两；厚片单厚玻璃 18 两，加半厚玻璃 21 两，双厚玻璃 26 两，三厚玻璃 32 两，厚片玻璃 40 两，特厚玻璃 50 两。[①]

　　随着市场的发展，1926 年比京秦皇岛玻璃公司经过研究曾致函耀华玻璃公司，建设开展制售灯罩业务。协董杨嘉立经过对中国灯罩市场的调查，认为耀华玻璃公司要在中国制售灯罩，须先与兼售灯罩的两大著名火油公司（即亚细亚火油公司和美孚火油公司）订立合同，否则实在没有兼制灯罩的价值。后来杨嘉立经过上海时曾与办理灯罩业务已有多年经验的亚细亚火油公司总理商谈此事，通过交谈了解到，"因日制油灯及灯罩成本甚低，竞售至烈，该公司颇受损失，且于销油上亦无利益，已决计不再兼售油灯、灯罩等项"[②]。另一家是美孚火油公司，杨嘉立分析认为，亚西亚火油公司组织完备，成本很低，销货也有多年，尚因竞争过于激烈而萌生退出的想法，美孚公司将来也有仿效亚西亚公司做法的可能，所以"我公司如欲办理此事不亦误乎"。基于此种原因，最后决定不再研究在中国制售灯罩事宜。

　　耀华玻璃公司于 1927 年对产品的大小做出了新的调整，生产出一批用于制镜和做中国式灯笼的 6×4 英寸、7×5 英寸和 8×1/4 英寸小规格玻璃，每箱为 300 平方英尺，还生产少量 16×10 英寸、15×12 英寸和 13×13 英寸小规格玻璃供应国内外市场。1928 年生产玻璃的厚度为 2 毫米、2.6 毫米、3.2 毫米、3.8 毫米、4.8 毫米、5.8 毫米六种，二、三等品最大长度不超过 80 英寸，四等品 2 毫米玻璃可超过 80 英寸。[③]

---

①　《译开滦矿务总局十五年三月份报告书》，1926 年 5 月 17 日，耀档：室卷号 2—4—83。

②　《译开滦杨总理致秦皇岛玻璃公司理事函》，1926 年，耀档：室卷号 2—4—87。

③　耀华玻璃厂志编纂委员会编：《耀华玻璃厂志》，中国建筑材料工业出版社 1992 年版，第 104 页。

　　1936 年耀华玻璃公司曾经试制磨砂玻璃，但是全部用手工操作，劳动强度极大，作业条件恶劣，制出的磨砂玻璃成品率很低，每个班组只能生产 6 标准箱，成本即巨，效率也低，费时耗力没有利润，最后暂时放弃了这一类玻璃的生产。

　　耀华玻璃公司 1924 年 8 月开始生产玻璃，随即直奉战争爆发，仅生产一个月的时间即被迫停产，1925 年生产活动才转入正常，是年生产玻璃 16 万标准箱，超过了 15 万标准箱的设计能力，以后玻璃产量逐年有所提高，到 1931 年时产量已达 27.3 万标准箱。1932 年二号窑建成投产后，产量大幅提高，1936 年达到 44.7 万标准箱，创中国与比利时合办时期产量之最，"比 1910 年前全国玻璃总产量增加 21 倍"[①]。

表 4-4　　　　　　中比合办时期历年产量、单箱成本和售价

年　份	产量（万箱）	成本（元/箱）	售价（元/箱）
1924	0.86		
1925	16.0	5.25	5.81—6.08
1926	15.7	5.12	5.6—6.2
1927	19.6	4.77	5.2
1928	22.7	4.5	6.9
1929	25.2	4.25	7.25
1930	24.4	4.65	8.9—11.15
1931	27.3	5.29	10.5
1932	23.5	5.21	9.8—10.2
1933	36.9	4.84	8—9.5
1934	39.4	4.62	6.6—7.7
1935	42.9	4.42	6—7.7
1936	44.7	4.41	8.25

　　注：表中数据系根据《耀华玻璃厂志》第 86—87 页相关数据整理得到。

---

　　① 中国企业史编辑委员会：《中国企业史·典型企业卷》（下），企业管理出版社 2002 年版，第 578 页。

　　生产玻璃的主要原料是硅砂、砂岩、纯碱、芒硝、石灰石等，1924 年耀华玻璃公司刚开始投产时用的是威海卫的硅砂，第一批硅砂于 1924 年 8 月由威海卫运至秦皇岛。与此同时，公司订购的朝鲜云凫岛砂子也随之到货，经试用得知，用云凫岛的硅砂生产玻璃品质要好于用威海卫的硅砂，遂决定改用云凫岛硅砂。但是之后的供货质量低于样品，用于生产影响了产品质量，耀华玻璃公司遂于 1927 年终止了购买合同，从 1928 年开始，改用印度支那的昆兰岛硅砂①，并开始掺用唐山赵各庄的砂岩。最初所用芒硝购自英国卜内门碱业公司，1925 年至 1936 年使用汉沽渤海化工厂生产的芒硝，个别年份也从英国和日本少量进口，与汉沽芒硝混合使用。1936 年以前，耀华玻璃公司所用石灰石全部来自赵各庄和滦县。中比合办时期耀华生产玻璃使用各种原料情况详见表 4 - 5。

表 4 - 5　　　　　　　　中比合办时期各种原料用量情况②

原料品种	硅砂	砂岩	纯碱	芒硝	石灰石	白云石
总用量（吨）	54970	77549	41654	3919	30096	2824
年平均使用量（吨）	4175	8169	3164	298	2286	
标准箱平均单耗（公斤）	16.00	31.30	12.12	1.14	8.75	

（二）包装管理

　　因为玻璃属于易碎商品，所以在销售过程中包装的好坏直接影响着玻璃的破损率，从而影响到成本的高低。耀华玻璃公司从开始生产便对玻璃包装非常重视，根据各方调查数据，在公司筹备情形报告书中对装玻璃用木箱尺寸大小做出了规定，并对制造成本进行了核算，详见表 4 - 6。

---

　　① 即越南海防砂。
　　② 耀华玻璃厂志编纂委员会编：《耀华玻璃厂志》，中国建筑材料工业出版社 1992 年版，第 97 页。

表 4－6　　　　　　　　　　装放玻璃木箱大小及成本①

木 箱 大 小		成本合洋（元）
长 （寸）	宽 （寸）	
30	20	0.995
28	20	0.945
26	18	0.812
24	16	0.721
20	14	0.630
16	12	0.550

按以上各价之和平均计算，每只木箱合洋七角七分五厘。此外尚须加运费七分五厘，年产量按 15 万箱计算，共需木箱总数为 15 万只，合洋 12.75 万元。适宜制造装玻璃箱的木料，每 1000 方尺厚 1寸的板材需洋 65 元。为节省成本、节约开支起见，副工程师金邦正建议公司自备锯木机，自制木箱。

金邦正带人在比利时学习期间专门派人到各厂学习了木箱制造技术。1923 年 12 月，金邦正致函公司时曾提到，"我之学习包装工人已派至一制镜厂学习包装玻璃及镜子，与我包装工同学习者，此外仅有一人，故我包装工人学习之机会甚好，我之学习制箱工人进步亦佳，明日彼将学习锯木机，因彼已先得有木箱木料大小之知识，锯木机上之学习有两星期即敷用矣"②。金邦正在回国前，又一次向总董提出建议，"做箱包装工人亦应先数星期招就，随同来比工人练习，免致出货时到处堆存玻璃，有裁割不了、包装不了之弊，如开工时即将八机全开，此种情形实一时在所难免，但先有预备者总胜于无预备耳"③。这就为耀华玻璃能够有较好的包装、减少玻璃搬运装卸中的破损打下了一定的基础。

1924 年一号窑投产后，玻璃的包装方法为每箱 100 平方英尺，箱型结构全部为密封式，装入箱内的玻璃片分成两组，两组之间用木板

① 《耀华机器玻璃股份有限公司筹备情形报告书》，耀档：室卷号 2—1—3。
② 《照译金邦正君来函》，1923 年 12 月 23 日由比国发，耀档：室卷号 2—2—35。
③ 《金邦正致总董函》，1924 年 2 月 9 日，耀档：室卷号 2—2—35。

隔开，并用稻草塞严。70 联英寸以上厚重玻璃由于重量过大，在木箱上钉上立带用以增加箱体的牢固性，每箱 2 毫米厚 100 平方英尺的玻璃包装比比利时玻璃的同类包装多出 17.5 公斤，这样虽然可以保证玻璃包装的安全性，减少玻璃的破损率，但却增加了制造木箱的成本。

为了减少制箱材料消耗、降低玻璃成本，解决玻璃包装过重问题，1926 年公司采取了两方面的措施，一是减薄玻璃厚度，一是将制造木箱所用的木板切薄。木箱的底、盖皆由 5/8 英寸厚的木板改用 1/2 英寸厚的木板，侧面帮板改为 3/8 英寸厚度。在改用薄板材料的同时并加大包装箱的体积，由 100 平方英尺加大到 200 和 300 平方英尺。改变包装之后，经过铁路和海上长途运输的多次试验，公司发现玻璃破损严重，用户反映强烈，遂于 1928 年又将包装木箱木板厚度由 1/2 英寸加厚到 5/8 英寸，在 200 和 300 平方英尺包装箱的帮板上增加立带，在底、盖、堵头的连接处用铁腰子加固，到 1931 年包装木箱的质量已达到比利时同类包装箱的水平，并好于日本。[①] 经过多次改革试验，耀华玻璃的包装问题基本稳定下来，玻璃的破损率也随之减少。

耀华玻璃公司在玻璃包装方面并没有因为问题的解决而裹足不前，而是根据不断积累的经验和学习其他企业的做法，仍然不断改进玻璃的包装，于 1932 年 5 月 30 日对包装箱的规格再次做出调整，使之更加合理，详见表 4 – 7。

表 4 – 7　　　　　1932 年 5 月耀华玻璃包装箱新规格[②]

玻璃规格 （英寸）	包装木板厚度 （2、3、3.2、4 毫米厚玻璃）		包装木板厚度 （5、6 毫米厚玻璃）	
28	框架 5/8 英寸	板条 1/2 英寸	5/8 英寸	5/8 英寸
29—60	框架 5/8 英寸	板条 5/8 英寸	3/4 英寸	5/8 英寸
61—89	框架 3/4 英寸	板条 5/8 英寸	3/4 英寸	5/8 英寸
90 以上	框架 3/4 英寸	板条 5/8 英寸	1 英寸	5/8 英寸

① 耀华玻璃厂志编纂委员会编：《耀华玻璃厂志》，中国建筑材料工业出版社 1992 年版，第 105 页。

② 同上书，第 227 页。

随着公司事业的发展，包装箱技术的不断进步，以及满足客户对玻璃包装提出的要求，耀华玻璃公司于 1933 年再次对玻璃包装箱做出调整。这次规定从 1933 年起，装箱时除四等单厚玻璃外，其他规格玻璃均另用包装纸包裹，如果购买者于订货时有特别声明，第四等单厚玻璃也可以照其他规格玻璃一样用纸包裹。这样可以更好地保护玻璃，大大降低破损率，耀华玻璃公司也因为这种包装的实行赢得许多客户的赞许。"用纸包裹之玻璃平均用纸 0.45 基罗格兰姆制箱，成绩甚为优良。"[1] 这次装箱改革虽然使包装玻璃的成本略有增加，但更进一步增加了玻璃搬运的安全性，从整体上讲，这样的付出是值得的。

（三）设备的维护与改进

炉窑建成后，如果所用钢砖的质量过关，则公司的连续生产作业时间就会长一些，如果窑内钢砖质量有瑕疵，不到一年就要停火，放出玻璃液进行冷修，冷修时间少则几十天，多则上百天，会严重影响玻璃的生产。下面是耀华玻璃公司一号窑和二号窑建成投产后使用周期和冷修停产时间表。

表 4-8　　　　　　　一号窑使用周期及冷修停产时间

窑 别	起止年月	窑炉使用周期（月）	冷修停产时间（日）
一号窑	1925 年 1 月至 1926 年 5 月	15	87
一号窑	1926 年 8 月至 1927 年 6 月	10	63
一号窑	1927 年 8 月至 1928 年 7 月	11	40
一号窑	1928 年 9 月至 1930 年 6 月	22	50
一号窑	1930 年 7 月至 1932 年 6 月	23	67
一号窑	1932 年 8 月至 1933 年 10 月	14	56
一号窑	1933 年 12 月至 1934 年 11 月	11	147
一号窑	1935 年 4 月至 1937 年 4 月	24	100

注：表格数据来自《耀华玻璃厂志》，中国建筑材料工业出版社 1992 年版，第 246 页。

---

[1] 《照译耀华玻璃公司总工程师二十二年份报告书》，耀档：室卷号 4—2—219。

　　耀华玻璃公司一号窑自建成投产后，使用时间最短时只有 10 个月，然后冷修工作花费了 63 天，使用时间最长的是 1935 年 4 月至 1937 年 4 月，连续工作 24 个月，冷修时间最长的一次是 1933 年 12 月至 1934 年 11 月使用后的冷修，总共耗时 147 天，有 5 个月之久，严重影响了公司的生产活动。

表 4 - 9　　　　　　　　　　　二号窑使用周期及冷修停产时间

窑　别	起止年月	窑炉使用周期（月）	冷修停产时间（日）
二号窑	1933 年 1 月至 1934 年 5 月	16	148
二号窑	1934 年 9 月至 1936 年 5 月	20	71
二号窑	1936 年 8 月至 1937 年 8 月	13	122

　　注：表格数据来自《耀华玻璃厂志》，中国建筑材料工业出版社 1992 年版，第 247 页。

　　二号窑投入使用后，第一次和第三次冷修时间都在 100 天以上，而且窑炉的使用时间都不是很长，说明砌窑用的钢砖耐磨度很大程度决定着公司的生产效率，这也是 1936 年耀华玻璃公司在比股被转让前积极购买新型钢砖的最主要原因。19 世纪 30 年代，国外发明了一种名叫考哈尔的钢砖，是一种电镀钢砖，用这种钢转砌成的窑可连续使用三年不用冷修，所制玻璃质量也高于使用其他钢砖的窑，但是价格却是普通钢砖的十倍，且最关键的是，由于这项钢砖在远东的专卖权为日本旭日玻璃公司所有，经过多次协商，购买考哈尔砖的计划终未实现，不久后比股即被转卖于日本公司。

　　玻璃制造的过程需要有很好的冷却系统。1928 年耀华玻璃公司代理工程师赫尔曼通过长期实践总结，建议在砖窑安装强有力的电扇以增强空气的流动，增加窑炉的使用时间。如能安装相应的电扇，可使窑炉的使用时间由 12 个月延长到 18 个月，减少冷修时间，增加玻璃产量。杨嘉立就此建议函询了比京秦皇岛玻璃公司专董，经过秦皇岛玻璃公司议事部专员阿理弗·古伯、安德烈·古伯、杜克儒及帝默热四人的研究，皆认为耀华玻璃公司如能按照赫尔曼报告中的建议进行更换，可使公司窑炉的冷修两次省其一。

　　杨嘉立就安装前后的变化给公司算了一笔账，用耀华玻璃公司旧有电扇，窑炉最多可以连续工作 10—11 个月，平均出货数量为每月 2 万箱或每年出货 21 万箱。但如能按照建议，再添加 36 匹马力马达 3 具，玻璃窑使用电扇 2 具，可将窑炉的连续工作时间延长至 24 个月或 25 个月，如果秦皇岛的天气合宜或可再延长。如此则工作期内有望生产 40 万箱，较之前可增加近一倍，不仅出货增加，修理费用亦可减少一半，成本每吨可省两角。① 经过询价，增加以上设备所需费用约为 95238 法郎，约合墨洋 6000 元，杨嘉立建议公司从速购买。

　　耀华玻璃公司于 6 月 19 日召开第七次股东常会，会上主席提出，"工厂每年冷修停工两月，欲增加出品，须减冷修时期，今工程师拟用电扇使热度轻减，如是可望两年一修，停工少则出货自增，工匠技艺如更进步，割玻璃之破裂益少，出货亦可增加"②。经过讨论，大家一致认为花费不多，于公司生产益处很大，有安装的必要，所以公司最终决定由工程师赫尔曼全权负责此事。安装工作于 6 月底完成，7 月 1 日开始运行，"甚见功效，能于二次冷修中工作六个月，以前者则只能工作三个半月或四个月"③。

　　随着使用年限的增加，开滦秦皇岛的总电力房不时出现问题，严重影响耀华玻璃公司的正常生产活动。1933 年 8 月，开滦矿务局供给耀华玻璃公司的电流曾因故停止不下 10 次，虽然停电时间都不长，没有一次超过 20 分钟即被修好，但如果此项电流经常停止就应"殊甚注意，因对制造上颇感困难，出货亦受影响"④。为了防止不断出现的停电现象，耀华玻璃公司不得不将旧有的电机房重新启用发电。

　　对于经常出现的停电现象，电厂工程师给出了书面解释。主要因为一是总电力房供给玻璃工厂的电流由南北二线组成，假使其中一根线与他线接连，就会导致停电发生，这类情形仅须转电处将电机拨转即可恢复正常，费时不过两分钟；二是如有飞鸟偶然碰触到其中一根线，亦可出现停电现象，用上述方法也可以及时恢复，八月份中这样

---

　　① 《照译开滦矿务总局来函》，1928 年 5 月 3 日，耀档：室卷号 3—1—119。

　　② 《耀华机器制造玻璃股份有限公司第七次股东常会议事录》，1928 年 6 月 19 日，耀档：室卷号 3—1—112。

　　③ 《照译开滦矿务总局十八年七月份玻璃营业报告》，耀档：室卷号 3—2—131。

　　④ 《照译二十二年八月份总工程师报告》，耀档：室卷号 4—1—202。

的情形曾发生过七次，问题均出现在南线，经对该线的仔细检查，发现是因为绝缘包带有若干处出现破裂而引起；三是电力房中的螺旋线由于老化被烧断，前后费时共二十分钟；四是总电厂的设备不齐，没有备用的电池等。①

停电现象不时发生，致使公司损失惨重。"盖玻璃由抽制机器抽出时电流一停，玻璃片立即倒下，出货亦遂归停顿，而工厂日用之各项开销同时仍须照支，统计损失每次约达千元之谱。"② 停电是由各种原因导致，不管如何管理，在任何电厂都无法完全避免。为避免对公司产生更多损失，经过开滦电气技术专家会同耀华玻璃公司总工程师详细检查结果，那森等人拟定了补救办法，建议耀华最好在玻璃工厂内安装一个临时电池，遇有开滦电厂停电时可使耀华厂中的磨电机继续发电，不使生产工作中断。利用耀华玻璃公司原有的锅炉及发电机，再装上这种电池，纵使开滦停电稍久也可以满足厂中临时用电。经开滦向比利时公司询价，安装此类电池的购价、运费及装置费共需 2 万元左右，每年不过摊提 4000 元即可获得电流不断的保证，确实有安装的必要。各位董事经过分析，同样认为有安装的必要，以备总线发生事故时可以自动发电供抽制机器使用。同年，耀华玻璃公司花费 21362 元从比利时购得电池，安装后"工作甚为美满"③，以前由于总线断电导致抽制机中断的现象再无发生。

（四）主要原燃料——煤与碱

耀华玻璃公司投产之前曾与开滦矿务局签订合同，就其用煤事宜作了详细的规定。1924 年 5 月至年底，矿务局售烟煤、焦炭给耀华，洗净的核煤以及其他成色相同或较高的煤在秦皇岛工厂交货，最低价格是每吨 4.5 元；二号块煤以及其他较二号块煤成色稍高、但较洗净的核煤成色稍低的烟煤每吨 4 元；二号末煤或一号末煤每吨 3.5 元；一号焦炭每吨 7.5 元；特别焦炭每吨 10 元。在秦皇岛工厂交货的最

---

① 《照译电厂工程师报告电流停止情形》，耀档：室卷号 4—1—202。
② 《照译开滦矿务总局总理致郭秘书函》，耀档：室卷号 3—3—158。
③ 《耀华机器制造玻璃股份有限公司董事部报告书》，1933 年，耀档：室卷号 4—3—239。

高价格应当比照秦皇岛市面价格按九折计算。耀华玻璃公司用煤的折扣远不如启新洋灰公司，"1907 年启新与滦洲矿务局订立了一个灰煤互惠合同，约定滦矿售煤给启新时，酌减价格，不得超过开平局市价的 70%"[①]。这就是说，开滦卖给启新的煤是按照市价的七折计算，比卖给耀华玻璃公司的还要少两成。

1925 年后，耀华玻璃公司每月所购开滦烟煤要按照最低价格随时付款，但每半年中耀华玻璃公司获利在 12.5 万元以上时，须另行付给开滦加价。对于加价算法开滦给出了详细说明，"将十二万五千元之数由公司每半年所获净利之总数额内减去，所余之数再用十二万五千元除以之，然后再以以上所述半年最后之一日或在所述半年内最近之一日总局能将市价核定，以该种烟煤最高最低两价相减之数乘以以上所云，如此核算后之得数即为该种烟煤最低价目上之加价"[②]。后来，随着耀华玻璃公司利润的增加，上述 12.5 万元的标准很容易达到，经过双方协商，将此标准调整为 25 万元，算法没有改变。

耀华玻璃公司 1930 年全年共计盈余 55 万余元，减去上半年盈余 27.5 万元，下半年盈余为 27.5 万余元，已超出规定加价数额 2.5 万余元，按照规定，开滦要收取用煤加价。经过计算，耀华玻璃公司需给开滦应加价洋 4.6 万多元。[③] 如此算来，耀华玻璃公司仅仅超出规定数额 2.5 万余元，却需付给开滦 4.6 万多元，除了超出的部分给出外，还要于 25 万元中再拿出 2 万多元付给开滦，对于耀华来讲，每半年盈余在 25 万元这个临界点以上不是太多时是不利的。

下面将耀华玻璃公司 1934 年上半年用煤加价详细情况列于表 4 - 10，可以看出仅在上半年就向开滦加付差价 7.4 万多元。

---

① 周叔弢、李勉之：《启新洋灰公司的初期资本和资方的派系矛盾》，载中国人民政治协商会议全国委员会、文史资料研究委员会《文史资料选辑》，第五十三辑，文史资料出版社 1964 年版，第 6 页。

② 《开滦矿务总局与耀华机器制造玻璃股份有限公司合同》，1924 年 5 月 13 日，耀档：室卷号 2—3—51。

③ 《耀华玻璃公司十九年六月一日起至十二月底止营业获利表》，耀档：室卷号 3—3—153。

表 4 - 10   1934 年上半年煤斤加价情况①

各级煤斤	市价（元）	售与耀华价格		应加之价		应加之价（元）
		最高价（元）	最低价（元）	洋数（元）	煤之吨数（吨）	
筛净二号煤块	7.50	6.75	3.94	2.81	560.50	1575.01
筛净一号核煤	10.00	9.00	4.43	4.57	10466.00	47829.62
筛净二号核煤	7.50	6.75	3.94	2.81	5549.00	15592.69
二号末煤	7.20	6.48	3.45	3.03	2810.50	8515.82
原煤	6.00	5.40	3.00	2.40	34.50	82.80
挑净特号焦炭	17.00	15.30	7.38	7.92	6.00	47.52
特号焦炭	19.50	17.55	9.84	7.71	2.00	15.42
一号焦炭	17.00	15.30	7.38	7.92	65.00	518.76
共售耀华煤斤					19494.00	74177.64

　　虽然从整体看，耀华玻璃公司付给开滦煤斤加价不是个小数，对其似有不利，但这是有前提条件的。所有各级煤斤都是按照 1924 年规定的最低价格卖给耀华，价格低于市场售价，随着市场售价的变化，规定的最低价格没有改变，所以开滦利用这个办法可以弥补一些自己的损失，从 1934 年 3 月耀华玻璃公司用煤加价情况就可以看出。总董龚仙舟阅看矿务总局用煤加价函时发现，一号焦炭每吨定为了 17 元，而原来议定价格为 15.5 元，较原定价多 1.5 元，而此时秦皇岛市面一号焦炭价格则为大洋 20 元，即便是增加之后的价格较市面价格还是少了 3 元。

　　耀华玻璃公司最初所用纯碱一直由英国卜内门碱业公司供货，1926 年天津永利碱厂在重新调试后再度开工，"因为技术先进，加之笃学健强的专门家范旭东有一套行之有效的科学的管理办法"，"所产纯碱洁白精良，和洋货相比有过之无不及。"② 永利碱厂又创造了一个奇迹，"这还是亚洲人第一次以新法制碱的成功"③。产品 "碳酸

① 《二十三年上半年煤斤加价情况》，耀档：室卷号 4—2—229。
② 苑书义、孙宝存、郭文书：《河北经济史》第 4 卷，人民出版社 2003 年版，第 258 页。
③ 陈真、姚洛：《中国近代工业史资料》（第一辑），生活·读书·新知三联书店 1957 年版，第 518 页。

钠的含量达 99% 以上，打破了英商卜内门独霸市场的垄断局面"①。耀华玻璃公司购买了部分进行试验，发现"永利公司出品可与卜内门公司出品平均参用"②。耀华玻璃公司遂从 1927 年开始同时使用两家产品，二者也因此出现互相竞争，价格有所降低。

耀华玻璃公司于 1935 年委托开滦矿务局与天津永利碱厂进行谈判，要求订立合同，减让碳性苏打③售卖价格。1935 年 10 月，开滦局致函永利碱厂，要求与其签订长期供货合同，将其生产的全部碳性苏打供应耀华玻璃公司使用，在价格上给予特别优惠，并提出两种合作方案：一是签订一年合同，1936 年度耀华所需碳性苏打约 7000 吨，全部由永利供给，在塘沽交货，空袋退回，每吨国币 75 元整；二是订立 3 年合同，因合同年限较长，先行规定一个最小的售价，于货品交到后即行缴付，每年年终如果耀华玻璃公司在是年净利超过 10 万元时，按照表 4 - 11 所列数目依次递加作为加价。

表 4 - 11 耀华使用永利碳性苏打加价④

每年所获净利数目（万元）	递加钱数（元）	每公吨价（塘沽交货）（元）
10 以内	不加	65
10—20	5	70
20—30	5	75
30—40	5	80
40—50	5	85
50—70	5	90
70—90	5	95
90 以上	5	100

开滦矿务局明确表示，如果永利碱厂认可第一种方案，可以立即与其签订合同，如果选择第二种方案，因其期限较长，且华北时局不定，须先与耀华玻璃公司董事部商洽后才能做出决定。

---

① 孙大干：《天津经济史话》，天津社会科学院出版社 1989 年版，第 251 页。
② 《照译开滦矿务总局十六年三月份营业报告》，耀档：室卷号 2—5—96。
③ 碳性苏打即纯碱。
④ 《开滦矿务总局致永利制碱公司函》，第 9705 号，1935 年 10 月 19 日，耀档：室卷号 4—3—248。

　　永利碱厂接到开滦矿务局函后，认为第二种方案时限过长，于公司不利，遂接受第一种方案，并复函开滦矿务局，"敝公司因与卜内门公司素有情谊，如该公司能将出品按国币合成与敝公司相同之价格售与贵局时，敝公司情愿于订单内让一部分归该公司供给"①。事实并非如此，一是永利碱厂害怕耀华玻璃公司需求量过大，自己不能准时满足其需求，想找一个合作伙伴以求供货安全；二是与英国老牌碱厂卜内门相比实力有限，如引起不必要的市场竞争于自己不利，不如决定拉其入伙，共同进退。

　　开滦收到永利碱厂的复函后，随即决定同意签订合同，并将全部订单随函附寄，对于永利碱厂建议其与卜内门合作供应耀华玻璃公司使用炭性苏打的建议也一并接受，但是提出要求，"其品质须与该公司平日所售与耀华者相同，售价亦须固定为每吨八十元，秦皇岛交货，关税在内，即与贵公司售价连同运至秦皇岛之费相等，如该公司愿按此价供给，则敝局亦愿于敝局轮船由香港回秦皇岛时将该公司之货运来，每吨收运费二元五角"②。这样可使应由耀华玻璃公司负担的碳性苏打的运费较由永利和卜内门运往秦皇岛节省一半。鉴于此，开滦特别声明，"惟若有任何他处之货，则敝局不能承受"。

　　与永利碱厂商定合作条件后，开滦函致耀华玻璃公司董事部，"所有碳性苏打业已规定，全年中每吨按七十五元计价，在塘沽交货，较之从前最小之价尚少八元，若较本年中平均购价则少十七元，现在金价日趋高涨，此价可谓甚有利于我方者也"③。并将与永利制碱公司往来函件抄送耀华玻璃公司一份。通过开滦的努力，耀华玻璃公司成功与永利碱厂签订了一年的供货合同，不仅使1936年的碳性苏打有了稳定的供货保障，而且碳性苏打的使用价格也较普通市价降低不少，为公司争得了不少的利益。

四　耀华与佛克专有权联合会

　　随着佛克法专利技术的不断完善和成熟，世界多个国家和地区争

---

① 《永利制碱公司致开滦矿务总局函》，1935年10月24日，耀档：室卷号4—3—248。
② 《开滦矿务总局复永利制碱公司函》，1935年10月24日，耀档：室卷号4—3—248。
③ 《照译开滦矿务总局来函》，耀档：室卷号4—3—248。

相购买此种制造玻璃专有技术，为了维护佛克法各厂的公共利益，应对即将在日内瓦万国劳工会上提议各国利用佛克法技术的玻璃工厂每星期必须停工 24 小时①的意见，以及将来各佛克技术使用工厂"联合勤作"的必要，准备设立一公共办事处——万国佛克技巧制造玻璃公司联合会，以便遇有事情发生时即可采取应对办法。

联合会发起人提出两条建议征询各处意见：一是佛克机器法会社与佛克专有权人应以有专利的新发明互相帮助，不能索取任何费用；二是建设一处实验工厂。曾经约定，在会社与各购用专有权人合同中均载明，在佛克法专利期内或一个规定时限内，会社如有新发明时负有通知各购用专有权人的义务，保证其可以利用，不另外收取费用；若购用专有权人在此法上有何种可以作为专利的新发明时，亦应直接或间接通知会社，并须将其在各国的专利权让给会社，不得索要报酬；会社对于此项新发明有作为专利的权利；购用专有权人若未经会社的允许，不得利用第三者的新发明专利法。②

但是，由于会社研究经费不足，从第三者处购买新法或自身的发明申请专利时没有资金，或第三者将其发明转让给会社，会社将其提供给其他各购买佛克法的专有权人，与会社进行新法研究没有任何帮助。再者，按照旧有约定，最容易让人将其新发明秘而不宣，或通过第三者将其新发明定为专利，免去将其发明无偿贡献给会社的义务。出于上述原因，会社将原有旧约定拟进行修改，改变过去没有报酬和使用成本的条件。

首先是对有新发明人的待遇。如其将发明权让与会社，可以得到相应的报酬，具体报酬的办法和数量须请一位专家作出裁定，经双方协商同意后实施。若会社拒而不受或其收受仅限于某数国时，发明人有在限定范围之外各国任意进行转让的权利。其次是对购用者的规定。购用专有权的人对于新发明有购买使用和拒而不受的自由权利，购买使用者的购买费用亦可由双方协商确定。若在一个国家购买使用新发明的不止一人，则应付酬金由所有使用者数人平均分摊。基于

———————

①　耀华玻璃公司档案《万国佛克技巧制造玻璃公司联合会发起人通告书》中是"每星期必须停工一小时"，从其他耀华玻璃公司档案来往函以及常识看，应是笔误，实则应为停工 24 小时，即休息一天。

②　《万国佛克技巧制造玻璃公司联合会发起人通告书》，耀档：室卷号 2—2—45。

此，会社建议以合组办法、自治性质建立一个公司专门做研究用，各购用专有权人可以作为投资者，其股份以他在厂中安装的机器数量为准，这样可以免去各普通公司在厂中试验会遇到各种困难的麻烦，以试验品的售卖收入作为试验公司的运行费用。

罗遮等人将该联合会的通报书寄送给耀华玻璃公司征询意见的同时，一并将乙方代表雅多对此事的意见向耀华玻璃公司作了汇报。雅多认为："此次日内瓦府万国劳工会议所通过的限制案因在中国不能发生效用，故各厂准备起而反对一节，吾人所处地位实与其他各厂相反，而吾人秦皇岛工厂方面直接之利益与其他各厂尤处对峙之地位也。如各厂不能自由制造而吾人丝毫不受限制，则成本增高，而与吾人竞争者反形大为减少，由此情形观之，耀华因每星期休工限制一事现与其他各厂因起反对甚不易也；佛克专有权会社与利用专有权人互相以新发明相辅助一节可以订立协约，但其中应列入利用专有权人对于新发明之专有法亦可拒而不受一条；关于设立公共工厂为试验之用以期将佛克法精益求精一节，此事甚为复杂，在决定意见之前，究竟耀华所付责任若何应有一大致之计划，能愈精确愈妙"。① 并建议将此事全权委托秦皇岛玻璃公司负责与对方接洽，必要时可代公司发表相关提议。

1924 年 6 月 24 日，杨嘉立收到罗遮等人的来信，罗遮等人认为此事事关公司前途，提出每周停工一天的法国政府是在维护其本国玻璃工厂的利益，因为法国国内的玻璃厂商多用传统人工吹制法制造玻璃，其效率低，产品质量次。但是耀华玻璃公司等利用佛克法技术生产玻璃的企业是机器连续生产，如果每周强制停工一天，不仅连续生产的优势不能充分体现，而且公司的生产效率和产品质量优势也必将受到影响，"此种禁令果实行则佛克制造法势必不能利用"②。杨嘉立认为，虽然刚刚得到消息，呈请中国政府命令驻日内瓦府代表在会中坚持反对态度业已来不及，但也应该将公司的意见呈报中国政府备案。

耀华玻璃公司总董李伯芝等人得到消息后，立即动用各种关系

---

① 《照译罗遮来电》，耀档：室卷号 2—2—45。
② 《照译杨协董报告书》，耀档：室卷号 2—3—49。

寻求帮助与支持。6月25日，公司首先致函政府外交部外交总长顾维钧，陈述了日内瓦万国工会每周停工一天的议题对耀华玻璃公司的利害关系，恳请顾总长能够电令政府驻日内瓦府代表"于提出此案时务坚决反对"①。同时，李伯芝又致电交通总长吴秋舫，请其代为向顾总长说明耀华玻璃公司所处状况的艰难。顾维钧没有回绝耀华玻璃公司的请求，7月10日复函称，已经"电嘱出席会议之萧委员继荣相机应付"②。后来耀华玻璃公司收到比京秦皇岛玻璃公司来函，得知"关于每逢星期日停工章程一节，日内瓦府会议讨论之结果已将此项提议反对"③。至此，由法国工会在万国劳工会上提议各国利用佛克法技术生产玻璃的工厂每周停工一天的意见被正式否定。

8月6日古伯致电杨嘉立，对耀华玻璃公司关于万国佛克机器制造玻璃公司联合会提议建立一个小工厂进行试验的态度甚为满意。古伯提出建议，"除建筑该厂之流动资金外，此项新公司需款实属无多，盖其所造之玻璃必有若干能以出售，此项收入即可敷该厂开支之用。至于安装新机器、改良旧机器以供试验之用必有费用，但若用佛克法之各厂一律摊认，则各公司所负担者为数亦必甚小，现在最要之问题即此种工厂应建于何地，归何人管理，鄙意以为若管理得人则群策群力，为时不久即有重要进步之发明"④。

耀华玻璃公司于9月23日将董事部决议通知比方，"对于可作专利的新发明以及捐资设立公共试验工厂两件事，公司认为如果有具体的办法，各董事亦愿加以考虑，但公司距制造玻璃工业中心太远，很难参与其活动以促成此项计划实现，基于此，公司各董事对于比京秦皇岛玻璃公司或其所派代表仅可允许静观事态变化，至于详细计划的规定则不愿有直接或间接的参加，将来如有何项办法提出时，视公司给予的协助能否为公司带来利益各董事再当加以考虑"⑤。

---

① 《李伯芝致顾少川总长函》，耀档：室卷号2—3—49。
② 《顾少川总长致公司函》，耀档：室卷号2—2—45。
③ 《秦皇岛玻璃公司复函》，1924年11月20日由比京发，耀档：室卷号2—3—47。
④ 《照译古伯君致杨协董函》，耀档：室卷号2—2—45。
⑤ 《致比京秦皇岛玻璃公司函》，1924年9月23日，耀档：室卷号2—3—47。

迟至 11 月 20 日耀华玻璃公司才得到比方通知，"关于各专有权人设立公共试验工厂一事，顷据探得消息，知尚在研究之中"①。其实耀华玻璃公司对设立试验工厂一事表面上持积极态度，实际上没有实力参与，既没有技术优势，也没有资金支持优势，且远离欧洲，对于试验工厂能做的只有分摊些开办费用，后来耀华玻璃公司也没有再针对这一问题进行研究。

---

① 《秦皇岛玻璃公司复函》，1924 年 11 月 20 日由比京发，耀档：室卷号 2—3—47。

第五章　产品营销

企业要获得利润，就必须重视产品营销。"当时中国玻璃市场被外国玻璃占领，耀华要挤进这个市场，对推销工作始终给予高度重视，千方百计采取对策，以争取立足之地。"[①] 其实，耀华玻璃公司早在开办之前就已经对如何更好地把产品销售出去做了大量准备工作，如市场的调研、产品的宣传等；投产后的市场营销工作也丝毫没有放松，如参加各类展览会、与其他企业搞联合等，再加上开滦代管后的优势，让耀华玻璃公司在国内市场，尤其是北方各大市场始终占据重要位置。

一　市场调研、商标管理和产品宣传

（一）市场调研

中国地广人多，玻璃需求量极大，耀华玻璃公司创办以前，中国市场每年所需 30 余万箱玻璃几乎全部由外国进口。"进口替代工业是在洋货输入开辟了一定的市场空间后出现的，国货替代商品一出世就面临着已经占居市场的洋货的激烈竞争。"[②] 为了与外国玻璃争夺市场，耀华玻璃公司一直重视市场的调研和产品的销售。后来，经销方式虽然有所改变，但对市场的调研和销售工作从未放松过，这种情况一直延续到中华人民共和国成立前夕。

耀华玻璃公司在开始生产前就对销售市场开展了调研工作。1923

---

① 张鄂联：《对耀华玻璃公司的回顾》，载河北省政协文史资料委员会《河北文史集粹》（工商卷），河北人民出版社 1991 年版，第 149 页。

② 樊卫国：《论进口替代与近代国货市场》，《上海社会科学院学术季刊》1995 年第 3 期。

年3月，那森受总董李伯芝委托，就近三年中国市场进口玻璃总数进行了调查，得到的结果如表5-1所示。

表5-1　　　　　　　　　　中国进口玻璃总数①

年　　份	箱　数	价目（按海关两算）：两	每箱银数
民国八年（1919）	239054	2055880	8两6钱
民国九年（1920）	205882	2495331	11两4钱2分
民国十年（1921）	253913	2031871	8两
民国十一年（1922）	201627		尚未详

注：表格是根据那森上报总董函中数据整理得到。

　　上海作为中国最大的对外贸易港口，承载着多数外来商品的集散任务，当时中国大部分外来玻璃也是在此集散，所以，对上海玻璃市场的了解至关重要，另一个市场就是中国北方的重要港口城市天津。关于上海玻璃市场的调查主要由天津良济洋行完成，在买办朱俊卿的带领下，对上海市面各家玻璃销售商的销量、价钱、竞争等情况进行了较为详细的分析。

　　上海地区没有制造平板玻璃的工厂，在欧战中，所有入口大宗窗用玻璃片中以日本出口到中国的为数最多。据海关册记载，1919年度中国进口窗用玻璃共值银203万两白银，其中日货就占银160万两，约占总数的78.8%，可见其出口到中国的玻璃数量之多。比利时窗用玻璃值银1.3万两，只占总数的0.6%，还不足1%，均以关平银为准。随着比利时玻璃制造技术的不断发展完善，后来比利时出口来华的玻璃逐渐增多，且玻璃质量高价格便宜，日货销路受到很大影响，到1920年，进口窗用玻璃共值关平银345万两，其中，比利时玻璃值125万两，所占比例明显提升，占总数的36.23%，日货价值下降到116万两，占总数的33.62%，可见二者所占比例的此消彼长变化。单箱玻璃售价之前为关平银九两左右，到1920年已跌至五两八钱。上海市面销售最多的玻璃是四号片，每方尺重16英两，通常每箱100英方尺，内有42×32寸至32×22寸玻璃三成，30×20寸

---

① 《译那森君上总董函》，耀档：室卷号2—2—43。

至 20×12 寸玻璃七成，故有"三七搭比片"之称，从比利时工厂订货，每批至少 500 箱。① 据专业人士分析，比货之所以能斥逐日货于中国市场，其原因有二，一是产品质量，同为四号玻璃片，日本玻璃成色远逊于比利时来货，同价竞争，比利时玻璃有利；二是工人技术高，比利时工厂工人技术熟练，能多出头等、二等、三等玻璃片，至于四号玻璃是以下等货等次处理的，获利根本不在此种玻璃片的销售上，其头、二、三号玻璃片销往欧美市场，因为成色高，获利也丰厚，所以更多时候是比利时将其四号玻璃片在东亚市场赔本贱卖，但平均下来仍然有利可图，且日本硝子②工业尚属新发展阶段，其头、二、三号货出产数量有限，品质低下，不能与比国货角逐于欧美市场，而以生产四号玻璃片为大宗，成本又高，所以不能和比利时玻璃在市场上竞争，市场价格因比利时玻璃大量出口到中国而不断下跌，日本来货被比利时玻璃拖垮，几乎绝迹于上海市场。截至 1922 年 1 月，上海市场玻璃批发价为五两七钱，约合洋八元二角。

对天津市面比利时玻璃片的价格，朱俊卿也做了调查。比利时四等平面玻璃每箱批发价在欧战前的市价为三两一钱五分，约合洋 4.5 元；欧战即将开始时市价为六两二钱，约合洋 9 元；欧战时市价为十一两九钱，约合洋 17 元；中间四年无货到。四年后新到天津的玻璃市价为十四两，约合洋 20 元；1922 年价格为六两二钱，约合洋 9 元，以上均为比利时玻璃在天津市场的批发价。截至 1922 年 1 月，天津市场上日本玻璃批发价为七两一钱，约合洋 10.2 元；天津市场中的博山玻璃批发价为三两五钱，约合洋 5 元。③ 那森回到欧洲，亲眼看到比利时玻璃生产的高额利润正是在欧战刚刚结束后不久，此时出口到中国的玻璃市价能够到达 20 元之巨，以成本 5 元计算，利润率高达 300%，当然会引导世界各国的资本流向这一行业，这就是资本的本性，这一行业的利润也就不可避免地被平均化，往日的高额利润，

---

① 《上海玻璃行市之调查》，1922 年 1 月，天津良济洋行朱俊卿，耀档：室卷号 2—1—28。

② 中国唐代称玻璃为硝子，此后这一名称流传到日本，至今日本的玻璃名称仍沿用"硝子"这一词语。

③ 《天津玻璃行市之调查》，1922 年 1 月，天津良济洋行朱俊卿，耀档：室卷号 2—1—28。

甚至是超额利润也就随之渐渐远去。

那森等人议定在中国设立玻璃生产企业，正是在玻璃市场价格处于最高峰时期，高额利润难免让这些资本家们心有所动，按此时的条件来谋划当然利润丰厚。但是，市场瞬息万变，正当耀华玻璃公司的发起人们为高额利润"奔走呼号"的时候，世界玻璃市场发生了巨大变化，玻璃市价不断下跌，由原来的20元一路跌至5元。这一点也为耀华人所察觉，李士伟在给陈汝湜的函中就曾提到，"有人在上海调查玻璃行市，每箱仅售价归平五两八钱，不及九元，较之古伯所拟十三元相差甚远，即以鄙人所拟十元亦不足也，是大可虑"。并嘱"注意我公司出货玻璃估价有两要点：一是中国市场不畅销三等以上玻璃，故我厂所出玻璃无论是何等品质，只可先就四等价额估算；一是出厂玻璃只能按批发，不能按零售门市之价估算，现在津市十元余者大约系零售价目，非厂家批发价也，照以上说法与古伯原拟盈利相差太远"①。随后，耀华玻璃公司不得不根据市场变化调整了原来由古伯拟制的公司营业概算书中产品价格与利润的评估。

耀华玻璃公司委托锦隆洋行对天津市面比利时四等玻璃批发市价情况也进行了调查，1923年1月完成，并向公司提交了一份报告。锦隆洋行首先调查了中国13个海关从1918年至1921年每年进口外国玻璃的数量，调查情况如表5-2所示。

表5-2　　　　　　　　1918—1921年海关玻璃进口箱数②　　　　单位：标准箱

关　名	民国七年 （1918）	民国八年 （1919）	民国九年 （1920）	民国十年 （1921）
江　海	23982	45171	84503	41037
汉　江	10397	19360	17481	10226
津　海	29029	38496	57165	43476
大　连	39821	73616	52615	62748
粤　海	9213	8881	21776	17781
膠　海	4298	9430	6358	9806

① 《李士伟致陈汝湜函》，耀档：室卷号2—2—44。
② 《锦隆洋行调查报告》，1923年1月19日，耀档：室卷号2—2—43。

续表

关 名	民国七年 （1918）	民国八年 （1919）	民国九年 （1920）	民国十年 （1921）
九 江	3486	4951	8027	6301
瓯 海	1051	760	1871	1113
梧 州	645	874	1633	1514
金 陵	3593	2986	5549	5786
镇 江	1944	2127	3855	3830
芜 湖	1571	2006	2374	3053
闽 海	2135	2112	3992	5097
总 计	131165	210770	267199	211768

从上表13个海关每年进口玻璃数量调查情况看，总体处于增长趋势，历年中以大连、江海、津海和汉江四个海关进口数量最多，以大连、江海、津海为最，每年进口均在2万箱以上。其中，大连只有1920年时进口数量少于江海关，其他年份均处于进口玻璃数量之冠；以瓯海关最少，每年在千余箱。另外，从表中数据看，要比实际数量少一些。表中最高年份1920年也只有26万多箱，而在公司筹备情形报告书中提到，"据调查所得，一九二零年中国海关进口之玻璃凡三十万五千八百八十二箱"①。有4万余箱的差距，应是统计口径不同导致。对天津市面比利时四等玻璃片分三个批次，按照各种尺寸规格进行了调查，具体调查情况如表5-3所示。

表 5-3　　　　　　　　　　**比国第四等玻璃批发行市**②　　　　单位：标准箱

长（寸）	宽（寸）	箱 数	长（寸）	宽（寸）	箱 数
16	13	40	20	14	40
24	16	100	26	18	50
28	20	40	30	18	40
30	20	40	32	23	15

① 《耀华机器玻璃股份有限公司筹备情形报告书》，1922年，耀档：室卷号2—1—3。
② 《锦隆洋行调查报告》，1923年1月19日，耀档：室卷号2—2—43。

长（寸）	宽（寸）	箱 数	长（寸）	宽（寸）	箱 数
32	24	15	34	24	15
36	24	15	38	26	15
38	28	12	41	26	12
41	28	10	41	30	10
44	26	10	44	28	10
48	28	10			

以上共计 499 箱，每箱 100 方尺，合银 6.2 两在天津栈房交货

长（寸）	宽（寸）	箱 数	长（寸）	宽（寸）	箱 数
16	12	60	20	14	60
24	16	100	26	18	60
28	20	80	30	18	60
30	20	80			

以上共计 500 箱，每箱 100 方尺，合银 5.6 两，在天津栈房交货

长（寸）	宽（寸）	箱 数	长（寸）	宽（寸）	箱 数
6	4.75	20	7	5	10
7.5	5.5	10	8	6	20
8.5	6.5	10	9	7	10
12.5	9.5	20			

以上共计 100 箱，每箱 100 方尺，合银 5.3 两，在天津栈房交货

由表 5-3 可知，均在天津栈房交货，比利时四等玻璃批发市价整体呈下降趋势，由银六两二钱减少到五两六钱，再减少到五两三钱。这充分说明，1923 年正当耀华玻璃公司于秦皇岛大兴土木、建设工厂、着手购买机器的时候，玻璃市场却因外来产品的不断增加和竞销，致使市场价格逐渐下跌。

同年五月，天津阜丰洋行也对比利时第四等玻璃在天津市场上的批发行市做了相关调查，本次调查是根据玻璃尺寸的大小分类进行的，具体情况如表 5-4 所示。

表 5 – 4　　　　　　　　　比国第四等玻璃批发行市　　　　　　　单位：标准箱

长（寸）	宽（寸）	箱　数	长（寸）	宽（寸）	箱　数
16	12	48	20	14	60
24	16	64	26	18	48
30	20	48	32	22	20
32	24	20	36	24	20
36	26	20	38	28	20
42	32	20			

以上共计 388 箱，每箱市场批发价折合银七两一钱二分，合洋 10.45 元，在栈房交货。日本玻璃在天津市场批发行市较比利时玻璃略贵。

1924 年 10 月，耀华玻璃公司开始生产一个月后，产品成色大幅提升，已达到进入市场与敌货开展市场竞争的质量，曾运往天津市场四等玻璃 2000 箱及三等玻璃样品若干，并把这两样玻璃分送与各玻璃商人、建筑企业及与窗用玻璃有关的客户，"并由远方请来各重要商人参观吾人包絷玻璃及装箱等项，吾人与彼等谈话，竭诚招待，将来彼等若需要玻璃时吾人即可将价目寄去"[1]。做好了产品进入市场的必要准备。

1924 年 5 月，耀华玻璃公司与开滦签订委托代管合同后，开滦立即分别发函致中国国有铁路局和南洋各地华侨总会，告知他们耀华玻璃公司即将利用机器生产平板玻璃，希望得到他们的帮助，推销、使用耀华玻璃公司生产的玻璃；同时，通过它在国内外的经销处对香港、上海、天津及日本、朝鲜等玻璃市场进行深入调查，及时反馈信息。

8 月正式点火生产，开滦又组织专人赴沈阳、大连、青岛、烟台、上海、北京等处实地调查。截至 1925 年 3 月 25 日，各地市场平板玻璃销售的数量、来源、等级、规格、售价、税收、库存、销售淡旺季、玻璃经销商等信息收集完毕，并撰写了书面调查报告。几大重要城市及香港、日本的玻璃市场具体情况是：沈阳每年可销售 2.5 万至 3 万标准箱玻璃，主要来源一是中国商人由上海购买进口玻璃，海

---

① 《开滦矿务总局总理十三年十月份报告书》，1924 年 12 月 5 日呈，耀档：室卷号 2—3—49。

运至大连，再由铁路转运至沈阳；二是中比合办的东亚贸易公司①由比利时直接进口，每年销售玻璃约 1.5 万标准箱。大连每年可销售玻璃 3.5 万至 4 万标准箱，其中 50% 为比利时、法国玻璃，其余为日本玻璃。青岛每年可销售玻璃 1 万标准箱，其中 60% 是由上海运转来的比利时玻璃，其余 40% 为日本出口到中国玻璃。烟台每年可销售玻璃 6000 至 1 万标准箱，大多数是由上海运来的比利时玻璃，少量为日本玻璃。上海每年进口玻璃约为 25 万标准箱，包括在上海本埠销售和由上海转销至汉口、福州、汕头、厦门等地的玻璃，大部分是由比利时、日本进口而来。北京每年可销售玻璃 5 万至 6 万标准箱，多为北京的洋行由比利时购买。天津每年进口玻璃约为 10 万标准箱，在当地销售 5 万至 6 万标准箱，其余转运至华北内地销售，多数为比利时玻璃，少数为日本玻璃。香港 1923 年进口玻璃为 42.77 万标准箱，其中 70% 为比利时玻璃，其余为英国、法国、荷兰等国玻璃，香港本埠销售约 2 万标准箱，其余销往广州和广东沿海及东南亚各地。日本每年可销售玻璃 120 万标准箱，多数是本国自产玻璃。朝鲜每年可销售玻璃 5 万标准箱，多为从日本进口。②

由上述调查结果可知，在中国主要城市每年可销售玻璃约 100 万标准箱，日本国土虽小，但每年销售量却能达到 120 万箱。可见，国内民用玻璃的使用量还很小，不及亚洲邻国日本，将来随着国内政治环境的逐步改善，中国的玻璃市场还会有很大的发展空间，可以为国内工业的发展提供更多机会。

根据市场调查，当时中国玻璃市场售价应在 11 元以上，耀华玻璃公司计算成本约为 4.5 元，③ 如能占领市场，把产品销售出去，利润亦可谓极其丰厚，发展形势一片大好，以国内华北市场最为有利。耀华玻璃公司制定了自己的市场销售战略，以其设计年产能 15 万标准箱玻璃投入国内外市场，设法阻止华北各大玻璃经销商订购外国玻璃，尽快打入华北市场并加以占领，随后逐步打入上海和东南亚等市场。

1928 年 10 月 30 日，耀华玻璃公司第四十六次董监事联席会讨论

---

① 公司经理为比国驻沈阳领事，在哈尔滨、吉林、长春均设有分公司。

② 耀华玻璃厂志编纂委员会编：《耀华玻璃厂志》，中国建筑材料工业出版社 1992 年版，第 124 页。

③ 《耀华机器玻璃股份有限公司筹备情形报告书》，耀档：室卷号 2—1—3。

通过了投资新建二号窑的决议，扩大生产规模。总理杨嘉立分别函至上海、华北、东北、香港、马尼拉、东京、旧金山等地的销售经理处或代理商，要求他们协助调查该地区的玻璃年销售量、来源、价格、市场潜力，以及耀华玻璃生产增加后进入该地市场的前景和应注意解决的问题，并向公司写出报告。

1932 年年底二号窑建成投产，两窑年产总量达 36.9 万标准箱，比上年增长 44.7%。耀华玻璃公司决定除下大力气保持并扩大原有市场外，还要把眼光转向内地，充分发挥"国货"优势，打入内地市场。1934 年 8 月，公司派人专程沿京汉、京绥、承太等铁路线到大、中、小城市调查玻璃市场情况，先后调查了张家口、阳高、大同、丰镇、绥远、包头、保定、石家庄、顺德、新乡、郑州、榆次、太原等城镇，对各地的自然经济状况、历年玻璃销量、品种、规格、货源、用途、售价、各种费用等情况做了详细调查，还拜会了各地较大的玻璃经销商。通过调查，耀华玻璃公司制定了在内地开拓、扩大销售市场的意见，主要是在大的站点建立经销代理人，小的站点直接进行销售；通火车又有铁路货运保险的地方，从秦皇岛直接发货到销售点，以降低商人花费的中间费用，利于耀华玻璃销售量的扩大；在较大城市——保定、石家庄、新乡等地建立仓储点存放一些玻璃，以便及时满足用户需要。

耀华玻璃公司的市场调查工作，从 1924 年投产到中华人民共和国成立后的 1950 年一直很重视。开滦在各地的销售处坚持每月报送市场调查报告制度，内容包括市场情况概述；耀华玻璃每月销售数量、规格、品种、价格；从各国进口玻璃销售数量、规格、品种、价格；耀华玻璃与各国玻璃优劣的比较；市场竞争情况；前景展望等。开滦销售处把各地报来的月报汇总整理，报送开滦总经理和耀华玻璃公司总董、协董。另外，每年有一份年报，总结当年各地玻璃销售情况，分析市场变化和前景，提出下一年经销方针和经营策略。这种月报、年报制度在 1950 年以前，无论是开滦代理经销处、三菱公司包销，还是耀华玻璃公司自己销售，一直坚持从未废除。①

---

① 耀华玻璃厂志编纂委员会编：《耀华玻璃厂志》，中国建筑材料工业出版社 1992 年版，第 125 页。

（二）商标管理

"商标是经营者在其生产、制造、加工、拣选、经销的商品或者提供的服务上采用的，能够与他人的商品或者服务区别开的可视性标志。""商标有标示商品来源功能（origin function）、品质保证功能（quality or guarantee function）以及投入和广告功能（investment or advertising function）三种功能。"① 耀华玻璃公司很早就开始注意产品商标的注册和使用。

早在工厂建设初期，甘德就曾致函开滦总理那森，就佛克法专利技术的注册和产品商标注册一事提出自己的建议，"今中国对于专有权一事尚无挂号注册之法，然临时注册法不久或将颁布，尔时应即注册为是，现在已有商标临时注册法，鄙见商标一项应请注意筹划，俾得早日注册为佳"②。这反映了甘德博士对公司购买的专利技术的专属性和公司产品商标注册的重视和关心，促使耀华玻璃商标成功注册和使用，以及后来使用数年的"双套金刚钻"牌商标。

1923 年 5 月 5 日，农商部公布商标局暂行章程令，规定"商标局隶属于农商部，掌关于商标注册各事项"③。耀华玻璃公司遵照规定，于 1924 年 4 月上报商标局注册了商标。最初注册的商标是"阿弥陀佛"牌，取得第 551 号注册证，商标局于 1924 年 4 月 15 日出版发行的第八期商标公报中登载：耀华玻璃的商标为"阿弥陀佛"牌。④ 图为白底黑纹绘制的一尊佛像，端坐于莲台上，佛身及佛项绘有大小光环两个。这一商标的使用和注册与陈汝湜有着密切的关系。陈汝湜是个虔诚的佛门弟子，对佛教情有独钟，据当事人回忆，陈汝湜到公司后没有任何建树，"他给公司留下来的唯一'遗泽'，是在最初发行的股票上印了一个大佛像"⑤。这一"阿弥陀佛"牌商标只

---

① W. R.（William Rodolph）Cornish：*Intellectual Property*：*Patents*，*Copyright*，*Trade Marks and Allied Rights*，London Sweet & Maxwell，1966，p. 527.

② 《甘博士致开滦那总理函》，耀档：室卷号 2—1—4。

③ 中国第二历史档案馆：中华民国史档案资料汇编（第三辑工矿业），江苏古籍出版社 1991 年版，第 12 页。

④ 耀华玻璃厂志编纂委员会编：《耀华玻璃厂志》，中国建筑材料工业出版社 1992 年版，第 144 页。

⑤ 萧维良：《天津玻璃工业史记略》，天津市工人文学创作社编印 1992 年版，第 297 页。

用了一年八个月便退出了耀华玻璃公司的历史舞台，随之而来的是使用多年的"双套金刚钻"牌商标。

到了1925年，公司经过考虑，认为"阿弥陀佛"这一商标不能代表耀华玻璃的形象，也不能反映耀华玻璃的特性，而且随着耀华玻璃公司对商标作用的越来越重视，经公司董事会集体研究，决定废止"阿弥陀佛"牌商标，重新注册使用"双套金刚钻"牌商标，1925年12月在农商部商标局取得注册证号第4946号批文，于12月10日正式启用。后来，耀华玻璃公司这一"双套金刚钻"式商标一直沿用，到1933年时更是取得了20年的专用权，专用起讫时期为1933年5月15日至1956年5月14日。耀华玻璃公司在中华人民共和国成立后使用的商标仍然是"双套金刚钻"牌，但去掉了商标中"Y、H"两个字母。"商标阐释的内涵具备理念上的标志，耀华商标是由两片平放和竖立的晶莹玻璃组成的'双套金刚钻'，它光芒四射，象征着耀华产品平放不碎、竖立不倒的高贵品质与耀华永不言败、勇往直前的精神。有了金刚钻，揽就瓷器活——一套金刚钻开拓国内市场，一套金刚钻开拓国际市场；或曰一套金刚钻司营销，一套金刚钻司创新。耀华则取光耀中华之意，同时也和玻璃的功能有一定的吻合。"① 耀华玻璃公司两次商标图样如下。

图5-1　阿弥陀佛牌商标

图5-2　双套金刚钻牌商标

---

① 《中国玻璃工业的摇篮》（下），《秦皇岛日报》2006年9月2日，第002版。

（三）产品的宣传

为了更好地打开市场，让客户了解产品，耀华玻璃公司于 1924 年 8 月邀请了国内各铁路、报社、经销商、各部门主管等人员，尤其是华北地方的相关人员前来参观，这是展示耀华实力、推销自己产品的有效手段。邀请的人员主要有天津省长、警务处长、京奉铁路局局长、津浦铁路局局长、津海关、开滦矿务局、顺直水利委员会会长熊希龄、启新洋灰公司周绪之和王筱汀、中兴煤矿公司经理朱启钤、中国实业银行总协理、国货售品所宋则久、允元实业有限公司、先施保险置业公司、协和贸易公司、基泰工程公司、大公报馆、中报馆、益世报经理、文祥勇玻璃庄、倬记电器五金公司、交通总长、外交总长、农商总长、京绥铁路局局长、京汉铁路局局长等人。① 这些人物或身居交通要职，或为企业老板，或为原料供应商，与耀华玻璃公司发展或产品销售息息相关。

公司还邀请了上海玻璃公会会长蔡仁初前来参观。上海是中国当时最大的玻璃销售市场，每年海关进口数十万箱，要想在上海打开市场，上海玻璃公会的支持与认可至关重要。蔡仁初受邀参观耀华玻璃公司工厂后，不仅感到"沿途照料殷勤，招待安舒愉快，匪言可宣，复承导观一切，指示周详"，更认为耀华厂"规模若斯之伟大壮丽，定卜营业发达，敝会添承雅谊，谨当竭其棉薄，就力所及益为贵厂营业谋发达也"②。这就为产品打入上海市场开启了良好的开端。

耀华玻璃公司于 1925 年再次邀请上海五家最大的玻璃商家前来参观，申报 5 月 15 日刊登题为《耀华玻璃厂请沪上同业参观》的新闻。"参观诸人今日午后启程赴秦皇岛。秦皇岛耀华玻璃厂创始于一九二一年，为远东最新式、最宏大之玻璃厂，所产玻璃均以 Fourcault process 新式方法制造，故成绩异常优美，制镜尤为擅长，厂屋系最新式，制造占地极广，厂中所有各项机器亦均系采用最新式者，厂屋除制造一大部分外，更有总办事处及洋员住宅，华人住宅亦有一百二十处之多，该厂近以一切布置竣事，特邀上海玻璃业同人前往参观，

---

① 《耀华开机拟请参观人员名单》，耀档：室卷号 2—3—63。
② 《上海玻璃公会会长致开滦函》，1924 年 5 月 26 日，耀档：室卷号 2—3—63。

应招前往者有蔡仁茂之蔡仁福君、森森泰之周启明君、恒裕昌之徐惠年君、春和祥之王荣坤君、永安祥之鲍炳生君，共计五家，均系上海最大之玻璃商家。""此次来往供应及一切用费均由该厂供给，同行前往者为开滦售品处经理刘鸿生君。"① 从新闻内容看，既有耀华玻璃公司的概况介绍，又有参观人员名单，并说明了费用的担负人，重点是前来参观的是上海五家最大的玻璃经销商，如能得到他们的认可，耀华玻璃在上海迅速打开局面就不成问题了。

广告在商品销售中有着举足轻重的作用，"商业广告对促销与导购均具积极意义，其重复性通过人们的视觉、听觉而不断地在人们的心理上刻下深刻的印痕"②。1924 年 5 月，耀华玻璃公司发出第一个业务广告，由开滦矿务局代发，具体内容如下："耀华机器制造玻璃股份有限公司经营事宜交由本总局代管。现该公司业已开工，用比国佛克新法精制玻璃光明平净，与比国最新上等玻璃丝毫无异，今为推销国货起见，定价格外低廉，如蒙各界赐顾，请至天津咪多士路本总局售品处接洽，无尚欢迎。"③

耀华玻璃公司委托开滦代管合同签订后，开滦多渠道对耀华玻璃进行了宣传。1925 年 3 月 4 日，申报上刊登了开滦上海营业部打出的广告。"营业部经售秦皇岛耀华厂新出各式优美玻璃，质地之佳驾乎舶来品之上，兹为推广营业起见，售价特别低廉，如蒙远近购顾，无论定货多寡，一律竭诚欢迎，敝营业部并备有各式玻璃样子，惠顾诸君请驾临四川路六号楼上参观选择。"④ 而后在申报 3 月 11 日、3 月 18 日、3 月 25 日连续刊登广告。从刊登时间看，定位于每周一次。广告内容随时间推移也有变化，到了 20 世纪 30 年代分别在上海申报、新闻报及时报等报纸以醒目的 "注意国货" "耀华玻璃" "全用机器，国人自造，清净无疵" 为标题刊登广告，大力宣传耀华玻璃的特色。同时又分别致函中国国有铁路各局和南洋各地华侨总会，告知耀华玻璃公司即将生产平板玻璃，此系国内首家机器制造

---

① 《申报》，1925 年 5 月 15 日。
② 秦其文：《近代中国企业的广告促销研究》，博士学位论文，南开大学，2002 年，第 12 页。
③ 《耀华玻璃公司拟刊登广告》，1924 年 5 月，耀档：室卷号 2—1—10。
④ 《申报》，1925 年 3 月 4 日。

平面玻璃，为提倡国货，振兴工业，防止金钱外流，希望他们鼎力支持，推销使用国货。耀华玻璃公司还通过各种关系，加强与铁道部主管人员的联系，借助他们的力量推销自己的产品，当时与李伯芝等人关系密切、主管国有铁路的交通部人员曾转饬各国有铁路局，要求他们优先购买使用耀华玻璃。

为方便用户购买使用，耀华玻璃公司还印制了说明书。1928 年由开滦负责印制了"购用耀华玻璃须知"说明书，须知的主要内容包括玻璃厂及佛克机器制造法介绍；玻璃的等级及成色，重量及厚度，裁割情况及尺寸的大小；窗用玻璃通常尺寸及市场价格；玻璃采用木箱包装及戳印、装卸与运输等方面的常识。在介绍玻璃厂及佛克机器制造法时写道："耀华机器制造玻璃有限公司系中国人创办之公司，于 1921 年间成立，其厂址在华北秦皇岛，赖开滦矿务总局之和衷襄助建筑完成，其制造玻璃自 1924 年 9 月 15 日开始，嗣后除照例之修理外制造未曾间断，其所出玻璃成色极佳，'耀华'两字遂在远东各埠占定第一等之位置。本厂玻璃系用佛克秘法制造，此项秘法可称制造薄片玻璃中之最新式者，故照此制出之玻璃其成色之优美较诸用手工者有天壤之别。"[①] 这种宣传手册虽然内容相对简单，但足可以让顾客了解公司发展概况和产品的特点、特色，知道公司产品如何保管使用，这也不失为一种有效的宣传手段。

耀华玻璃公司为了扩大玻璃的宣传力度，自 1928 年至 1935 年，多次参加国内举办的国货博览会。南京国民政府建立后，特别是国民党新军阀占领河北及东北易帜后，国民党形式上统一了全国，制定并颁布了一系列新的经济政策和经济法规，提倡、奖励私人兴办企业，鼓励发明创造和技术革新，1929 年 7 月 31 日颁布《特种工业奖励办法》，奖励对象包含基本化学工业等，1932 年 9 月 30 日又发布《奖励工业技术暂行条例》，1934 年 4 月 20 日公布《工业奖励法》12条。[②] 继而开始在全国举办各类展览，推动工矿业发展。"国货展览会以其比较观摩、品评研究、奖励竞进等特有的内涵和方式，能宣传

---

① 耀华玻璃厂志编纂委员会编：《耀华玻璃厂志》，中国建筑材料工业出版社 1992 年版，第 146 页。

② 苑书义、孙宝存、郭文书：《河北经济史》第 4 卷，人民出版社 2003 年版，第 270 页。

国货，提高人们的国货观念，推广国货销路，促使国货改良，发达国货制造。"① 由于政府的推动，国货展览会得以长足发展。

耀华玻璃公司 1929 年积极筹备参加西湖博览会。"西博会于 1929 年 6 月 6 日正式开幕，10 月 11 日闭幕，历时 128 天。"②"为了鼓励实业，振兴国货，提高质量，博览会特成立审定委员会，对展品进行评定，共评出特等奖 248 个，优等奖 802 个，一等奖 240 个，二等奖 1600 个，分别给予奖励。"③ 耀华玻璃得到博览会审核委员会的认可，"列入特等，给予金质奖章一枚"④。1933 年，铁道部为"增加商货运输，改进铁路营业，发展国民经济起见，举办全国铁路沿线出产货品展览会"⑤。展览会采用巡回展览办法，每六个月在不同的重要都市或商埠举办一次，其地点随时由铁道部确定。展览物品分为三类，包括搜集品、赠送品和寄存品，凡铁道部责令各路按沿线各段站搜集的参展物品属于搜集品；凡铁道部发函咨请各省政府或市政府转饬铁路沿线各县、市政府以及各商会、各公司、各工厂调取赠送的物品属于赠送品；凡各机关、各团体或各公司、各工厂、各商人暂为寄存展览会的物品属于寄存品。各项物品按照货品、原料品、机器制造品、化学制造品、手工制造品、美术品、矿产品、农产品、林产品、水产品、狩牧产品、药品、专利品、麦考品、其他货品分门别类登记在册。筹办展览会的经费由各路按月分别摊派到每家参展企业，具体摊派方法由铁道部规定。各家企业的参展物品由铁道部组织专家进行评审，经审查委员会审定，认为品质优良者按下列规定分数分别给予奖章奖凭：得九十分以上的参展物品属于超等，得分在八十分以上的参展物品属于优等，得分在七十分以上的参展物品属于一等。⑥ 会后

---

① 马敏、洪振强：《民国时期国货展览会研究：1910—1930》，《华中师范大学学报》（人文社会科学）2009 年第 4 期。

② 全国图书馆文献缩微复制中心：《中国早期博览会资料汇编》（五），新华书店发行 2003 年版，第 367 页。另有一说，"博览会原定 10 月 10 日闭幕，后因游客踊跃，参观者络绎不绝，因此延至 10 月 20 日结束，前后历时 137 天"。转引自韩文宁《张静江与西湖博览会》，《钟山风雨》2007 年第 5 期。

③ 韩文宁：《张静江与西湖博览会》，《钟山风雨》2007 年第 5 期。

④ 《照抄西湖博览会会务结束委员会来函》，1930 年 7 月 29 日，耀档：室卷号 3—3—146。

⑤ 《铁道部全国铁路沿线出产货品展览会章程》，1933 年 10 月，耀档：室卷号 4—3—249。

⑥ 《铁道部全国铁路沿线出产货品展览会办事处审查出品办法》，耀档：室卷号 4—3—249。

由博览会会务结束委员会分别寄送认定证书。

1935 年 4 月，铁道部在北平成功举办了第三次全国铁路沿线出产货品展览会，耀华玻璃作为参展物品。经过审查委员分别审查，认为耀华出品优良，"准给超等奖凭，以示优异，相应检同第七十二号奖凭一纸"①。铁道部北宁铁路管理局准备筹办第四届展览会，在天津河北大马路乐仁里设立展览会办公处，负责征集、登记、保管、组织等各项工作，认为耀华玻璃公司"规模宏大，出品优良，兹为广征货品，扩大展览起见"②，向公司发出邀请函，希望得到耀华玻璃公司的支持，将出产货品每种赠送照片两份或各类出品汇集装订成本的样册两份。并表示凡办事处派出征集物品的人员均有正式徽章，其接收物品时亦有正式收据为凭，请公司辨别真伪，积极参与，以便于公司产品推广畅销。

这一时期，耀华玻璃除了参加 1930 年西湖博览会时被列为特等，获得金质奖外，在先后参加的上海、南京、北平、青岛举办的全国铁路沿线生产货品展览会上曾三次获得超等奖，一次获得优等奖。另外，除了参加铁道部组织的展览会外，耀华玻璃在 1934 年和 1935 年分别参加了河北省举办的第五次、第六次国内产品展览会，这两次参会分别获得了特等奖和超等奖的殊荣。

不管是开滦在其全国售卖处为耀华玻璃公司设置的经销处，还是为耀华玻璃公司寻找的代理商，在合同或协商条件中都要求他们在各自的商店门面悬挂写有耀华玻璃广告的标牌，借以宣传耀华产品，提高耀华玻璃的知名度和美誉度。耀华玻璃公司虽然没有设置专门的市场销售部门，但是利用开滦已有的成熟销售网络，避免了产销的脱节，这一点要好于其他一些企业，如北京"自来水公司没有注意到对外联络及市场推广职能部门的重要性"。"这在一定程度上可以反映出自来水公司管理决策层公关意识和市场意识的淡薄。"③ 不关注市场，终将受到市场的惩罚。

---

① 《铁道部全国铁路沿线出产货品展览会办事处致公司函》，1935 年 4 月 30 日，耀档：室卷号 4—3—249。
② 《全国铁路沿线出产货品展览会邀请函》，1935 年 3 月 8 日，耀档：室卷号 4—3—249。
③ 苏秀英：《北京自来水公司研究》（1908—1937），硕士学位论文，华中师范大学，2009 年，第 16 页。

二　营销运作

（一）客户管理

由于耀华玻璃公司产品在上市前做了大量的宣传工作，加之有知名度极高的开滦做强大的后盾支援，耀华玻璃投放市场之前就有不少商家纷纷来信来函进行咨询，想成为耀华玻璃的代理商。天津的玻璃销售商吴修文经营比利时和日本玻璃数十年，听闻耀华"出货精良，预料定可畅销"①，便想到公司定会在天津设立包销处，于是致函公司，想了解各处包销手续和办法，并索要公司章程一份。

赵君达、娄鲁青、王荷舫等人得知耀华玻璃公司即将采用比利时新法生产玻璃，立即发函致公司总协董，请求以即将在农商部注册立案的大成贸易公司包销耀华玻璃公司出品，并许下承诺，"如蒙批准后当即将贵公司所余未齐之新股，闻约六万元，全数认齐"②。赵君达等人对耀华玻璃公司开出的这个承销条件是比较诱人的，当时公司流动资金尚无着落，新股发行并未收齐，正处在资金紧张的时候，大成贸易公司的这一承诺如雪中送炭，可以解决耀华玻璃公司的一大笔资金来源。公司经过研究，决定接受大成公司的条件，与之签订包销合同。

1923 年，耀华玻璃公司与大成贸易公司正式签订合同，对包销范围、销售报酬、注意事项等做了较为详细的规定。大成贸易公司的销售范围是华北一带及上海等地，长城以南、北京、天津在内，耀华玻璃公司要付给大成公司每月销售报酬每箱至少三角，如果每箱玻璃售价超过 9 元，耀华和大成两家公司将平分超过 9 元之上的售价部分，但对最高报酬数量做出了规定，每箱至多不得超过 0.75 元。大成公司需要将现款 2 万元或公司认可相当于此数的抵押品存放于公司，每月月底将账单详细报送公司，并须于每月下旬内将所有售出的货款付清，没有售出的货品作为耀华的财产，大成公司须代为妥善保管。③ 公司要求大成公司对预防玻璃的破损须格外注意，并应时时将

① 《吴修文致公司函》，耀档：室卷号 2—2—28。
② 《赵君达、娄鲁青、王荷舫致公司总协董函》，1923 年 3 月 16 日到，耀档：室卷号 2—2—44。
③ 《与大成贸易有限公司包销合同》，耀档：室卷号 2—2—44。

存栈货物与搬取方法详细查看，以防外界对公司产生不好的印象。公司认为此事至关重要，因为货品破损的减少，对于公司将来在中国市场上的名誉与销售前途有绝对的影响。

公司对于遇有不可逆转的非人为原因，如水灾、兵灾、内乱、罢工、车辆稀少或其他不能预料的事情发生时，有权中止交货。大成公司对于分销人、办事人一处或所有分销处违犯合同规定的各条条款时负完全责任，并要求大成公司与其分销人等和气处事，竭力办好事业。对现款购货的主顾要竭力招待，必须想方设法供给货物，不得拒而不售、玩视不理；未经公司许可，大成公司不得与其他公司的包销处业务混合办事，也不得与之合股或分利，不得将窗用玻璃擅自售与其他分销人，每周六、日应将所存窗用玻璃数目报告公司。大成公司应在其各处货栈内悬挂大字号的招牌，写明为公司的包销人，用来宣传公司的产品，让广大市民和用户知晓，并将玻璃市价随时用大字写明于招牌上。大成与公司结账时以北洋银圆为准，若接到通知书后仍不能将所欠窗用玻璃款项付与公司，则公司对其所存窗用玻璃可以即行收回，并于必要时可将合同立即取消，一切法律损失等公司概不负担责任。大成贸易公司作为耀华玻璃公司的代理商经营多年，为公司市场的开拓和扩大付出了不少努力。

与此同时，耀华玻璃公司与天津的另一代理商（具体不详）签订合同，作为经理耀华玻璃公司在天津地区的售品处。合同规定每月开滦供给的玻璃货款必须于次月 10 日前全部付清，开滦给代理商开出的报酬条件是与商品销售数量挂钩的，销售的越多，回扣的比例越高，销售商获得的收入越高。"销售玻璃在五万箱以上者得按购价全数给予百分之五之回扣，销售玻璃在三万七千五百箱以上者得按购价全数给予百分之四之回扣，销售玻璃在二万五千箱以上者得按购价全数给予百分之三之回扣，销售玻璃在一万二千五百箱以上者得按购价全数给予百分之二之回扣，销售玻璃在四千一百六十六箱以上者得按购价全数给予百分之一之回扣。"① 普通尺寸的单厚玻璃市场价格由总局随时规定，但是价格的增涨必须于两星期前告知代理商。这种办法可更好地激励代理商努

---

① 《经理耀华机器制造玻璃有限公司营业事宜合同》，1923 年 4 月 1 日，耀档：室卷号4—1—210。

力去想方设法多卖公司的产品，争取每月最好的销售量，以便获取更高比例的回扣。

如果代理商卖出的是较好及较厚玻璃，其回扣的折算做出了另行规定。如果卖出的是四等玻璃，则规定半双层玻璃一箱折合为单层玻璃两箱；双层玻璃一箱折合为单层玻璃两箱半；三层玻璃一箱折合为单层玻璃三箱；厚玻璃一箱折合为单层玻璃四箱；特别加厚玻璃一箱折合为单层玻璃五箱。如果卖出的是二等与三等玻璃，则计算方法是半双层玻璃一箱折算为单层玻璃三箱；双层玻璃一箱折合为单层玻璃四箱；三层玻璃一箱折算为单层玻璃五箱；厚玻璃一箱折合为单层玻璃六箱；特别加厚之单层玻璃一箱应折算为四等单层玻璃两箱，小号玻璃一百英方尺折算为四等单层玻璃一箱。[①] 如遇有不可抗力的事故发生，代理商不得向耀华玻璃公司提出任何要求。同祥涌商号是天津最大的玻璃销售商之一，经研究与开滦达成协议，"由开滦确定玻璃牌价，同祥涌每销售一箱玻璃可获六分佣金"[②]。当时玻璃市价为六元，所谓六分佣金，就是卖出一箱玻璃，可获三角六分钱，并且享有货到后55天付款的优惠条件，同祥涌须向开滦交3万元押金。

从上述合同的规定中可看到，耀华玻璃公司在产品销售方面与代理商合作的模式基本有两种，一种是降价售予，即按耀华玻璃公司规定的价格降价，根据市场情况和玻璃等级、品种、规格确定比例，一般为5%—10%不等，玻璃商再按耀华玻璃公司规定的价格在市场上出售，从而赚取价差；一种是给予回扣，回扣的比例根据售出玻璃数量多少而定，一般为1%—5%不等，按每月结算货款的实际数核发。为了保住市场，合同中一般还会规定：经销耀华玻璃的商人不得再经销其他厂家的玻璃，如果发现经销其他厂家玻璃，降价和回扣全部取消。[③]

耀华玻璃公司销售商品的管理模式中，第一种对经销商的利润空间来讲有限，这种方式可旱涝保丰收，适合于一些销售能力有限的小型代理商人；第二种方式与现代企业的销售方式类似，通过不同比例

[①] 《经理耀华机器制造玻璃有限公司营业事宜合同》，1923年4月1日，耀档：室卷号4—1—210。

[②] 萧维良：《天津玻璃工业史记略》，天津市工人文学创作社编印1992年版，第191页。

[③] 耀华玻璃厂志编纂委员会编：《耀华玻璃厂志》，中国建筑材料工业出版社1992年版，第131—132页。

的销售回扣来激励商家努力多销货物，在规定的时限内完成额定的销售数量，拿到更高一级的销售回扣点数，挣得更多的利润收入，这种方式更适合于一些有较好的销售途径、可以在时限内销售出更多数量的商品大代理商。

除了国内一些商家争相成为耀华玻璃公司的代理商外，国外也有企业想成为其代理商。1928 年，小吕宋一家蔡益盛制镜厂给耀华玻璃公司发来信函，想代理耀华玻璃公司在小吕宋的玻璃销售业务，但是耀华玻璃公司为慎重起见，没有立时答应其要求，而是派太平洋贸易公司先行对这家企业进行了调查研究。1928 年 4 月耀华玻璃公司得到太平洋贸易公司的回信，"蔡益盛镜厂尚属殷实，经售玻璃亦多，该厂一向购用比国玻璃，现因我交货迅速之故，甚欲专销开滦玻璃，惟冀售价须足与敌货相抗耳"①。但是耀华玻璃公司认为，自己的产品在他处销路正旺，在小吕宋销售玻璃没有价格优势且路途又远，所以决定放弃与蔡益盛的合作。

除此之外，耀华玻璃公司还与国外其他公司建立了不少销售关系。1925 年开滦矿务总局与美国旧金山琼斯公司（Jones Company）建立经销耀华玻璃的关系；新加坡振和公司、陆特商业公司等先后与开滦矿务总局签订代理经销合同，成为耀华玻璃公司在新加坡的经销处。

（二）市场销售与竞争

开滦代管耀华玻璃公司的销售工作后，随即通过它在全国各地的销售处建立了销售耀华玻璃的经销点，有的地方由开滦销售处直接销售，有的地方由开滦委托经销商代销。耀华玻璃以现货、期货两种方法供应客户。为方便推销，自出产后即在各地经销处储存相当数量的玻璃，以保障能够及时供应。

对于大宗供货，开滦为耀华玻璃公司采取便捷的管理方法。由各地经销商每月向该地的开滦销售处提出需货数量、品种、规格、等级，开滦销售处汇总后直接交秦皇岛经理处发货；开滦秦皇岛经理处负责从工厂把玻璃运出，运往沿海各城市的玻璃主要是由开滦矿务局

---

① 《照译开滦矿务总局来函》，1928 年 4 月 30 日，耀档：室卷号 3—1—125。

运煤船代运，船运不到的地方用火车运输，耀华玻璃公司付给开滦由
工厂运到码头的搬运费和火车、轮船运输费；玻璃运到各地后，按协
议规定的条件，在码头交货的，经销商自行提走，在货栈交货的先运
至开滦在各地的仓库存储，由经销商在限期内提走。代为储存的时间
一般不许超过半个月，过期不提走的，按日计收仓储费。① 这种方法
使耀华既可以充分利用开滦设在各地经销处的便利条件，又可以满足
客商的提货要求，更好地为客户提供服务，赢得客户的信赖，促进商
品的销售。

　　凡是采用经销商代理经销方式的，均由开滦矿务局与各地经销商
签订合同，合同内容主要涉及保证金、每月销售数量、价格管理、商
品供应地点、每月与公司结账规定以及商家报酬办法等内容。首先是
经销商必须有可靠殷实的保证人，或缴纳一定数量的保证金；其次是
每月销售玻璃的最低数量有明确的规定；再次是商品售价必须按耀华
玻璃公司规定的价格，不许任意提价；最后是限定每月供给玻璃价款
的交纳时间，一般不许超过一个月。

　　1924 年 10 月，耀华玻璃公司的玻璃刚刚面世，敌商就开始降价竞
销。10 月初，比利时的四等玻璃市价为每箱 7.7 元，但因为害怕耀华玻
璃公司的商品及价格能够博得中国商人的欢迎，想通过降价手段，乘耀
华玻璃在市场上立足未稳之际将其存货销售完毕，兼以打击耀华玻璃公
司的心理，到月底时比利时玻璃价格已减至 7 元整。1926 年上海市场竞
争日趋激烈，年初时耀华玻璃售价三两五钱，市面零售价则为四两四钱
一，中间只有九钱一的利润，此中还包括销售商的回扣等费用。比利时
玻璃零售价每箱四两一钱至四两一钱五不等，大连（即昌光厂）玻璃每
箱售价四两二钱五分。耀华玻璃公司还得到消息，上海已有 10 家华商组
成一个团体，打算按照每箱售价三两九钱每月承销大连玻璃 5000 箱。②
对于耀华玻璃公司来讲，这无疑是一个坏消息。

　　日本市场的竞争亦是十分激烈。1927 年 3 月，日本亚沙海玻璃公
司的分销处及聂起北（译音）玻璃公司均竭力设法保护其在日本市

---

① 耀华玻璃厂志编纂委员会编：《耀华玻璃厂志》，中国建筑材料工业出版社 1992 年
版，第 140 页。

② 《照译开滦矿务总局十五年一月份报告书》，耀档：室卷号 2—4—83。

场的玻璃贸易份额，并向各位商人散发传单，警告他们"如销该两公司以外之货品，彼等将与之绝交，停止供货"①。而此时耀华玻璃公司因为运输上出现很大困难，此前所有订购的各批玻璃均不能及时供货。各家销售商认为耀华玻璃公司不能按时供货，自己的销售和利益必会受到影响，不敢与亚沙海及聂起北两公司公然断绝关系。其间盛传秦皇岛耀华玻璃工厂行将停业，聂起北（据称即造谣者）等各商乘机将其玻璃的最低售价减少两日元。到了7月，日美玻璃公司为了与耀华玻璃公司开展竞销活动，曾将其玻璃的售价大大降低，且耀华轻质玻璃的售价在日本市场没有很强的竞争力。鉴于出现的这些情况，耀华玻璃公司不得不考虑日后将大多数货品在国内推销，日本市场要依据国内市场及销路情况而定。

下表是耀华玻璃公司发展到1930年时在全国各地设置的经销商，可以简单地反映出耀华玻璃在全国各地的主要销售市场情况。

表 5 - 5　　　　　　　　1930 年各埠经理处名单②

地名	经理处
天津	北方售品处（由开滦矿务总局转交）
秦皇岛	开滦矿务局
塘沽	开滦矿务局
上海	开滦矿务局
汉口	天祥洋行
福州	天祥洋行
厦门	和记洋行
汕头	顺泰洋行
小吕宋③	太平洋商务公司（Pacific Commucial Co. Jnc.）
唐山	开滦矿务总局
烟台及龙口	和记洋行
奉天及满洲	马克敦工程建筑公司
青岛	和记洋行
香港	天祥洋行
日本及朝鲜	东京开平炭贩卖合资会社

---

① 《照译开滦矿务总局十六年三月份营业报告》，耀档：室卷号 2—5—96。
② 《耀华各埠经理处名单》，1930 年，耀档：室卷号 3—3—146。
③ 即菲律宾。

发展到 1930 年，耀华玻璃公司各处代理商已经比较固定，玻璃也已深受市场欢迎，各处经销商销售玻璃的回报条件大致是以下情况。烟台是和记洋行作为代理商，各级玻璃均在栈房交货，如玻璃为该代理人自己售出，给予十分佣金，如由矿务局招揽，其佣金则为 2.5%；青岛也是和记洋行为代理商，货物到该埠后按市价减 6% 售与该代理处；汉口的代理商是天祥洋行，单厚玻璃每箱给予佣金一钱，其他各种玻璃则按售价给予 5% 的佣金；香港及广州的代理商也是天祥洋行，在船上交货，单厚玻璃给其的佣金为 3%，其他各种玻璃为 6%；汕头的代理商是顺泰洋行，单厚玻璃每箱给予佣金一角五分，其他各种玻璃按售价给予 5% 的佣金；厦门的代理商是和记洋行，其条件和汕头的顺泰洋行一样；福州的代理商是天祥洋行，单厚玻璃每箱给予佣金一角五分，其他各种玻璃按售价给予 5% 的佣金；日本的代理商是东京开平炭贩卖合资会社，单厚及加半厚玻璃佣金为 2.5%，双厚及三厚玻璃佣金为 3%，特厚玻璃佣金为 3.5%，以上所述给予的佣金均是按售价计算。小吕宋的代理商是太平洋商务公司，各级玻璃均在船上交货，给予 5% 的佣金。①

1930 年年底，耀华玻璃公司解除了东三省售货处代理商马克敦洋行的代理合同，将代理权收回交由矿务局自办，设置了专门售货处，由福克尼经办。盐商高石渠得知耀华玻璃公司解除了与马克敦洋行的代理合同，看到耀华玻璃公司产品在东三省甚为畅销，"比昌光日货每箱价高一元余，用主仍乐购"，有丰厚的利润可图，曾致函公司股东傅沅叔，想代理公司在东三省的货品销售。声称自己"承保仿官盐办法，款存中交两行，货存公司指定堆栈，月终结算，无货则有钱，无钱则有货，存款按数拨交公司，决不从中腾挪"②。而且，此人在哈尔滨做盐务分销数年，有丰富的经营经验，想先运来 1000 箱玻璃进行试卖。傅沅叔收到信函后即回信于他，告知公司在东三省的代理权已经收回，改由矿务局自办，一切事宜已经议定，此事遂告一段落。可见，耀华玻璃市场已经打开，产品质量、

---

① 《各代理处经售玻璃之条件》，1930 年，耀档：室卷号 3—3—146。
② 《照抄高石渠致傅沅叔君函》，1930 年 11 月 14 日，耀档：室卷号 3—3—157。

色泽等方面都已深得用户信赖。此时日本玻璃还没有在东北与耀华玻璃展开市场竞争，俄国货也未到东北，正是耀华玻璃在东北市场销售的利好时期。

开滦矿务局为了减少总局与秦皇岛之间信函往来的麻烦，方便经销商与公司的销售买卖，于1930年年底对耀华玻璃销售管理模式进行了改革。改革前，开滦总局"各经理处销售玻璃各项事宜向系在天津总局办理，多年以来因工厂设于秦皇岛，时有各经理处来函询及总局，总局又须询问工厂，往返函询每感不便"。此时开滦局办理售卖玻璃事宜的人员辞职不干了，正好可以借此机会"将售卖玻璃方面日常应办各事移至秦皇岛办理，俾可与工厂接近"。"至于营业方针及其他重要事项仍应由总局主持，其各经理处与秦皇岛售玻璃处往来各项函件，凡不属日常应办之事者，亦须送总局裁夺。"① 这样就减少很多经理处、总局、秦皇岛工厂之间信函往来烦琐弊端，节省了办事时间，提高了办事效率，进一步完善了管理体制。

同时，耀华玻璃公司与各代理处所订售卖玻璃的办法也进行了相应的调整。在天津、奉天、北京、秦皇岛、上海以及开滦矿区各处所有售卖玻璃事宜，一概由各该地的开滦矿务分局负责，各处的经营售卖手续均照耀华与开滦历次所订代管营业办法办理，没有多少变化。所有开滦各地分局代售耀华玻璃均无佣金，但上海的情况例外，因其代售玻璃的商人刘鸿生并不属于开滦矿务局，而其又负责担负该地开滦售品处所有职员的一部分开销，故特别规定给予少许的佣金，即单厚玻璃每标准箱给予佣金银二钱五分，加厚重玻璃则按市价给予1.25%的佣金作为报酬。②

其他各地售卖玻璃的事宜则由开滦委托的代理开滦局业务的各商行兼办，所有各地开滦代理处商行均登记在册，开滦将其印制成广告性质的小册子供客户查阅参考。开滦在各地所有的代理处经销的耀华玻璃，均由开滦局自己的运货轮船将其与开滦局的各种出品

---

① 《照译开滦矿务总局总理来函》，第0169号，1930年12月12日，耀档：室卷号3—3—146。

② 《照译开滦矿务总局总理来函》，1930年8月4日，耀档：室卷号3—3—146。

一同运往该处，各代理处对运到的玻璃有卸货、搬运等项义务，不能索取分文报酬，开滦局给每家代理人名义。各代理处售卖耀华玻璃的报酬办法各异，由开滦视情况而定，售卖货物的多少、推销产品的难易以及公司对于该处销售市场的销售目的都是开滦核定报酬多少的考虑因素。总的情况是耀华玻璃公司的出品处于求过于供状态，本着能够获取最大利润的市场尽量供应、其他获利不多的市场较少供货的原则，对各销售处提供不同数量的货源。

耀华玻璃公司经过多年的市场竞争，最终在国内市场站稳了脚跟，1931 年到 1936 年耀华玻璃在国内市场所占比例，除个别年份因受生产、战事等因素影响外，均在 50%—75%。表 5-6 反映出耀华在这一段时间的市场占有率。

表 5-6 　　　　　　　　1933—1936 年历年销售比例①

年份	销售总量 （平方米）	进口数量 （平方米）	耀华数量 （平方米）	耀华比例 （%）
1933	5725122	2295440	3429682	60
1934	5238510	1579700	3658810	70
1935	6172274	2184180	3988094	65
1936	5576910	1419840	4157070	75

由表 5-6 可知，从 1933 年至 1936 年，耀华玻璃在国内市场占有量始终在 60% 以上，最高时达到 75%，作为国内一枝独秀的平面玻璃生产企业，耀华玻璃公司开始占据了国内市场的主导地位。但激烈的市场竞争导致企业间为争夺市场纷纷压价，甚至偶尔出现低于成本价格销售的情况，带给企业的是较低利润或折本出售，这也是耀华玻璃公司虽然经营多年，市场占有率也不断升高，但却始终没能很好地摆脱资金紧张现象的重要原因。由表 5-7 可以看出一二。

---

① 耀华玻璃厂志编纂委员会：《耀华玻璃厂志》，中国建筑材料工业出版社 1992 年版，第 127 页。表中数据系根据厂志中相关表格整理得到。

表 5 - 7　　　　　　　1925—1945 年每标准箱成本、售价　　　　单位：银圆

年　份	成　本	售　价	利润率
1925	5.25	5.81—6.08	9.64%—13.65%
1926	5.12	5.6—6.2	8.57%—17.42%
1927	4.77	5.2	8.27%
1928	4.5	6.9	34.78%
1929	4.25	7.25	41.38%
1930	4.65	8.9—11.15	47.75%—58.30%
1931	5.29	10.5	49.62%
1932	5.21	9.8—10.2	46.84%—48.92%
1933	4.84	8—9.5	39.50%—49.05%
1934	4.62	6.6—7.7	30%—40%
1935	4.42	6—7.7	26.33%—42.60%
1936	4.41	8.25	46.55%

注：表中数据由耀华玻璃厂志第 128 页相关数据整理得到，利润率另行计算获得。

　　表 5 - 7 显示，耀华玻璃投放市场的 1925 年，几乎没有利润可言，成本为 5.25 元，而售价仅为 5.81 元至 6.08 元，利润率为 9.64%—13.65%。利润率最少的是 1927 年，仅有 8.27%。从 1928 年开始有了明显提升，是年的利润率达到了 34.78%，而利润率最高的年份为 1930 年，比例达到 58.30%。1933 年至 1936 年，耀华玻璃公司的利润率仅维持在 40% 左右。

　　1933 年后，耀华玻璃公司的利润率逐渐下降，这与"九一八"事变之后日本对中国东北、华北各地的疯狂侵略以及日金的跌落有着直接的关系。"九一八"事变后，一向被耀华玻璃公司视为最重要的玻璃销售市场之一的东北被日本占领，尤其伪满洲国成立后，日本更是加紧了对中国东北的控制。在日本的指使下，伪满洲国政府于 1932 年开始"实行征收耀华玻璃出品税百分之十五，虽经递禀反对缴纳，但结果无效，只得照缴"[1]。只此一项税收已使耀华玻璃的成本增加 15%，再加上其他费用的增加，挤压了耀华玻璃公司

―――――――――――

① 《照译开滦矿务总局总理二十一年六月份营业报告书》，耀档：室卷号 3—5—183。

的利润空间。

耀华玻璃公司 1932 年至 1933 年在东北市场的销售情况再一次证明，被日本占领后的东北玻璃市场逐渐萎靡。1932 年，耀华玻璃在东三省仅销售 5071 箱，1933 年共销售玻璃 7837 箱，虽略有增长，但并不能改变整个东北被日本控制后丧失市场的局面。耀华玻璃公司 1933 年上半年在东三省的营业"完全搁浅"，从 7 月间才开始运送玻璃至关外试销，虽然销量不错，但所售玻璃以四等单厚以上的较好质量玻璃为主，因为"关外玻璃用户对于本公司高级厚重玻璃信仰甚深，购者颇为踊跃，售价亦甚合适"①，才有了下半年 7000 多箱的销量，而四等单厚玻璃的售价令人"异常失望"。多种原因共同影响了耀华玻璃公司在这一地区的销售，首先是日金跌落，而当地的耀华玻璃经销商人均以日金为主币；其次是关税极高，公司玻璃运至东三省销售，每箱玻璃除缴纳 1.89 元的正税外，还需要缴纳 5% 的附税。本来耀华玻璃公司认为东三省市场"极有发展前途，本公司以地势之便利，出品之优良备受当地用户之欢迎"，但因为"满洲伪国成立，日人暗中操纵一切，日货受特优之待遇，以致我方在彼营业极感困难，获利尤为不易，未来前途惟有抱悲观也"②。《塘沽停战协定》《何梅协定》、策动华北五省自制、成立伪冀东防共自治委员会等一系列的日本侵华行为，都为日本玻璃在华北市场上与耀华玻璃开展激烈的争夺提供了便利条件。

从 1932 年和 1933 年耀华玻璃在东北三省的销售情况即能看到，随着日本在中国侵略势力的不断扩张，日本玻璃不断涌入中国市场，给耀华玻璃带来了巨大的竞争压力。日本企业还利用其军事占领优势，组织船只走私玻璃到中国各地，更使得耀华玻璃的销售雪上加霜。据耀华玻璃公司烟台代理处经理 1933 年 12 月报告，"近有大宗昌光玻璃由小船私运鲁省，致我货大受影响，此等私运进之玻璃售价极廉，无论如何我货不能与之竞销也"③。表 5 - 8 是 1932 年和 1933 年耀华玻璃公司在各处的销售量。

① 《照译开滦矿务总局总理二十二年度营业报告书》，耀档：室卷号 4—2—219。
② 《照译开滦矿务总局总理二十二年度营业报告书》，耀档：室卷号 4—2—219。
③ 《照译开滦矿务总局总理二十二年十二月份营业报告》，耀档：室卷号 4—1—202。

表 5 - 8　　　　　　　　1932 年和 1933 年各经销处销售数目①　　　单位：标准箱

地　　点	年　　份	
	二十一年（1932）	二十二年（1933）
秦皇岛	1757	938
唐山	5589	3519
天津	62560	63871
北平	15877	12782
东三省	5071	7837
威海卫	200	300
青岛	5659	14044
烟台	7133	8208
上海	71408	148268
汉口	25287	21252
福州	8540	5825
厦门	1960	3195
汕头	2802	4897
香港及广州	17987	22014
小吕宋	1846	4320
其他各处	116	8016
总数	233792	329286

　　由表 5 - 8 可知，1932 年耀华玻璃公司共销售玻璃 233792 标准箱，1933 年共销售玻璃 329286 标准箱，比 1932 年多销售 95494 标准箱。1932 年每标准箱成本为 5.21 元，1933 年则仅为 4.76 元，单箱成本降低了 0.45 元。按正常来讲，销量增加近 10 万箱，成本又有所下降，耀华玻璃公司 1933 年的利润应该比 1932 年多出很多，然而事实并非如此。1932 年耀华玻璃公司实现利润 57.18 万元，1933 年的利润是 59.15 万元，仅仅比 1932 年多出不到 2 万元的利润。这充分证明了随着日本玻璃在中国市场的激烈竞争，导致玻璃市价不断下跌，耀华玻璃公司虽然销量大增而利润却不见成比增长。

---

① 《照译开滦矿务总局总理二十二年度营业报告书》，耀档：室卷号 4—2—219。

再将华北地区各处销售情况单列出来，同样证明随着日本玻璃在华北的扩张，耀华玻璃市场受到很大影响，销售量总体成下降趋势。

表 5 - 9　　　　1932 年和 1933 年华北地区耀华玻璃销售统计①　　　单位：箱

华北各地	二十一年（1932）	二十二年（1933）
天津	62560	63871
唐山	5589	3519
北平	15877	12782
秦皇岛	1757	938
总数	85783	81110

表 5 - 9 显示，1932 年耀华玻璃公司在华北地区共销售玻璃 85783 箱，1933 年则仅销售 81110 箱，同比销量减少了 4673 箱。四个销售市场中只有耀华玻璃公司的大本营天津略有增加，也仅仅增加销量 1311 箱，唐山、北平、秦皇岛三地均呈下降趋势。

无序的市场竞争，带来的必定是商品市场价格的混乱，1933 年山东、上海等地的市场竞争情况足见竞争之惨烈。在山东，全年中受日本昌光玻璃的竞争最为剧烈，最后数月又有苏俄玻璃加入山东市场竞销，结果使耀华玻璃及敌货互相减价争揽生意，故销货虽多而获利极其微小，加以战事等原因致使秦皇岛与青岛间的轮船开行时间不能确定，耀华玻璃公司为了节省货物运费，不得不趁货船开行的时候才运送玻璃，在交货方面时有迟误耽延情况的发生。而日本昌光玻璃由大连运至青岛，其轮船均能按既定的时间表准时开行，故能如期交货，当地玻璃商偶有小批订货可以立即运到交付，所以在交货期方面昌光占有优势。而且昌光玻璃视山东为其特别推销市场，极力降价排斥耀华玻璃的销售，目的就是让耀华玻璃公司无利润可图，退出山东市场。

在上海，本因"中日之争执、黄河流域之水灾、江西省之共产党、福州之内战，重以世界商业之不景气"②，对市场销售产生很大

① 《照译开滦矿务总局总理二十二年度营业报告书》，耀档：室卷号 4—2—219。
② 《照译开滦矿务总局总工程师二十二年度营业报告书》，耀档：室卷号 4—2—219。

影响，又有比利时及苏俄玻璃与耀华玻璃在上海展开激烈的竞争。比利时玻璃本年度出口到上海约有 6.5 万箱，截至年底比利时玻璃存放上海未能售出的约有 2.1 万箱。苏俄玻璃来上海约计 5 万箱，此外昌光、维多利亚及海防玻璃亦有少数运到上海。耀华玻璃在上海年初售价为每箱 9.25 元，比利时玻璃则为九先令四便士，到 2 月底比利时玻璃开始降价销售，耀华玻璃为保住市场不得不随之跌价展开竞争，结果到年底，耀华玻璃售价在上海码头交货每箱仅为 7.6 元，比利时玻璃则为七先令二便士。

这种相互压价竞销的方式弄得各方疲惫不堪，此时的胜负就取决于哪家企业的产品成本更低于社会平均生产成本。表 5 - 10 是耀华玻璃公司 1933 年与"敌货"在各重要商埠售价比较表，足能反映各家企业间市场竞争的剧烈程度。

表 5 - 10   1933 年耀华与"敌货"在各重要商埠玻璃售价比较①

地区	厂家	时　　间		降价率
		二十二年一月一日（1933）	二十二年十二月三十一日（1933）	
华北	耀华	10 元	8 元	20.00%
	昌光	9.1 元	7.48 元	17.80%
上海	耀华	9.25 元	7.6 元	17.84%
	比国	9.8 元	7.7 元	21.43%
香港	耀华	9.25 元（港洋）	6 元（港洋）	35.14%
	比国	9 先令 2 便士	7 先令 2 便士	21.74%
广州	耀华	9.1 元（港洋）	8.1 元（港洋）	10.99%
	比国	9 先令 6 便士	7 先令 2 便士（在香港交货）	25.00%

注：表格数据系根据耀华玻璃公司 1933 年营业报告书中相关数据整理计算得到。

表 5 - 10 显示，无论在华北地区、上海地区、香港地区还是广州地区，也无论是耀华玻璃、昌光玻璃还是比利时玻璃，1933 年年初的市场售价都远高于年末，这就说明各家企业都在采用降价竞销的手

---

① 《照译开滦矿务总局总理二十二年度营业报告书》，耀档：室卷号 4—2—219。

段抢夺市场占有份额。从降价率看，无论哪家企业，价格降幅都在两位数以上，最低的也有10.99%，而耀华玻璃在香港的售价降幅更是高达35.14%。如此跌价竞销，必致各方利润大大减少，除掉成本和各项费用，纯净利润所剩无几，这也是耀华营业后多年没有发放利息和红利，以及后来积债高达80多万元的重要原因之一。

耀华玻璃公司除了与日本昌光玻璃和比利时玻璃这两个劲敌进行争夺市场外，在国内外市场上还要与其他玻璃企业展开竞争。这些企业虽然较小，但在市场上照样可以对耀华玻璃的销售活动形成威胁。主要市场竞争分布情况如表5-11所示。

表5-11　　　　　　　　耀华于各地市场与敌商竞争情况①

地　点	厂　　　家				
东三省	耀华	昌光			
华北	耀华	昌光			
山东	耀华	昌光	苏俄		
上海	耀华	比国	苏俄	维多利亚	昌光	海防
香港	耀华	比国	海防	维多利亚	英国
广州	耀华	比国	海防	日本	维多利亚
小吕宋	耀华	比国	日本	维多利亚	英国
马来半岛	耀华	比国	日本	维多利亚	
荷属印度	耀华	比国	日本		

表5-11显示，耀华玻璃公司在东三省和华北市场上的主要对手只有昌光一个公司，在山东有昌光、苏俄两家，但昌光玻璃公司是日本旭日玻璃公司之外第二大玻璃生产企业，其竞争实力不可小觑。在上海、香港、广州、小吕宋等地有四家以上的竞争对手，其中上海市场最多，连同耀华在内共有六家玻璃企业在这里角逐，而这六家企业中耀华、比国玻璃、昌光、苏俄玻璃的实力都相当雄厚，竞争的惨烈程度可见一斑。

耀华玻璃除了在国内销售，还曾积极拓展国际市场，开滦矿务总

① 《耀华玻璃公司二十一年度营业报告书》，耀档：室卷号4—2—218。

局通过它在国外的销售处先后开展了对日本、美国以及东南亚等地的出口业务。

对日本的出口自 1924 年就已经开始。开滦矿务总局东京售品处确定"开平炭贩卖合资会社"为耀华玻璃在日本的经销代理人，该会社后又在东京、长崎等地建立了代理经销商。虽然 1927 年日本旭硝子株式会社也开始采用佛克法生产玻璃，但由于耀华玻璃质量好，又是 2 毫米和 3 毫米薄玻璃，在日本市场仍颇受欢迎。1928 年 4 月耀华玻璃公司熔窑冷修，日本代理经销商来信称存货全部售完，急切希望从速供应。1928 年 12 月底，耀华玻璃公司采用印度支那硅砂代替朝鲜硅砂，生产出透明度较好的玻璃运往日本征求意见，但日本买主却认为玻璃颜色有了改变，硬度也有所降低，玻璃表面线条仍明晰可见，希望价格更便宜些。到了 1929 年 6 月，日本旭硝子株式会社利用其是本地产销、税率低、运输方便等有利条件想方设法排挤耀华玻璃，抢占其国内市场，日本买主遂纷纷转向旭硝子株式会社订购商品，耀华玻璃面对日货强大的竞争，不得不退出了日本市场。

在美国的销售活动从 1925 年开始。这一年，开滦矿务总局与美国旧金山琼斯公司建立了经销耀华玻璃的关系，耀华玻璃公司给该公司发去 35 箱样品，并派员在旧金山、洛杉矶等地做推销工作。在琼斯公司的大力配合下，争取到了福勒尔公司、泰勒·布罗斯、哈车尼克特公司等较大买主，签订了 4345 箱玻璃的订货合同，该批定货于是年 12 月运至美国。由于这批玻璃是精选出的三等品，投放美国市场后立即引起了很大的轰动，客户纷纷认为比通常佛克法三等品要好得多，只是价格比同样厚的比利时玻璃每箱高出三至四美元。1926 年由于熔窑冷修，没有再接受新的订货。1929 年 2 月 23 日经上海再次运送 60 箱玻璃样品至旧金山琼斯公司，但由于公司此时开始在生产过程中试验加入一定比例的石英，致使产品质量出现不稳定现象，样品运到后琼斯公司开箱检查，发现波筋、砂粒、气泡等缺陷远远超过允许范围，使得该公司十分失望。1929 年 9 月 20 日琼斯公司来信称："没有将这批玻璃卖出去，只好转移到我们朋友的仓库，以避免付存贮费。"① 耀华玻璃公司总理杨嘉立向秦皇岛工厂总工程师赫尔

---

① 《照译琼斯公司来函》，1929 年，耀档：室卷号 2—2—18。

曼询问此事，赫尔曼回答称这 60 箱玻璃运到美国主要是为了证明玻璃颜色的改善，其中只有 30 箱是三等品，另外 30 箱是四等品，四等品在质量方面当然要比过去运至美国的三等精选玻璃低得多。至 1929 年 11 月 20 日，琼斯公司将这批 60 箱玻璃处理后，耀华玻璃公司再没有和美国的联系了。

此外，耀华玻璃公司还开展了对印度尼西亚的玻璃出口业务。开滦通过与驻上海的荷兰销售组织商谈，签订了与印度尼西亚的销售协定。1933 年 3 月发出第一批玻璃试销，共计 1087 箱，规格是 2 毫米厚的四等品玻璃。1933 年 7 月 10 日至是年年底，耀华玻璃公司又先后发出 7740 箱玻璃。成交几批买卖后，对方索要销售玻璃回扣过高，再加上电报费和其他一些费用，几乎占去了耀华玻璃公司所有的利润。对此耀华玻璃公司提出交换意见，通过荷兰驻上海销售组织与印度尼西亚经销处联系，但最后他们只同意把回扣降至 7.5%，此后再没有了商量的空间。按照这个回扣比例销售，耀华玻璃公司所得利润仍然十分微薄，因此，销售几批玻璃后，耀华玻璃便慢慢淡出了印度尼西亚的销售市场。

1933 年 5 月耀华玻璃成功进入新加坡市场，以廉价出售，与其他国家玻璃展开竞销，当年 6 个月售出 5000 箱玻璃，开始在新加坡市场占有一席之地。新加坡市场上与耀华玻璃竞争的主要劲敌是日本和欧洲玻璃。在竞争中，新加坡华侨商人为耀华玻璃的销售和市场占领做出了很大的贡献，他们愿意销售中国玻璃。经过各经销商的共同努力，1934 年 4 月 20 日至 9 月 3 日一百多天的时间内，耀华玻璃在新加坡共售出 4725 标准箱。[1] 但在销售中反映耀华玻璃尤其厚玻璃切裁困难，新加坡商人多次来信要求解决。为了保持新加坡市场，提高公司信誉，经公司总经理同意，由秦皇岛工厂派切裁工赶赴新加坡帮助解决这一问题。切裁工于 1935 年 7 月 11 日抵达新加坡陆特商业公司，现场传授切裁技术。在切刀上涂抹少量煤油，切裁厚玻璃变得比较容易，只用 5 天时间便使厚玻璃切裁困难问题迎刃而解，得到新加坡商人的一致好评，这种售后服务对于公司在新加坡销售市场的巩固

---

[1]　耀华玻璃厂志编纂委员会编：《耀华玻璃厂志》，中国建筑材料工业出版社 1992 年版，第 136 页。

和扩大起到了积极的作用。

虽然耀华玻璃公司竭力想打开国外市场，积极走向国际舞台，还先后开辟了朝鲜、马尼拉、印度加尔各答、孟买、菲律宾小吕宋等国际市场，但始终没能如愿以偿，尤其是欧美市场，很早就不得不退出。在东南亚一带的销售因为距离较近，运输较为方便，又有开滦的帮助，一直维持到1941年太平洋战争爆发耀华玻璃的出口才基本停止。也有些地方在此之前就已经停止销售，如到1933年年底，"爪哇业务因售价尚不及成本，业已全面停止"①。从1925年开始出口到1936年变为中日合办公司，耀华玻璃公司总的出口情况如表5－12所示。

表5－12   1925—1936年耀华出口玻璃数量②   单位：标准箱

年　份	南　洋	国　外
1925	2000	26
1926	3307	22824
1927	3429	48045
1928	588	42596.5
1929	508	8305.5
1930	346	2040
1931	300	
1932	1800	
1933	4320	
1934	19862	
1935	11220	
1936	11298	

注：南洋主要指新加坡、印度尼西亚、小吕宋等地，国外主要指日本、美国等地。表中数据系根据《耀华玻璃厂志》第137页表格中数据整理得到。

在国际市场上，尤其是在东南亚市场，日本玻璃的竞销对耀华玻

① 《照译开滦矿务总局总理二十三年一月份营业报告》，耀档：室卷号4—2—216。
② 耀华玻璃厂志编纂委员会编：《耀华玻璃厂志》，中国建筑材料工业出版社1992年版，第137页。

璃产生的影响最大。自日本在大连及其本国玻璃厂装用佛克机器后，耀华厚重玻璃的竞争优势也逐渐消失，"从前视为我所独享者将为人逐渐侵夺矣"①。大连及日本所出产的玻璃之所以能够成为耀华玻璃的劲敌，在于其采用佛克式制造法后出品大为进步，成色日渐提升，加之日本的关税极高，外来玻璃不能与之竞销，所以，在其本国则以劣质的玻璃出售，在国外则以特别精选的玻璃推销，致使耀华玻璃在日本市场陷于不利的境界。

日本玻璃企业不仅采用新法制造玻璃，1933 年各厂家开始走联合营业道路，其生产玻璃的实力必然得到提高，在海内外扩充市场的能力必将增强，当耀华工厂扩建后向南洋等地开拓市场时，日本玻璃企业已经在南洋的菲律宾、马来、荷属东印度等地活动，市场已然被日本玻璃捷足先登。

（三）市场竞争中的联业合作

面对激烈的市场竞争，加上国内政局不稳、战事不断，以及耀华玻璃公司从投资建厂开始就面临资金不充裕的局面，耀华玻璃投放市场一年多的时间依然没有获得利润。"正常的经营竞争实际上是民族资本主义发展的一种催发剂。"② 但耀华玻璃公司与众敌商之间的竞争是不正常的、恶劣的。正如北华捷报所言，每次贸易活动"都是一场赌博，如果中国商人不是如此勇敢的赌徒，那么就不会有任何贸易"③。耀华玻璃公司的一些股东和管理层开始进行反思，欲与比利时和日本等强大对手进行谈判，商议订立合同，联合控制市场，共享利润空间，免去彼此因价格战导致的经济损失。

正在此时，比利时方面也因市场价格竞争导致没有利润可图而苦不堪言，想联合耀华玻璃公司共谋市场控制权，从而确保利润空间。1925 年 10 月，比利时玻璃工厂联合会开始与耀华玻璃公司驻比利时经理处接洽，商议彼此订立合同划分中国市场事宜。杨嘉立得知此消

---

① 《照译开滦矿务总局总理二十二年度营业报告书》，耀档：室卷号4—4—219。

② 钟祥财：《中国近代民族企业家经济思想史》，上海社会科学院出版社 1992 年版，第 125 页。

③ Herald，1926 年 8 月 14 日，第 311 页。转引自汪敬虞《中国近代经济史》（1895—1927），经济管理出版社 2007 年版，第 1616 页。

息后复函称："如无日本及海丰①加入，计划终难实行，未得确实许可，万勿定事。"② 耀华玻璃公司对此事甚为慎重是有一定道理的。

10月22日，耀华玻璃公司召开紧急会议，详细研究了比利时工厂联合会的建议。公司认为："在比京与比国玻璃公司联合会最初谈判时，吾人并未理会横滨及亚底米株两处之日本亚沙海公司货品，及大连日本玻璃公司并海丰新建之佛克公司等处货品之竞争，此种竞争日久更烈。现时日本工厂实力殊能将耀华货品逐出境外，彼等现时计划似欲大跌其价以期击败日本境内之竞争四等玻璃，彼等如有余货，恐将仿比人所为，减价销入中国，日前汇兑彼等殊占优胜，此项汇兑之利益一时并无消减之趋势。印度支那一带市面虽不甚大，终为海丰工厂所独有已无疑议，海丰工厂货品或将输入南部各市以及新加坡、东印度群岛、上海等处。"③ 并将1926年各处供货大概数目进行估算，日本可生产130万箱，大连玻璃工厂（即昌光厂）可生产20万箱，自1926年1月起开始投产，海丰可生产7.5万千箱，自1926年12月起开始生产，耀华玻璃公司每年生产15万箱，以上共计172.5万箱。并对各处市场需求数目进行了估算，日本及高丽④一带需求量约120万箱，中国华北地区约10万箱，上海地区约20万箱，长江流域约10万箱，香港及南方各埠约需5万箱，需求总量共计约165万箱。由供求数量可知，远东各市所需玻璃数量略小于现有各工厂所出产数目，当然没有空间用于推销比利时玻璃。耀华玻璃公司认为，如果与比利时工厂合作，则日本、海丰工厂的竞争仍难抵御，而且这些企业所处地理位置也优于比利时工厂。

鉴于此，耀华玻璃公司拟订了三套方案，一是耀华玻璃公司与其他远东工厂订立合同，将比国玻璃全部逐出事外；二是远东各公司与比国出口商人约定，允许耀华玻璃公司及海丰工厂在中国沿海各处推销其出货的全数，该各口岸如再有所需，可由比、日工厂销售其货品；三是耀华玻璃公司不与任何工厂订立合同，仅应竭力自行推销，

---

① 此处是译音，应为海防玻璃工厂，海防是越南仅次于河内和胡志明市的第三大城市，主要工业就包含玻璃业。
② 《开滦复秦皇岛玻璃公司来电文》，耀档：室卷号2—3—63。
③ 《开滦对于比京十月二十二日（民十四年）来函记录》，耀档：室卷号2—3—63。
④ 即古代朝鲜。

因为耀华玻璃的优势在于运输，自秦皇岛运货到中国沿海各处，运输成本极低，除奉天一处与日货竞争在所难免外，耀华玻璃在华北其余各市定能保住大半市场份额。另外，耀华经理人福克纳正在太平洋沿岸考察玻璃销货问题，如能在太平洋沿岸以及菲律宾等地按照合适的价格推销货品，加上日金趋势有涨无落，比利时商家以低价在中国推销货品终难持久。所以初步拟定采取第三种办法，不与任何工厂订立合同，自行推销产品、开拓市场。

耀华玻璃公司于 11 月 30 日召开董事会商讨与比利时联合事宜，并决议向秦皇岛玻璃公司做出解释，就目前各地玻璃市场情形而言不赞成与比利时玻璃制造家协议合作，公司将多方打探远东各敌厂情况，以便将来遇有合适机会连同远东各厂共同签订一种合作协定。耀华玻璃公司的这种考虑是正确的，正如其所言，从地理位置上讲，与比利时合作一定不如与日本及海丰等厂合作有利于耀华玻璃的销售，如果耀华只与比利时方面各厂搞合作，而日本与海丰等远东工厂亦将组织一合作团体，必将于耀华不利。公司在给比京秦皇岛玻璃公司的复函中将日本玻璃与耀华玻璃在各大市场售货价格进行比较，借以说明没有日本玻璃参与的联合协作对公司来讲更具有利害关系。

表 5 - 13　　　　　　耀华与日本玻璃各市价格对比①

地　名	天津一带	上海	奉天
耀　华	6.8 元	4 两	6.8 元
日　货	6.6 元（以 50 联寸为限）	3.85 两	7.0 元

由表 5 - 13 可知，上述三地区中，耀华玻璃只在奉天一处的价格低于日货，似乎尚能完全阻止日货的输入，而在其他两个大的市场，耀华玻璃市价都略高于日货，所以公司认为"于远东工厂及比国工厂似应取同等观望，不宜偏重，如与比国制造家协订共维高价而置远东各厂不问，则其惟一结果必使各市悉为远东各厂所有也"②。

1925 年 12 月 22 日，罗遮再次将其与古伯两人和比利时玻璃工厂

① 《译开滦总理杨嘉立君致秦皇岛玻璃公司函》，耀档：室卷号 2—5—110。
② 同上。

联合会的谈判进程向公司做了汇报。他们曾向该委员会提议设立销货总稽核（即支配销货的经理人），总稽核的职责就是汇集中国境内各处市场的玻璃订货，将其分配于耀华玻璃公司及加入此合同的各比利时工厂。并提出建议，"秦皇岛、天津、北京及华北一带，应划为耀华境界，耀华应视此境内所需货品之多寡而销售其货，此项需货量数，按照吾人计算，每年约计七万五千箱，在此区域以内，其他加入合同之各公司并无销货权利，其余秦皇岛所制之七万五千箱可于南方各处（即上海等处）推销之，南方区域每年可销三十二万五千箱，比国各工厂可按照其出货之量数，在此区域内推销二十五万箱。又加入合同之各工厂不得直接向购货者批核售价，此权应由分配售货之经理人在议决售价以后执行之，售价均须划一，并须渐次增加"①。另外还特别强调，这种售货办法只针对四等玻璃，即所谓的中国等级的玻璃而言，其他成色较优的高等级玻璃，耀华玻璃公司可以任意推销。

如能照罗遮和古伯二人所提条件签订市场划分合同，对于耀华玻璃公司来讲就像罗遮所言，"此项办法耀华盈利不少"。从上述条件看确实对耀华玻璃公司有利，可以保证耀华玻璃公司所产玻璃全部售出，而且只需在中国市场即可完成此项任务，销售价格还可以因"渐次增加"而得到保障。耀华玻璃公司利益得到了保障，比利时玻璃厂商的利益必定受到影响，当然会引起比利时玻璃工厂联合会的不满，他们曾数次提出抗议，但经过双方深入探讨，比利时联合会最终答应将二人提议进行认真考虑。

从长远看，在中国市场和远东各市场上能够与耀华玻璃公司进行长期抗衡的实际只有日本的玻璃厂家，特别是由满铁公司及日本亚沙海玻璃公司联合成立的昌光玻璃公司，其东距日本本土不远，西临中国内陆及沿海，无论从原材料索取还是产品的运销都有着和耀华玻璃公司一样的优势，至于比利时玻璃系远道而来，成本既高且多数为手工吹制玻璃，成色低劣，随着市场的发展，必将被淘汰，不足为长远之敌。所以，耀华玻璃公司要想操纵远东市场，攫取高额利润，就必须首先考虑与远东各玻璃厂家，尤其是与日本昌光公司达成协议，共

---

① 《译秦皇岛玻璃公司罗遮君来函》，1925 年 12 月 22 日，耀档：室卷号 2—3—63。

同操控市场价格。对于耀华玻璃公司的提议，罗遮等人 1925 年 12 月 31 日复函表示，"关于划分中国玻璃市价一事，鄙人等当听尊处裁酌进行，如磋商之际有应向比国玻璃制造家接洽之处，鄙人等未有不竭力者，至日本工厂及海丰工厂方面，鄙人等以为此间亦可设法协助"。这就表明罗遮等人同意了公司"如不与日本及海丰工厂合作，于事必难有济"[①] 的意见。

经过数次协商，耀华和昌光两家公司于 1926 年 12 月 7 日就远东各市的玻璃市价及推销事项签订了临时协议，主要内容包含中国市场和日本市场以及各家公司的权利义务。首先是 1927 年中国市场份额的分配，耀华玻璃公司 1927 年全年生产量全部在中国市场销售，昌光玻璃厂的销售数额是其全年产量减去其在日本国内销售的 10 万箱后剩余的数目，至于比利时方面，耀华和昌光拟与比利时制造商磋商后再行确定，海防及其他日本玻璃生产厂家的玻璃拟与之协商，不使其来中国市场销售，在中国市场上的销售价格实施细则待双方拟定随后由在中国销货的各方共同协定。

其次是日本市场份额的划分。在日本市场上由昌光公司负责竭力游说日本工厂，使其答应耀华玻璃公司可以按照一定条件推销玻璃。一是 1927 年耀华玻璃公司可以在日本推销单厚玻璃 4 万箱，另外加 1 万箱重量在 3 毫克以上的玻璃；二是所谓 3 毫克以上重量的玻璃可以和耀华单厚玻璃互相折算；三是耀华玻璃公司在日本市场所销的 5 万箱玻璃必须由日本国内玻璃厂商亚沙海公司承销，或由亚沙海与耀华共同推选第三者承销，玻璃清付款项和照料托运则由亚沙海公司全权负责。如果 1927 年内日本市场玻璃需求量超过 200 万箱，则昌光可以增加其销售数目，耀华不能提出异议。为酬报日本各工厂做出的让步，耀华和昌光两公司应竭力劝说比利时玻璃商人，每年在日本市场销售玻璃至多不能超过 8 万箱。日本进口的玻璃均由亚沙海玻璃公司承销，或由亚沙海公司与比利时公司共同敲定代理人承销。如果中国市场或日本市场玻璃需求量在此预算数目之下，所有上述提议分配办法再行讨论商定。[②]

---

① 《译开滦总理杨嘉立君致秦皇岛玻璃公司函》，耀档：室卷号 2—5—110。
② 《照译开滦与昌光公司所订临时协约》，1926 年 12 月 7 日，耀档：室卷号 2—5—110。

　　双方还就下一步的说服工作做了安排，拟订了一个预备计划。主要包括三方面的内容，一是在征得昌光玻璃公司的同意后，由耀华玻璃公司负责与比利时玻璃厂家磋商，另外，越南海防公司亦由耀华玻璃公司负责，让其仅在其本市和暹罗①两地销货；二是日本方面的协商由昌光公司伺机进行；三是耀华与昌光分别和各自负责的对象协商时，双方应随时相互通报工作进展程度。

　　这份协议的签订，使耀华玻璃公司不得不放弃在日本玻璃市场的扩张，但是从当时的营销环境看，这一协议对耀华玻璃公司的影响有限。一方面耀华玻璃公司在日本市场上的玻璃销售主要以厚重玻璃为主，四等玻璃的销售没有太多利润，另一方面从 1927 年开始，日本的亚沙海玻璃公司也将利用佛克法专利技术生产玻璃，必将对耀华玻璃在日本的销售产生重大影响。按照协议，耀华玻璃公司可以将更多的注意力转向国内及其他远东地区，增加市场占有率，日本国内的其他玻璃企业也不能到中国市场来销售，减少了舶来品的竞争压力，可以更好地在国内市场站稳脚跟。这一协议也可以使耀华和昌光两家公司更好地合作，避免无谓的竞争使两家企业两败俱伤。可惜的是，这一协议有效期仅仅一年，之后再也没有合作过。

　　耀华玻璃公司与昌光公司签订协议后，总理杨嘉立致电驻比利时经理处，告知公司已经达成在远东联合销售玻璃的合同，而且亚沙海玻璃公司愿意商订合同，日美玻璃公司方面亦可进行订约，海防公司虽未与之协商，但其产量有限，将来磋商应当没有困难。与比利时方面协商在远东合销玻璃的时机已经成熟，请秦皇岛玻璃公司利用其在比利时的影响力与各厂家开展协商工作，不过经过预算，如果想免除在远东各市场的竞争，比利时玻璃制造商每年至多向远东市场投放 12 万箱玻璃。② 如果按耀华玻璃公司与昌光公司原议，比利时玻璃在日本被允许销售 8 万箱，那么在中国市场只能销售 4 万箱。

　　耀华玻璃公司于 1926 年 12 月 31 日收到秦皇岛玻璃公司的复函，"组织远东销售玻璃团体，鄙人等自当竭力进行"。"目下比国机制玻璃工厂行将联合；以便包销玻璃、核定市价，向此团体磋商不致有大

---

　　① 泰国的古称。
　　② 《照译开滦杨嘉立君致比京秦皇岛玻璃公司秘书函》，耀档：室卷号 2—5—110。

困难。""用手工制造玻璃之各工厂，鄙人等亦当竭力设法与之商洽。""限制比国玻璃仅在远东销售十二万箱一节，该各工厂恐将认为减少过多。"① 指出了与比方厂家协商的困难所在。

果不出所料，1927 年 1 月 29 日秦皇岛玻璃公司来函称，"订立合同一事不易告成，分订货物及评定市价等问题均属重要，而吾人拟结合与此等问题有关之公司不知凡几，且皆互相竞争"②。并在信中做了分析，主要涉及三方面的问题，一是比利时有旧式吹制玻璃工厂12 家，每月可生产 16 万箱玻璃，其中 4 万箱是中日级玻璃，这些企业为尽快销完玻璃，相互压价售卖，价格极其低廉；二是有 12 家利用佛克法机制玻璃的厂家，这类企业早就在研究成立一个合销机构，与之商议似乎有很大可能成功；三是比利时的出口商人的利益问题，如在远东合销计划成功，出口商人的利益必受影响，定会极力破坏，所以也必须考虑他们的利益。

经过各方的不懈努力和反复协商，最终耀华、昌光、比利时玻璃工厂联合会成功签订了一个各方都能接受的临时协议，划分了各自的销售范围和数量，确定了统一的市场价格，实现了中国与比利时合办时期耀华玻璃公司史上仅有的一次联合销售，也正是这次联合销售契约的成功签订，使耀华玻璃公司借机在中国市场上进一步站稳了地位，并在这一年实现了公司利润额度的历史性突破。

而同时期的启新洋灰公司在面对华商、中国两家洋灰公司的削价竞争时，深知"独家经营一层，为已往成绩，事实上所必难再有"③，便开始与华商接洽联合营业事宜。双方几经磋商，于 1925 年 7 月签订了一份为期五年的联业合同，合同中规定了双方划分区域内彼此的销售份额。随着中国洋灰公司的不断壮大，开始与启新和华商两家争夺市场，到 1931 年三家企业开始接触，在天津开会协商，订立联合营业草约一年，成立了联业管理委员会。1936 年 2 月，三方再次成功签订一份联业合同，这次联业一直持续到 1937 年"七七事变"的爆发。

---

① 《照译比京秦皇岛玻璃公司复函》，1926 年 12 月 31 日由比京发，耀档：室卷号 2—5—110。
② 《译比京秦皇岛玻璃公司来函》，1927 年 1 月 29 日由比京发，耀档：室卷号 2—5—110。
③ 黄逸平：《中国近代经济史文选》（下册），上海人民出版社 1985 年版，第 782 页。

　　由上观之，无论从联合营业的合同时限，还是联合营业的次数，启新洋灰公司都要好于耀华玻璃公司。这些联合营业合同的签订，可以有力地为企业发展创造一个更加友好的市场局面，免去市场竞争带给企业的利益损失，有利于企业获得更多的经济效益。然而，耀华玻璃公司仅有的一次联营时间也仅有一年而已。从联营的结果看也是显而易见的，中国几大水泥厂垄断联合期间，在中国主要水泥市场上确能处于主导地位，基本上能左右价格的升降。这虽于建立平等竞争的市场环境不利，但在非常时期，这种联营活动也有十分重要的意义。

第六章 经济效益

耀华玻璃公司在与比利时合办的十多年中，资本总额投入从 1922 年的 120 万元续增到 250 万元，其间共获利 397.36 万银圆，相当于资本投入的 158.94%。[①] 这一数据对于一个存在十多年的公司来说并不是很高。按照中国与比利时合办 15 年计算，每年平均只有 26.5 万元之普。但总体来说，耀华玻璃公司的创办，引进了当时世界上最先进的平板玻璃制造技术，发展了中国近代自己的平板玻璃制造工业，有效抵制了外来玻璃在中国的倾销，在一定程度上维护了民族利益。

一 前期经济效益概算

在耀华玻璃公司协商购买佛克法专利技术的时候，中国玻璃市场的利润还是很丰厚。但事与愿违，正当筹备建厂期间，国际玻璃市场风云变幻，中国玻璃市场的利润空间骤然变小，耀华玻璃公司不得不重新评估中国市场，改变最初在比利时做出的营业概算计划进行二次估算。利润空间的变小，也使得耀华玻璃公司不得不竭力与专利权拥有者屡次进行谈判，减少酬金给付数目，加之耀华玻璃公司资本金始终紧张，直到 1928 年才把发放股息的事情提上日程。

早在耀华玻璃公司筹备设立之初就已经对未来盈利做了估算。当时上海是中国最大的贸易港口，自然也是玻璃的集散地，所以上海市场上的玻璃价格具有代表性。当时上海市面窗用玻璃的价格包括保险

[①] 耀华玻璃厂志编纂委员会编：《耀华玻璃厂志》，中国建筑材料工业出版社 1992 年版，第 149 页。

和运费，税捐等项开支不算在内，每箱合洋 11—12 元，加之买主运输途中的破碎损失，售价当在此数之上。根据筹备情形报告书，测算耀华玻璃公司用佛克尔忒专利新法制造玻璃，在唐山每箱玻璃的成本为 4.4 元，在秦皇岛每箱玻璃的成本 4.53 元[①]，按每箱玻璃 4.5 元的约数计算，每箱可获利 6.5 元，每 15 万箱可获利 97.5 万元，减去 50 万元的股票一分利息 5 万元，余净利 92.5 万元，获利总数约合资本金 120 万元的 77%。按照合同规定，在最初制造的 600 万方尺玻璃上每方尺应缴纳购买专利新法利金四便士，故在开办后四年之内，每箱玻璃上应缴纳比国原厂利金 1.25 元。由此计算，开办后最初四年内每箱玻璃获利应为 5.25 元，15 万箱玻璃共计可获利 78.75 万元，减去 5 万元的股票利息，可余净利 73.75 万元，约合资本金 120 万元的 61%。[②]

按照这一设想，除去各项费用和酬金，两年的时间即可把投入资本赚回，是非常理想的结果，所以投资者均持乐观态度。但由于国际汇兑每况愈下，各国玻璃大批涌入竞价销售，中国玻璃市场价格逐渐下跌，玻璃的利润空间随之减小，于是耀华玻璃公司根据变化对盈利情况适时做出新的概算。

二　投产后的经济效益

经过紧张忙碌的筹备，耀华玻璃公司终于在 1924 年建成投产，历时两年多，是年 8 月 15 日点火开炉，9 月 15 日 "始行动用机器制造货品"，但适值直奉战争爆发，不得已于 10 月 22 日减火净池，全厂停止工作。战事中铁路交通阻隔，直至年底仍未能恢复生产，是年只生产玻璃 9563 标准箱，致使产品成本远高于市价。1925 年是耀华玻璃公司在第二次直奉战争结束后进入正式稳定生产的首年，虽然政局依然不宁，国际汇兑法郎不断跌价，市场不宜开辟，但耀华玻璃公司生产的玻璃总数在这一年达到了 16 万标准箱，超出预算 1 万标准箱，因为公司玻璃

---

①　据档案报告书记载，撰写此报告数时是以唐山和秦皇岛两处做对比的，其结果是在唐山建厂生产的成本略低于秦皇岛，但从档案中没有找到当初把工厂设在秦皇岛的最后决议。
②　《耀华机器玻璃有限公司筹备情形报告书》，耀档：室卷号 2—1—3。

成色越来越好，所以售货也渐次增加，销售方面由是年 1 月的 2000 箱增加到 10 月的 2 万箱之多，扣除各项开支，耀华玻璃公司获得利润 2.76 万元，但是上年利润项下有负值 20.79 万元，"兹将此项净利悉数发补上年亏损，计仍亏洋十八万零二百五十四元零四分"①。1926 年全年生产除冷修外没有间断，生产玻璃约 15.8 万标准箱，售出玻璃 18.7 万多标准箱。但此时中国玻璃市场竞争日渐激烈，为打开销路占领市场，不得不与进口玻璃展开价格竞争，致使市价大跌，竞争最激烈的时候甚至出现市价低于成本的现象，加之要付欠款利息等项开支，是年利润项下仍是负值 3.5 万元。1927 之后公司的经济状况开始好转，盈利不断增加。中比合办时期耀华玻璃公司的盈亏情况具体如表 6-1 所示。

表 6-1　　　　　　耀华历年成本、利润指标完成情况②

年度	单位成本（元/标准箱）	利　润	
		金额（万元）	折合平板玻璃（标准箱）
1924	—	-20.79	
1925	5.69	2.76	4855
1926	5.12	-3.50	—
1927	4.77	20.93	43884
1928	4.12	34.10	82772
1929	4.25	34.93	82182
1930	4.62	51.03	110455
1931	5.29	80.24	151682
1932	5.21	57.18	109575
1933	4.76	59.15	124275
1934	4.62	32.29	69900
1935	4.42	12.26	27749
1936	4.41	36.78	83400
总　计		397.36	890911

注：单位为国币银圆。表中数据系根据《耀华玻璃厂志》第 153 页表中数据整理而得。

————————

① 《耀华董事部报告》，耀档：室卷号 2-3—66。
② 耀华玻璃厂志编纂委员会：《耀华玻璃厂志》，中国建筑材料工业出版社 1992 年版，第 153 页。

从表 6 - 1 数据看，从 1924 年投产到 1936 年比方股份转让给日本企业，除了 1924 年和 1926 年，其他年份都有盈余，但实际上这些盈余是没有除去应付酬金等费用的，也就是说不是耀华玻璃公司的净利。事实上，"耀华营业由开办时起截至十六年（1927）年底止，结算净亏洋六千元之谱，至十七年（1928）年底才一变而为获净利三十三万五千元"[1]。但是，从耀华玻璃公司的档案当中又发现有不相符的地方。耀华玻璃公司二十二年份（1933）全年共计盈余大洋 765668.06 元[2]，减去下半年煤斤加价洋 56188.96 元，计应获净利洋 709479.1 元。[3] 至此，应该说耀华玻璃公司在 1933 年的净利润为 70 多万元，但表 6 - 1 中的利润仅为 591500 元，比这个净利润数目要小很多。而在耀华玻璃公司第十三次股东常会议上主席宣布 1933 年度盈余分配决议时又说到：二十二年度（1933）盈余 591548.69 元[4]，和表 6 - 1 中 591500 元又是吻合的，具体缘由在档案中未能找到。

耀华玻璃公司从 1927 年开始，获得的利润不断攀升，到 1931 年时发展到顶峰，当年获利 822200 元，而当年的玻璃成本是每标准箱 5.29 元，售价为 10.5 元，单箱利润率达到了 49.62%。1930 年获利 510300 元，每标准箱玻璃的成本是 4.62 元[5]，售价在 8.9 元至 11.5 元，取平均数 10.2 元，单箱利润率为 54.70%。1932 年获利 571800 元，每标准箱玻璃成本为 5.21 元，售价在 9.8 元至 10.2 元，取平均数 10 元，单箱玻璃利润率为 47.90%。耀华玻璃公司在这三年中利润率是比较高的，基本是成本利润对半。从 1924 年到 1936 年的 13 年中，每标准箱成本最高为 1925 年的 5.69 元，最低为 1928 年的 4.12 元，平均每标准箱成本为 4.77 元；13 年当中平均年利润为 305700

---

① 《耀华机器制造玻璃股份有限公司董事部报告书》，1928 年，耀档：室卷号 3—2—128。

② 这个数据在耀华档案：室卷号 4—1—210 和室卷号 4—2—227 当中均有记载。

③ 耀档：室卷号 4—2—227。

④ 《耀华机器制造玻璃股份有限公司第十三次股东常会议事录》，1934 年 6 月 12 日，耀档：室卷号 4—2—214。

⑤ 说明：通过对比《耀华玻璃厂志》第 128 页和第 153 页成本数据，发现个别年份成本数额是有出入的，比如，前者 1925 年、1928 年、1930 年、1933 年成本数分别是 5.25 元、4.5 元、4.65 元、4.84 元，而后者的成本数分别是 5.69 元、4.12 元、4.62 元、4.76 元，所以造成计算利润率时前后数据略有出入。

元，占投入资本总额 250 万元的 12.23%，整体的利润率并不高。如果除去最初三年数目，则资本利润率为 16.75%。所以，耀华玻璃公司在中国与比利时合办时期的资本利润率并不让人乐观。

另外，"1929—1933 年世界经济危机及其后几年，世界购买力下降，各国高筑关税壁垒，向外倾销商品，转嫁危机"[1]。但从耀华玻璃公司这一期间获得的利润情况看并没有对其产生太大影响，反而这一时期正是耀华玻璃公司在中国与比利时合办时期利润状况最好的一段时间，这主要与耀华玻璃公司的销售市场主体在国内，而外销玻璃数量甚为微小有相当关系。

无论耀华玻璃公司是最初的无利润，还是到 1931 年前后获得不菲的利润收入，从整个中比合办时期的财务状况看并不是特别理想，与启新洋灰公司等企业利润收入相比还有不小差距。曾有学者得出这样的结论："周学熙开办'滦州煤矿'和'启新水泥厂'获利后，又于 1922 年与拥有佛克玻璃制造法专利权的比利时商人合办了'耀华玻璃厂'。由于新法生产，品质优良，短时间获得高额利润，除股份分红外，周曾用部分款项或资助一些无力兴办的企业，或给农村以低息贷款。"[2] 如此说法不知从何考证而来。分红是 1932 年才提上日程的事，开办几近十年没发过股利，另外耀华玻璃公司要付酬金，且资金周转不灵到处借款这也是事实，面对这样的情形哪来的闲置资金去进行资助或低息借贷的义举呢？

三　利润分配

（一）股息的分派

耀华玻璃公司 1928 年出现盈余，按照公司章程，在普通股付息之前，应先尽优先股发息 8 厘，共计需要洋 6.4 万元。如果发给普通股的股息少于优先股，则普通股诸股东必不满意，如普通股与优先股都按 8 厘分派，则至少需要 20 万元。另外，如付给优先股股息则酬金团欠款 37 万元项下应付的利息共计洋 2.96 万元，按照约定也应付

① 赵德馨：《中国近现代经济史》（1842—1949），河南人民出版社 2003 年版，第 185 页。
② 公孙訇：《周学熙与近代直立工商经济的兴起》，《河北学刊》1988 年第 1 期。

给，所以最后决议"股息暂不分派"，等到扩厂资金和酬金债务款数筹足后再予以考虑。同时决定由 1929 年 5 月 1 日起，每箱玻璃提洋 0.5 元，"至 1931 年凑足所欠酬金债务"，直到 1932 年，股东常会才议决于是年 6 月 23 日起发放开办以来的第一次股息。

1932 年耀华玻璃公司摊提够了应付专利人酬金，足数全部清偿完毕，前后历经十余载，股东们也急切盼望能够分得投资收益，以便安定人心，也可以提振耀华玻璃公司股票在市面上的市值。从整体看，耀华玻璃公司的资金回报率较低，从公司开始生产到 1931 年一直没有发放股息，1932 年开始发放股息 8 厘。而以开滦为例，1911 年至 1937 年，"一个持有一百英镑开平股票的股东，稳坐在伦敦，已经分得了三百七十一英镑二先令的红利和九十六英镑的增股，同时期其所持股票的价值又增加了 50%。即其一百英镑的投资已变成六百六十七英镑二先令了，还不计红利的利息"[①]。所以难怪耀华玻璃公司的股东们在大会上对董事会决定不发股息、增设炉窑的做法极为不满。

耀华玻璃公司 1932 年盈余分配决议是："所有全年盈余五十七万一千八百余元，按照公司章程规定，经公司第六十次董监事联席会议决，提十分之一为公积金，共计五万七千一百八十三元四角二分，提取优先股股息八厘，共计六万四千元，提取普通股股息八厘，共计十三万六千元，以上共计洋二十五万七千一百八十三元四角二分。余下洋三十一万四千六百五十元零七角八分，分作十成，以其中六成相近之数为股本红利（七厘五），共计十八万七千五百元，以二成为特别公积金，共计六万二千九百三十九元零一角六分，以二成为董事、监察人、职员等人员的花红，共计六万二千九百三十元零一角六分，以上共计洋三十一万三千三百六十元零三角二分。除此之外，尚有余洋一千二百九十元零四角六分移入下届账内留存。"[②] 由此可见，耀华玻璃公司虽然发放的股息并不多，甚至低于同时期银行的存款利息，但毕竟迈出了发放股息的第一步。

---

① 王一鹤、许锷、周鉴平：《中外合资经营企业》，上海社会科学院出版社 1984 年版，第 84 页。
② 《耀华玻璃公司第六十次董监事联席会议事录》，1933 年 4 月 4 日，耀档：室卷号 4—1—196。

按照公司章程规定，耀华玻璃公司发放股息时要提前在各大报纸刊登发息通告。如 1932 年发放股息时发出通告："本公司订于六月二十八日起发给股息，请股东诸君携带股票向天津法租界八号盐业银行或英租界领事道中国实业银行领取。"① 并且按照要求，此通告在上海新闻报、天津大公报各刊登一星期，在天津的庸报和上海的商报各刊登两星期。1932 年耀华玻璃公司股东大会决议，"每股计付正利洋八元，红利十二元五角三分六厘，两项合计共洋二十元五角三分六厘"②，委托天津盐业银行代为发放。

但是，由于自公司工厂扩充后每日出品可达 2000 箱左右，而从前一个炉窑时每日出品只有约 1000 箱，工厂扩充后产品加倍，则储存制造玻璃的原材料较以前也必须加倍，修理及使用新旧两个炉窑的各项材料也必须加倍存储，再加上当地事变随时可能发生，公司必须加紧生产，以备战事风起之时满足客户需求，故存货堆积甚多。以上种种原因使公司自 1932 年年底开始又"感觉现金竭蹶"③。那森也对公司现金情况进行了详细的研究，他认为："公司付息系向银行借款，如于六月二十八日发息，届期公司须欠各银行总数六十万元，"④ 所欠开滦矿务总局垫款约有 7 万元尚没有算在内。公司虽然开始出现净利，但由于资金贮备不足，没有应有的资金积累，再加上把仅有的一些盈余转作扩充工厂使用，公司出现债台高垒的现象。即使如此，耀华玻璃公司还是照常发放了股息红利，也就不难想象到 1935 年的时候公司欠债几近百万元，也为 1936 年比利时方出售所持股份埋下了伏笔。

（二）花红的分配

早在耀华玻璃公司分配净利之前就已经根据公司章程做过详细的分配概算。假使每年获净利 80 万元，提 1/20 为公积金，计洋 4 万

---

① 《耀华机器制造玻璃股份有限公司发息通告》，耀档：室卷号 4—1—204。
② 《耀华机器制造玻璃股份有限公司二十一年股东会议事录》，耀档：室卷号 3—5—185。
③ 《耀华玻璃公司第六十次董监事联席会议事录》，1933 年 4 月 4 日，耀档：室卷号 4—1—196。
④ 《耀华玻璃公司第六十一次董监事联席会议事录》，1933 年 5 月 17 日，耀档：室卷号 4—1—196。

元；提优先股正利 8 厘，计洋 6.4 万元；提普通股正利 8 厘，计洋 13.6 万元。其余净利 56 万元分作十成，每成 5.6 万元，提股本红利六成，计洋 33.6 万元；提特别公积金二成，计洋 11.2 万元；余二成 11.2 万元分配如下：总协董、董事、监察人及董事部职员得一成 5.6 万元，再分作十成，总协董获得四成 2.24 万元，每人得 1.12 万元，董事、监察人共得五成 2.8 万元，每人得 3500 元，董事部职员一成 5600 元；总事务所及工厂得一成 5.6 万元，亦分作十成，总理一成 5600 元，协理半成 2800 元，总事务所职员二成半 1.4 万元，计总事务所共得四成 2.24 万元；总工程师一成 5600 元，副工程师二人各半成 2800 元，共 5600 元，工厂各职员四成 2.24 万元，计工厂共得六成，3.36 万元。① 这个分配方法当然没有普通工人的一份，他们只能拿着微薄的工资。

按照这个预想结果分配，公司股息红利的分配即占去总数的 53.6 万元，占总数的 67%，两项公积金占去 15.2 万元，占总数的 19%，两项共占去 68.8 万元，占总额 80 万元的 86%。其中股息红利所占比例略显过大，不利于公司积累资金，以备扩大生产之用；两项公积金提取的比例略显偏低，因为在竞争日益激烈的市场面前，没有雄厚的资金作为后盾是不安全的。尤其是在公司初创时期，更应少发红利多积累，以备公司不测之需，后来公司准备扩充时的资本不足以及到 1935 年前后大举借债行为足以证明这一点。耀华玻璃公司建成后十年开始大举借债，而启新洋灰公司与之形成鲜明对比，为了保证资本积累的稳定，启新在办事章程中规定，除酌提公积金外，利润按十四成分派，其中一成报效北洋实业，以二成提存机器厂房折旧，到 1917 年已积累 730 多万元。② 这样的积累保证启新不会为资金不够周转而苦恼。

花红是企业为了调动员工积极性，实现组织的目标而采用的一种激励措施，是给大家设定一个达到目标就会有奖赏的期望值，能够起到激励员工振奋精神、积极进取、创造佳绩的作用，也是推动和促进

---

① 《耀华玻璃公司分配净利成数概算》，耀档：室卷号 4—1—203。
② 张洪祥、马陵合：《略论周学熙实业集团的经营管理思想》，《南开大学学报》1992 年第 2 期。

员工努力工作，实现组织目标的有效方法。但是在民国时期很少有企业给大家设置达到的目标，多数情况下只有公司盈利，准备发放股息红利时才会按照规定提取一定比例的花红，当然最大的受益者仍然是那些有着大量投资的股东。

以下是1932年耀华玻璃公司花红分配情况。根据本公司章程第九条的规定，每年盈余除提公积金、股本正利外，剩下的分作十成，股本红利占六成，特别公积金占两成，余下的两成作为董事、监察人、职员等人员的花红。两成花红中以一成为总协董、董事、监察人及董事部职员的花红，以一成为总事务所、工厂职员等人员的花红。总协董、董事、监察人及董事部职员应得的一成花红亦分作十成，其中总协董共得四成，平均分配；董事、监察人共得五成，亦按人数平均分配；其余一成分给董事部职员。总事务所及工厂职员等应得的一成花红亦分作十成，其中总事务所得四成，分配办法为总理得一成，协理得半成，其余二成半分给总事务所各职员；工厂得六成，分配办法为总工程师得一成，副总工程师两人各得半成，共占一成，其余四成分给工厂各职员，并明确规定各中外工匠头目不以职员论。分给各职员的花红以各职员每年实得薪水为标准，按比例分配。在开滦代办期内总事务所应得四成花红以及职员中有曾经订立合同载明若干年以内只给酬金的人员，其若干年以内应得的花红均提出另存，俟将来无花红可分的年份酌情支配。[1]

甲方应得花红分配情况如下：将花红总数分作九十五份，总董得十五份，董事、监察人八人各得十份，并议定按年度计算发给。甲方董监事应得花红总数为23598.81元，按九十五份摊派，总董得十五份，合洋3726.17元，董事七人，监察人一人，每人得洋2414.08元，共合洋19872.64元。再按九十五份摊送前任监察人傅沅叔1000元，计总董应摊洋157.92元，董事、监察人八人每人应摊洋105.26元，共计洋842.08元。又致送娄翔青董事600元，按八十五份摊派，计总董应摊洋105.87元，董监事七人每人应摊洋70.59元，共计洋494.13元。最后每人应得净数为总董3462.38元，娄翔青董事2978.82元，周实之、李叔芝、李益臣、袁心武、卢开瑗、王少溥、

---

① 《耀华玻璃公司分配花红规则》，1932年，耀档：室卷号3—3—150。

石松岩均为 2308.23 元，傅沅叔 1000 元。①

　　耀华玻璃公司的花红分配在 1933 年以前是中方和比方人员混在一起发放，从 1933 年开始改变了之前的做法。在耀华玻璃公司第五十九次董监事联席会上有人提出："董监事花红应由甲乙两方平均分配，此后无论何年度中，凡照公司章程所摊提之董监事花红概以二分之一拨交甲方为甲方董监事分配花红之用，以二分之一拨交乙方为乙方董监事分配花红之用。"② 那森就此事致函比京秦皇岛玻璃公司征询意见，比京董事们对耀华玻璃公司提议的花红分配办法表示极为赞成。在随后 1933 年 4 月 4 日召开的董监事联席会议上做出最终决定，同意这一提议。1933 年度耀华玻璃公司董监事花红甲方共得洋 25016.64 元，照上届规定的办法分作九十五成，总董得十五成，计洋 3950 元，董事七人，监察人一人，每人十成，各得洋 2633.33 元。③ 1933 年董事、监察人员所得花红与 1932 年相比略有增加，但增长幅度不是很大。

四　税负影响

　　民国以后，除了极少数民族企业可以得到政府的扶持和保护外，大多数企业都不再享有以前政府给予的"待遇"，他们不得不走向市场，面对残酷的市场自由竞争，想得到发展、求得生存、赢得利益，就必须依靠管理者的能力、动用各种关系谋求企业的生存与发展。不仅政府的保护支持没有了，还受到军阀和政府的税负加征，企业不得不疲于应付，或忍气吞声。

　　耀华玻璃公司就是在这样的背景下步履维艰地向前发展。随着国内战事的不断发生，军阀们不断地向企业加收各种税负，以解决他们的军饷、物资等需求。当时的摊派勒索不是发生在个别企业，绝大多数企业都难逃此劫。如大兴纱厂，1926 年到 1933 年，平均每年被摊派 1.5 万元左右。周学熙曾言，1926 年"直隶省政府为军阀所踞，

---

① 《秘书处核算 1932 年甲方应得花红分配情况》，耀档：室卷号 4—1—206。
② 《照译那协董致龚总董函》，1933 年 2 月 22 日，耀档：室卷号 4—1—206。
③ 《二十二年度董监事花红发放标准》，耀档：室卷号 4—4—222。

对于启新、开滦两公司，视为鱼肉，勒索巨款"①。天津市政于1926年募款300万元，曾致函启新"购买市政公债票十万元"，"认购一万二千元后仍一再迫令认购，并逐日派员前来，有同坐索"②。从1926年至1931年，旧中国军政对启新共摊派勒索194020元，平均每年摊派勒索款额为32336.67元，其中1928年摊派勒索次数多达7次，总额为120700元，占全部勒索款额的62.2%。③此外，启新洋灰公司还受到唐山地方巡警总局的勒索，不断向启新索要津贴和临时性摊派。

当然，有时候经过努力也有减少税负情况的出现。由于玻璃市场竞争日益激烈，产品价格每况愈下，最初上报海关核定的缴税价格已明显偏高，严重影响到企业的发展，所以耀华玻璃公司屡次向海关打报告，希望得到重新核定价格允许，以便减轻企业的税负，终于在1934年1月取得收获，得到当局的允诺，将玻璃价格重新审定，由1月11日起改按新订价格缴税。现将各种型号玻璃的新旧税率对比如表6-2所示。

表6-2　　　　　　　新旧税率对比④　　　　　　单位：元

玻璃种类	旧税率	新税率	减少数目
单厚	0.64	0.464	0.196
半双厚	0.91	0.822	0.088
双厚	1.38	1.105	0.275
三厚	1.91	1.494	0.416
加厚	2.55	1.794	0.756
特别加厚	2.63	2.027	0.603

由表6-2可知，新税率较之旧有税率明显降低，其中减少数目

① 周小娟：《周学熙专辑汇编》，甘肃文化出版社1997年版，第56页。
② 南开大学经济研究所、南开大学经济系：《启新洋灰公司史料》，生活·读书·新知三联书店1963年版，第105页。
③ 方强：《启新洋灰公司生产经营述论》（1906—1937），硕士学位论文，河北大学，2007年。转引自南开大学经济研究所、南开大学经济系《启新洋灰公司史料》，生活·读书·新知三联书店1963年版，第108—109页。
④ 《照译开滦矿务总局总理二十三年一月份营业报告》，耀档：室卷号4—2—216。

最少的单双厚玻璃是八分八厘，降低9.6%；减少数目最多的是加厚玻璃，减少七角五分六厘，降幅达29.6%；几种产品平均减少三角八分九厘，降幅为12.88%。这样减少税率无形中给企业留出几乎13%的利润空间，可以大大增强企业的活力，提高企业产品的市场竞争力。这些还是不够的，还不能满足企业的发展需求，从整体上看，也改变不了整个社会环境的不利因素，企业依然面临着各种税收的负担。

"对任何大规模的新型企业来说，特别是当它面对外国资金雄厚的企业竞争时，国家的倡导、支持和保护是必不可少的。"[①] 当时的北京政府为了鼓励国内工业仿造洋货，能够与进口货物竞销起见，对于凡是利用机器仿制洋货的商品，在生产后缴纳正税一道就可以在国内畅行无阻，盖免重征，出口商品并可免税，领回已经缴纳的税金，这是为了保护华商，不使利权外溢而特别制定的鼓励政策，耀华玻璃公司充分利用了这一点。

耀华玻璃公司开机生产后不久即把货样、商标报送到了财政部，请准予援照机器仿造洋式货物例纳税，但因政局经常更迭，迟至1925年也未能获批，致使玻璃运销内地，"各处主管官厅所征厘金、转运等税为数过大，影响及于销货"[②]。后经省财政厅、实业厅等有关部门查核，"其自行制造情形事属俱在，其机器名为佛克机器，为比国最新发明片造之器，每年出品在十五六万箱之谱，其货样较之洋货有优无劣"[③]，1925年5月16日财政部"准照机制洋式货物税现行办法办理"。另外，津海关监督处致函天津总商会，"除致函海常两关税司查照办理外，相应函致贵商会，请烦查照办理"[④]。按照程序，所有应通知的部门都通知到位，耀华玻璃公司争取到了只完正税一道便可行销全国概不重征的权利。

但后来，除极少数企业外，"大都不能得到政府的扶植与保护，

---

① [美] 费正清、刘广京：《剑桥中国晚清史》（1800—1911）下卷，中国社会科学出版社1993年版，第485页。

② 《耀华机器制造玻璃股份有限公司董事部报告书》，耀档：室卷号2—3—49。

③ 《财政部训令第四七四号》，1925年5月16日，耀档：室卷号2—3—63。

④ 《为耀华玻璃公司生产双套金刚钻式商标玻璃税收如何办理等事致天津总商会函》，天津市档案馆馆藏档案，档号：401206800—J0128—3—008756—022。

他们所面对的是自由竞争的市场，必须凭经营者的能力，谋求企业的生存与发展"①。一旦时局不稳、政局不宁、战事四起的时候，各路军阀和政府部门为了军费开销和办公经费就会不顾中央政府的政令，私自设立各种名目，巧取豪夺，弄的企业不得不多方寻求帮助，想方设法消除各种不必要的税务负担，即便是利用各种关系，有时也不能幸免。周学熙于1927年日记中写道，"连年家中既多事，时局尤恶劣，内战频仍，直隶省政府为军阀所踞，不独鱼肉商民，蹂躏实业，更有敲诈绅富之事，稍有资产者即厚诬豪取。"② 可见军阀搜刮民脂民膏已到何种程度。

"市场发展的基本条件是物畅其流，而流通领域的各种苛捐杂税则是商品营销的障碍，因而也是制约市场发展的重要因素。"③ 如1927年，当局不顾耀华玻璃公司的反对，百般刁难，强征附税。公司三月份营业报告中提到，"耀华玻璃公司虽经立案享受机制洋式货品之权利，但吾人对于京津间之各税局所历困难犹多，按理论言之，公司玻璃自离秦皇岛后直至地头为止，应免一切重征，乃当局对于吾人由津北运之货均征附税百分之二点五，而京绥铁路丰台张垣之税局更须重征，虽多次抗议，但其唯一答复均以附税系正课为言。"④ 市场不等人，销售机会稍纵即逝，耀华玻璃公司要想及将货品运输到目的地，就必须照纳附税，呈请免征函文被批驳回不准，对当局的这种做法丝毫没有方法，而耀华玻璃公司的劲敌——大连昌光过津运赴内地的各批玻璃却时有免税情况。到了四月份，得知裕元、启新两家公司业已二次禀求取消附捐，耀华玻璃公司希望等此两家公司如愿以偿后可以援例照办。

1928年华北军阀为解决军费问题，准备向企业征收战事附捐，同时财政厅又谋划征收牌照税以补充财政支出。耀华玻璃公司本想动用关系，向当局上函，呈请免收战事附捐，又害怕"引起当局注意，

---

①　林德发：《民国时期中国民族企业的两大困境》，《读书》2007年第4期。

②　周学熙：《周止庵先生自叙年谱》，载沈云龙主编《近代中国史料丛刊》三编，文海出版社1966年版，第74页。

③　汪敬虞：《中国近代经济史》（1895—1927），经济管理出版社2007年版，第1613页。

④　《耀华玻璃公司十六年四月份报告书》，耀档：室卷号2—5—96。

恐不独附捐不能豁免，且将促其征牌照税"①，所以放弃了这一想法。1930年4月，耀华玻璃公司得到非官方消息，"不久将于本地机制洋货加征附加税，凡玻璃在天津运出租界时，即实行强迫征收此税"②。这种消息绝非空穴来风，到了五月份，这项二五附加税果然于五日强征于耀华玻璃公司。本因战事影响，货品运往各内地的航道已不通畅，销路因此大减，再加上这项二五附加税的加征，使得耀华玻璃公司的利润空间变得更加狭窄。"国民政府时期，名义上所有的军事开支归中央负责，但实际上省财政中军事费用一项并未消除。各省都得为驻扎该地的军队提供军饷，其数额根据军队的需要而定。例如，1931—1932年，河北省和北方其他省份，要向张学良的东北军捐送巨额军饷。"③这些巨额军饷从何而来，只能是从企业和民众身上榨取。

尽管耀华玻璃公司早在1925年就向农商部上函呈请免税，但地方税务部门有时候不予认可，甚至找各种理由给企业出难题，企图加征税额。1930年的时候，秦皇岛常关税局就曾发函致耀华玻璃公司，要求其加增税额。耀华玻璃公司据理力争，唇枪舌战，据实禀报已在1925年5月27日收到前农商部第475号批示，并经分别致函资财政部、税务处知晓耀华玻璃公司的机制双套金刚钻式商标玻璃，"应准照机制洋式货物税先行办法办理"④。秦皇岛常关税局虽然不情愿，但审核后确认此种说法属实，不得不承认耀华玻璃公司享有的权利，于1930年12月20日复函称"如所运之货查与运单所载厂名、商标、件数相等，即予免税放行。"⑤经过努力争取，耀华玻璃公司始免去此劫。

增加税负的地区不仅限于天津一处，1930年9月奉天地方收税所开始加征货物进口税，征税基数上调，遭殃者不仅耀华玻璃公司一家，昌光玻璃估价每箱由原来的大洋4元增加至大洋6元，耀华玻璃

---

①《复开滦函稿》，耀档：室卷号3—1—120。

②《照译开滦矿务总局十九年四月份营业报告》，耀档：室卷号3—3—142。

③〔美〕杜赞奇：《文化、权利与国家》，王福明译，江苏人民出版社1996年版，第64页。

④《耀华公司复秦皇岛常关税局函》，1930年12月5日，耀档：试卷号3—4—171。

⑤《秦皇岛常关税局来函》，1930年12月20日，耀档：试卷号3—4—171。

则由原来的 5 元增至 7 元①，之后则按此项基数缴纳地方营业税。1931 年 5 月，河北省地方加征营业税高达 40%，②致使销货呆滞，激起社会的不满，各商户等纷纷与商会协定，禁止玻璃经过河北省，商人代表请愿要求取消此税，并于 5 月 9 日获得成功。1932 年东北伪满洲国成立，实行征收出品税制度，从 6 月份开始对耀华玻璃征收 15% 的出品税③，虽经数次呈文反对缴纳，但结果无效，只得照缴。"明知不合公理，但卵石之势，无可如何，只可随众而已。"④ 到了 1933 年，东三省的税负更加沉重，耀华玻璃公司在其年度报告中写道，"关税极高，公司玻璃进口至东三省者每箱于正税一元八角九分外，尚复缴纳附税百分之五。"⑤

这些税额从征收主体看，均属于地方行为；从征收的税种看，既有附加税、营业税，又有出品税、牌照税，内容丰富，比例不等。税额作为利润的对减项，强征税对于企业来讲必定加大产品成本而减少利润，对企业的稳步发展实属不利。不过从国家层面看，当时的政府还是积极为企业发展创造了不少税收优惠条件，如提高关税比率。国民政府决定从 1930 年 1 月 1 日起，"进口货品行新税一种，计外国敌货进口税十八年颁定应纳海关银五钱二分，每箱者现已改按金单位征收，计每箱应纳关税金元九角一分，外国玻璃每箱新税征收海关金元九角七分，若按银价流通，玻璃进口税以现时与上年此时相较，每箱计增加天津大洋七角三分"⑥。中央政府的这一行为正好与地方政府的做法形成鲜明对比，从另一个角度来讲，恰恰说明当时的中央政府政令不畅。正如当时的《东方杂志》所言，"中国的企业家们并不需要荣爵，而需要政府真正和有效的保护措施"⑦。但是政府的真正和有效的保护措施往往因为政局的不稳、政府的更迭而失去稳定性和连续性。

耀华玻璃公司于 1934 年得知国定税则委员会正在对进口税则研究修改，且尚未公布，决定利用这次大好时机获准援照煤斤、洋灰成

---

① 《照译开滦矿务总局十九年九月份营业报告》，耀档：室卷号 3—3—145。
② 《照译开滦矿务总局总理二十年五月份营业报告》，耀档：室卷号 3—4—165。
③ 《照译开滦矿务总局总理二十一年六月份营业报告书》，耀档：室卷号 3—5—183。
④ 徐润：《徐愚斋自叙年谱》，江西人民出版社 2012 年版，第 73 页。
⑤ 《照译开滦矿务总局总理二十二年度营业报告书》，耀档：室卷号 4—2—219。
⑥ 《照译开滦矿务总局二十年一月份玻璃营业报告》，耀档：室卷号 3—4—164。
⑦ 《东方杂志》，商务，1905 年第 1 期，第 2—3 页。

例，加以课收玻璃进口税，使自己的营业成绩可与舶来品相抗衡，扭转公司发展不利的局面。耀华玻璃公司通过私人关系，打探财政部修改税则详细情况。首先，他们向署长发函，陈述了增加进口税的必要性和重要性。公司创办伊始，"适值欧战甫停，比国玻璃纷纷运华销售，耀华营业深蒙其害，几至不能支持"①。随后公司竭力整顿，并改良制造方法，同时英镑价格高涨，政府复改按金单位征税，比利时进口玻璃因此受到打击，耀华业务始渐有起色。这充分说明关税的高低对国内企业发展的重要影响。但是好景不长，随后即有日人在大连设立昌光玻璃厂，既争夺耀华玻璃公司东四省市场，又利用日金跌价，输入大批玻璃在中国市场上进行倾销。无独有偶，继而又有苏俄及比利时玻璃相继来中国竞销，为求市场，争相贬价，甚至出现低于成本价格出售的时候。所以耀华玻璃公司建议为根本救济计，非增加玻璃进口税不足以维护中国资本团利益。

同时，耀华玻璃公司于 1934 年 10 月致函时任青岛财政局局长的郭金鼎，② 请其帮忙活动和打探消息。郭金鼎经过与财政部主管人员接洽了解到，拟请增加进口税额一事需公司向财政部递一正式呈文，遇有加税机会时设法给予办理。除此之外，耀华玻璃公司又于 10 月底派郭治平秘书前往北京，亲自谒见正在京办事的郭金鼎，二人交流后郭金鼎表示，加强进口税一事，定当积极推进，同时建议"如公司方面对于部中主管人员能略加敬意，似觉易于办理"。

1935 年 5 月，耀华玻璃公司收到郭金鼎来函得知，其经过与盛灼三副部长详谈，原本年内 6 月间拟修改税则以期保护本国工商业，耀华案也被列入其中，但是汪精卫害怕国际指责，影响外交，主张普遍增加，大约按照附加税办法加征 10%，原来拟定办法不再适用，除了增加进口税外，同时拟开征转口税，并减少出口税，如果遇有恰当机会，耀华玻璃公司的恳求仍会优先提出。这样一来耀华玻璃公司原本打算得到的利益已经不可能实现，呈请增加进口税额一事至此也告一段落。

---

① 《呈请增加进口税函》，耀档：室卷号4—3246。
② 郭金鼎，安徽合肥人，号秉龢，后作秉和，住天津特二区大安街 11 号，胡若愚和沈鸿烈主政青岛时曾任财政局长（1930 年 9 月到任）。

第七章　劳资关系

劳资关系是指劳工和资方之间的权利和义务关系，这种关系通过劳资双方所签订的劳动契约和团体协约而成立。劳资关系亦称为劳雇关系，一方面是受雇主雇用，从事工作获取工资者，另一方面是雇用劳工的事业主、事业经营之负责人或代表事业主处理有关劳工事务之人，彼此间的关系即属劳雇关系。耀华玻璃公司的劳资关系相对当时的启新洋灰公司和开滦煤矿的劳资关系较好，虽然在上述两个公司工潮的影响下，耀华工人也有过活动，但经过沟通协调很快得到妥善解决。耀华玻璃公司人员待遇最高当属上层领导者，主要差别体现在中外雇工上，外国雇工的工资远远高出中国本地雇工。和中国国内当时其他工厂工人相比，耀华玻璃公司雇工的工资水平和劳动强度尚属合理。

一　管理层待遇

（一）管理人员薪酬

耀华玻璃公司管理层按照总事务所和秦皇岛工厂的地点不同，可以分为总事务所管理人员和工厂管理人员。总体待遇情况是天津总事务所总理由外国人担任，每月工资白银 2000 两，折合银圆 3000 元；协理由中国人担任，每月工资白银 750 两，折合银圆 1125 元；总理秘书由外国人担任，每年工资 4000 元；协理秘书及翻译由中国人担任，每年工资 1200 元；会计由外国人担任，每年工资 6000 元；书记共有四人，每人每年工资 500 元。在随后的具体操作中一些人员待遇略有变化，从后面具体人员的聘任合同中略见一斑。

秦皇岛工厂总工程师由外国人担任，月工资白银 1000 两，折合银圆 1500 元，年薪 18000 元；工厂主任由外国人担任，年工资 6000 元；仓库主任由外国人担任，每年工资 6000 元；总经理秘书由外国人担任，年工资 4000 元。① 随着公司事业的发展，秘书和书记人员都有所增加，到 1935 年，秘书处郭金章每月工资涨至 300 元，津贴 200 元，每年共计 6000 元，另外书记陈灿华、李功藻每月工资 100 元，每年每人工资共计 1200 元，书记员郑少勋和郭子亨每月工资各 80 元，每人每年工资 960 元。书记陈燦华和李功藻年终酬金每人洋 100 元，郑绍勋和郭子亨分别为洋 80 元。此外，还有驻欧经理等人员的待遇。

耀华玻璃公司为在欧洲选聘建造与办理秦皇岛工厂各人员，并负责他们由欧洲动身以及来华等事，特聘请毛立司·罗遮为驻欧洲代表。除了上述任务，还 "代表本公司与丹瑞米玻璃工厂及佛克专有法公司接洽一切，并应调查制造玻璃之机器与法术上之一切改良，以及欧洲玻璃工业情形，随时报告本公司以备采择"②。罗遮应得薪水及相关费用如下，薪水每年 24000 法郎，房租等项每年 3000 法郎，另外并可以聘用速记员和会计员各一人，速记员每年 6000 法郎，会计员每年 2400 法郎，杂费每年 2800 法郎，电话费 1000 法郎，每季席车票 1800 法郎，以上每年共计 41000 法郎，"为数不多，而罗遮君与本公司利益上又有种种密切关系，此诚一举两得之事也"③。罗遮在欧期间，尽心尽力为公司服务，起到了应有的作用，其工作也得到了耀华玻璃公司的认可。

通过罗遮的努力，耀华玻璃公司聘请了与佛克秘法家族有密切关系的总工程师古伯，为耀华工厂快速建成投产提供了技术上的支持和保障。罗遮还积极与丹瑞米等比利时大型玻璃生产厂商密切联系，随时了解佛克秘法的最新改良动态，妥善安排副总工程师金邦正带领学徒工到比利时各大玻璃厂家学习技术，为耀华玻璃公司物色专业技术人员来华，等等。

耀华玻璃公司聘请前英国海军义勇军预备队副司令官、大英国宝

---

① 耀华玻璃厂志编纂委员会编：《耀华玻璃厂志》，中国建筑材料工业出版社 1992 年版，第 293 页。

② 《耀华玻璃公司聘请毛立司·罗遮为驻欧经理合同》，耀档：室卷号 2—1—2。

③ 《耀华机器制造玻璃股份有限公司第一次股东会议事录》，耀档：室卷号 2—1—8。

星乔治·那森为公司的总理，规定那森应按照董事会决议履行总理职务，指挥并经理耀华玻璃公司的业务。那森聘期为三年，自1921年12月15日算起，任期内公司及那森均可提议解除合同，如由耀华玻璃公司主动提出解聘意见，则须补偿那森未满三年期限的薪水，但不补给酬金；若由那森首先提出辞职，则不补给薪水，必须于6个月以前通知公司。那森每月应得薪金为1000银圆，服务期限内除薪金外，第一年、第二年不给花红，另给酬金每年1000镑，按照市价折合银圆，每届决算后付给一次，第三年不给酬金，照章分给花红。① 那森离职后不得在中国境内另就其他玻璃公司及与玻璃事业有关系的各项职务。1924年5月，耀华玻璃公司与开滦签订代管合同后，总理一职随即取消，改由开滦总理兼任。

耀华玻璃公司于1922年聘请陈汝湜为公司协理，按照章程所订权限办理公司各项业务。陈汝湜的聘期为三年，自1921年11月1日算起，三年期内公司及陈汝湜均可提议解除合同，但均须于6个月以前互相通知。陈汝湜每月应得薪金为700银圆，并可以照章分红，每月给房租洋120元。除保守公司业务上的秘密外，解职后仍应守秘密，并不得在本国境内另谋与公司同一新法制造玻璃的职务。② 同样，在1924年5月耀华玻璃公司为开滦代管后取消了这一职务。

为了协助总工程师更好的工作，公司还聘请了金邦正为副总工程师，帮助总工程师管理出货、进料、指挥工匠等事项，建筑事务上帮助总工程师进行有效监督。总工程师有事请假不在时，如经董事会商议决定命其代理总工程师职务时亦应照办，不能另外索要薪酬。金邦正的聘期为五年，自1923年2月5日起，任期满两年后，公司和金邦正均可于6个月以前通知对方解除合同，公司若付给金邦正6个月薪水，无须另行通知即可解雇。金邦正薪水第一年每月400元，自第二年起每月加薪100元。若办事成绩斐然，五年期内加至每月600元为最高限度，并可以照章分红。③ 另外，金邦正受公司委任带领遴选的工匠赴比利时实习时，从其动身之日起至回国之日止，除了往返川

①《耀华机器制造玻璃公司聘任乔治·那森为公司总理合同》，耀档：室卷号2—1—2。
②《耀华机器制造玻璃股份有限公司聘任协理合同》，耀档：室卷号2—1—2。
③《耀华机器制造玻璃股份有限公司与金邦正合同》，耀档：室卷号2—1—2。

资和正常薪金外，公司每月另给津贴 300 银圆。金邦正随后按照公司安排带领挑选的工匠赴比利时学习了大半年，为公司培养了首批技术人员。

　　按照合同规定，罗遮负责在欧洲为耀华玻璃公司寻找一位技术精湛的总工程师，经过联系与佛克技术发明者埃米尔·古伯同为家族的奥利弗·古伯达成协议，同意来华帮助耀华玻璃公司筹建工厂。1922年 3 月 29 日罗遮由欧发来电报，称"古伯意于需要时不拘何时可动身"，"薪水花红须与乔治·那森君相等，公司对其个人及妻子来华须与头等旅费，在秦皇岛方面须供以家具完备之住宅一所，电灯、炉火亦由公司供给，每年须由公司给假一个月，回欧洲时公司对其妻子及个人亦须付给旅费，合同以五年为期，愿动身之前签订合同"①。

　　耀华玻璃公司接到罗遮来电后于 4 月 3 日复函，为古伯来华服务开出条件，可照总理条件办理，每月薪水华币 1000 元，每年酬金英金 1000 镑。但是合同期限所有变化，担保两年合同，任期三年，来往旅费各洋 1500 元。要求也有出入，不给准备家具，点灯、火炉费用由公司担任，所有这些条件以六星期内动身来华为前提。由于中国专业技术人员的缺乏，当时各家企业聘请外国工程师，给予高额待遇，用人单位担负其国际往返费用是通常做法。例如，北京自来水公司聘请丹麦工程师耿伯鲁为总工程师时，"订定每月俸金通用洋元五百五十元正，定西历每月底支发。合同期满后，公司当支耿君返国盘费，计由天津过西伯利亚至克冰汉城，头等火车，头等伙食"②。启新洋灰公司聘请昆德为技师时规定，"每月给付昆德薪水行平化宝银五百两。"后增加到 650 两，如果公司不再聘任昆德，"应发给昆德由津至欧洲头等川资，或付银六百两"③。此外，还可照驻厂经理员标准得花红。

　　罗遮随后就公司所开条件与古伯进行了商谈，"古伯对于其妻之

---

　　① 《译驻比经理人罗遮致那总理函》，1922 年 3 月 29 日，耀档：室卷号 2—1—21。
　　② 《自来水公司聘用丹麦人耿伯鲁为总工程师合同》，载北京档案馆、北京市自来水公司、中国人民大学档案系文献编纂学教研室《北京自来水公司档案史料》（1908—1949），北京燕山出版社 1986 年版，第 8 页。
　　③ 南开大学经济研究所、南开大学经济系：《启新洋灰公司史料》，生活·读书·新知三联书店 1963 年版，第 300—301 页。

旅费亦坚欲公司担任，此乃普通习惯也。如三年后合同不再继续，则每年须付以二千镑之酬金及赔偿金，其他条件均无异辞"①。此为罗遮和古伯协商后提出的条件。为了使耀华玻璃公司可以聘得最佳工程师人选，罗遮特向公司做出说明，提醒公司不要再细枝末节上过于计较，得一有如此关系和技能并具的人选是其他各国专利使用者不能办到的。耀华玻璃公司经过深思熟虑，认为罗遮的考虑是对的，遂答应了古伯的条件，回复罗遮："尊意既以古伯为最相当之人，本公司即允与订五年合同，其妻子之旅费亦可照付，但合同条件内必须按照通例声明，如有不听指挥、戒而不悛或有不正当行为之事，则随时皆可解除合同，烦即照上列条约聘古伯。"②耀华玻璃公司除提供古伯与其夫人的旅费、住房、水电等费用外，还在其住宅处建筑了花园，并雇一名仆役为其看守房屋、花园。古伯动身来华前多次到各大工厂参观最新改进试验，带来了最新技术。

古伯在耀华玻璃公司工作至 1927 年 12 月离开中国回国，耀华总工程师一职即由另一名比利时人副总工程师赫尔曼出任，1936 年 11 月前，耀华总工程师一职始终由赫尔曼担任，对公司的发展做出了积极的贡献。1929 年为了表彰其为公司的付出，董事会做出决定，"总工程师赫尔曼君自就职以来，办事勤劳，卓著成效，该工程师原支薪俸八百元，拟自本年五月一日起加薪一百元，月支薪俸九百元，以示鼓励"③。自此以后，赫尔曼更加为公司发展尽心尽力。另外，耀华玻璃公司对一些为耀华发展工作成绩较好的工匠也适时给予加薪，例如 1927 年，"自九月一日起各工匠之工资均加增百分之十，每月约增九百元，按九月份计算，每箱约增四分"④。这些加薪无疑可以稳定外国工匠在中国安心工作的情绪。

耀华玻璃公司的业务工作离不开秘书人员的参与，1922 年聘请郭治平为公司董事部秘书。任职期内不得直接或间接在公司担任其他职务，办公时间以外如遇有特别事故发生时，只要是在合理的限度之内应及时加班办理完毕，不得于公司已定薪金之外再索要额外报酬。

①《关于总工程师各事汇抄》，耀档：室卷号 2—1—11。
②《十一年四月十二日复罗遮电》，耀档：室卷号 2—1—11。
③《李希明、王少溥上总协董函》，1929 年 5 月 30 日，耀档：室卷号 3—2—137。
④《译十六年十月份总工程师报告书》，耀档：室卷号 2—5—100。

公司储蓄金、慰劳金实行后，郭可以按照储蓄金、慰劳金章程加入成为储蓄会会员。郭治平的薪水每月天津通用银洋 300 元，并付给特别津贴每月通用洋 200 元整，国历每月一号准时支付。① 郭治平的待遇应该说是很高的，工资加津贴每月共可得 500 元。自 1922 年 7 月 1 日起，以三年为有效期，在此时期内任何一方均有权用书面通知对方，并给予对方合同规定的相当 6 个月数目的薪水及津贴，此项合同可以立即解除。

公司创办之初，聘请的比利时工人均是按照法郎发给工资，随着国际货币行市的变化，法郎不断贬值，为了安定外方人员的情绪，留住公司所需技术人才，耀华玻璃公司在其待遇上也做出相应调整。1929 年 12 月召开董事会，决定由 1930 年 1 月 1 日起，"凡公司之比国职员因银价跌落之故，其薪金概增加百分之十，并改照英金发给，与开滦所雇用之洋员同样办理，以资调剂"②。但后来随着英国势力的衰落，美元地位的上升，这次的调整并没能保证外方人员的利益，1933 年再次做出变更。那森认为，"自英国取消金本位后，英金与比国法郎之汇兑行市骤行跌落百分之四十，本公司比国员司每月须将其薪金之一部寄回比国，其薪金数目小者当然感受极端之痛苦，外人远涉重洋来华服务，其目的在积蓄若干存款以备退职时得以在本国修养，所寄回之款大都为其月薪数目之半"③，并建议仿照开滦做法，耀华外国工人工资年薪在 1000 镑以下的，由公司将其半数按每镑兑换 175 法郎计算汇往比利时。这样外方人员的利益基本得到保证，解除他们的后顾之忧，技术人员队伍能够稳定下来，安心在华为公司服务。

耀华玻璃公司在解聘外国工人时，也能够照章履行承诺，工资、补贴等待遇均能给齐。1930 年比利时工人赛葛尔因事被公司解职，向公司提出赔偿损失要求，经过耀华玻璃公司第五十次董监事联席会议决议，责成比京秦皇岛玻璃公司就近办理。比京秦皇岛玻璃公司按照耀华玻璃公司会议决定，给予全部解决，"所有应付该洋员薪俸及

① 《耀华机器制造玻璃股份有限公司聘任郭治平君为董事部秘书合同译文》，1922 年，耀档：室卷号 3—5—191。

② 《耀华玻璃公司第六十二次董监事联席会议事录》，1933 年 11 月 22 日，耀档：4—1—196。

③ 同上。

旅费八千九百七十七点九九法郎，又应赔损失计六千零二十二点零一法郎，合共一万五千法郎，已如数开具支票一纸交该洋员收讫"①。耀华玻璃公司这种做法不仅仅因为比国人掌握技术核心，更多体现公司对外国人的信守承诺。

应当说耀华玻璃公司给外国员司及工人的工资待遇很高，而且在履行合同义务方面能够坚持信用，这是积极的。但从客观上讲，这种待遇在中国工人身上体现的就不明显，中外工人之间表现出了不同的待遇。

（二）管理人员福利待遇

较好的职工福利待遇可以起到多方面的作用，比如激励职工工作的积极性和主动性，提升职工的凝聚力和战斗力，提高企业在市场上的竞争力和影响力，同时还可以帮助企业吸引更多的职工，帮助企业保持工人队伍的稳定，提高企业在职工心目中的良好形象和口碑。

在中国与比利时合办时期，职工的住房分为外国员司、中国职员和工人三种类型，员司和职员全部住进公房，工人当中则只有少数可以住上公房，大部分租赁民房居住。上层人员住宅区按照级别的不同可以分为甲级住宅区和乙级住宅区，甲级住宅区设在秦皇岛的劳动路和光明路上，专门提供给公司协懂、高级员司和外国职员居住，而在耀华里、耀华村以及开滦部分房屋设置了乙级住宅区，这里主要供给一般职员、耀华工头等人居住。

这一时期耀华玻璃公司共建有住房 219 所，建筑面积达 13414.31 平方米，其中比国员司住房有 11 所，总建筑面积为 2218.05 平方米，每所住房平均面积为 201.64 平方米；职员住房一共有 40 所，总建筑面积为 3348.71 平方米，每所平均面积为 83.72 平方米。1927 年 4 月，耀华玻璃公司将其所属 974.86 平方米住宅售予了开滦矿务局，总建筑面积剩下 12439.45 平方米。② 由上述可知，比国员司的住房面积每所可以达到 200 平方米以上，远远大于一般职员的住房面积，单

---

① 《照译开滦矿务总局总理来函》，1930 年 6 月 23 日，耀档：室卷号 3—3—153。

② 耀华玻璃厂志编纂委员会编：《耀华玻璃厂志》，中国建筑材料工业出版社 1992 年版，第 452 页。

从住房条件来讲，待遇已经相当不错。而且，他们的住房里面装修也很讲究，有天花板、地板砖等，住宅还有自己的小花园设施。这些房屋分别于 1922 年、1923 年、1924 年、1928 年、1930 年、1931 年六批次建设而成，建设所用资金全部为自筹。这一时期耀华玻璃公司职工住房建设具体情况如表 7 - 1 所示。

表 7 - 1　　　　　　　　职工住宅（平房）建设统计

坐落位置	建筑年月	建筑面积（平方米）
劳动路	1922 年 3 月	1885.50
劳动路	1922 年 3 月	190.00
开滦路	1922 年 3 月	408.00
耀华村	1923 年 7 月	5386.70
南山	1924 年 5 月	332.55
劳动路	1924 年 5 月	642.31
耀华路	1928 年 12 月	578.40
耀华村	1930 年	1530.00
耀华村	1931 年 3 月至 1931 年 10 月	2460.85
合计		13414.31

注：表中数据是根据《耀华玻璃厂志》第 453—454 页表格整理得到。

　　房屋建好后，除协懂、总工程师等少数人员可以享受免费居住外，普通工人甚至是外国人员，有相当多数人员居住时要适当收取租住费用，如 1928 年建筑的房屋，当时公司即行提出，"将来房屋筑成似应援照贵局向章，略收租金，以资弥补"[1]。这种管理方式较为合理，向住户略收租住费用，用于维持房屋的修缮等，可以节省公司的资金。房屋建好后，提供给工匠作为住宅，"彼等居之，亦非常满意"[2]。这样的住宿条件相对秦皇岛港口工人要好很多，他们为了

---

① 《复开滦矿务总局函》，1928 年 8 月 24 日，耀档：室卷号 3—1—123。
② 《耀华机器制造玻璃股份有限公司第七次股东常会议事录》，1928 年 6 月 19 日，耀档：室卷号 3—1—112。

改变锅伙①式的生活，还要不断地反抗和斗争。

耀华玻璃公司聘请那森为公司总理时，那森即提出要求，"公司担任在天津给以房屋一所，供给那森及其家属之用，所有点灯、炉火等费概由耀华机器制造玻璃股份有限公司担任，在此项房屋备妥之前，耀华机器制造玻璃股份有限公司应供给那森及其妻子、家属以合宜之寓所"②。1924年耀华玻璃公司与开滦签订合同，所有耀华业务由开滦代管，乔治·那森即行回国，但是合同期限到12月15日始行满期，故薪水必须付至该日，当时公司承若满届付给酬金1000镑，虽现在没有付给的必要，但因曾有口头允诺，所以耀华玻璃公司依旧照付，另应其要求"付给其个人及其夫人之旅费，遂统共付给五百镑"③，圆满结束了他在中国的行程。在那森回国之前，开滦建议暂时提供其办公房屋一间，直至其回国之日为止，目的是"以便有问题时可以顾问一切"。

古伯来华工作，条件之一是公司"在秦皇岛方面须供以家具完备之住宅一所"，可是耀华玻璃公司的经费异常紧张，为了不使建筑费用超出预算分毫，那森和杨嘉立商议后命令正在秦皇岛施工现场的马考尼及高希来两人将该房的围墙、门房、车房以及廊庑中间的花砖地暂不建筑。虽然古伯对于那森为节省经费作出此举措表示"深晓其意"，但他还是认为这样建筑的房屋"一无围墙，二无垱房，断断乎不宜于住居"。经过他细致地勘察，也给出了自己的理由。"四境多沙冈，若无围墙则一有微风尘沙亦必飚起，廊梯、住室之间必至到处皆是，再者近邻又多苦力、中国仆役、马夫、守夜等人，若无围墙，此辈必来污扰，加以宵小之警、野犬之多，种种危险不一而足，此所以此间住宅必须有围墙，既华人所居亦筑围墙以自护。"④再者他还考虑到，耀华玻璃公司为其建筑的房屋距离工厂很远，每日必须数次往返于工厂和住宅之间，不得不自费购买一辆汽车，有车就必须有停

① 所谓"锅伙"，就是包工头管辖下的工人劳动、生活的一个组织单位，工人居住在"锅伙"大院里，屋子很大，可居住数十人，屋子没什么家具，只有一两铺大炕，工人很少有被褥枕头，睡觉时多半是拿衣服当被盖，用炕沿或破鞋当枕头。
② 《耀华机器制造玻璃公司聘任乔治·那森为公司总理合同》，耀档：室卷号2—1—2。
③ 《译杨君复比国秦皇岛玻璃公司函》，1924年7月14日发，耀档：室卷号2—3—46。
④ 《译古伯致那森函》，耀档：室卷号2—1—27。

放汽车的车库，要求公司为其建筑房屋时必须将围墙、车库一并考虑。此外，古伯还依据合同规定条款中有担保其免于贼盗、水灾、意外等危险，要求公司为其雇用一名守夜夫①，以便做到有备无患。

应当说，按照中国民众习俗，筑墙自卫、防窃防盗实属自然之事，且秦皇岛工厂确实处荒凉之地，靠近海边，风大沙多，治安环境也不容乐观，这一要求并不过分。但按照外人住宿习惯，他们很少用围墙圈围房屋，邻里之间也不用高墙分离，只用简单的篱笆将小院围挡起来，既没有被束缚的感觉，又可使房屋美观、大方、漂亮，公司亦可减少建筑费用，所以，那森和杨嘉立议决暂时省掉这部分建筑。随后，那森等人考虑到中国的实际国情，古伯自己也提出了这样的要求，不得已即行按照古伯意见进行建筑房屋。耀华玻璃公司考虑到实际情况，虽然在住房围墙、车库等要求方面满足他的要求，但房屋建筑方面还是根据资金状况做了相应的变更，直到 1933 年居住在此房间的赫尔曼总工程师向公司提出要求，"该住宅系半分开之平房两所所组成，从前为节省经费起见，将该两所并为一整所，时工料简陋，于住户殊不舒适，以故该住房之内部及过路实异常不完备"②，请求公司为其进行房屋改建。

耀华玻璃公司聘任金邦正为副工程师时合同第六条规定：耀华机器制造玻璃股份有限公司应于秦皇岛为金邦正预备住屋一所。房屋的大小并未载明于合同，而金邦正的家属众多，请求公司为满足家眷住房必须多建筑几间房屋。金邦正率领工人到比利时丹瑞米厂实地见习期间从国内得知消息，耀华玻璃公司正在筹划在秦皇岛为职工建筑住房，唯恐公司为规划统一，参照其他工程师住宅一样建造，所以他向公司发出提醒，"正之家口人数未必为公司所知，设所建住房不敷居住似非合同待遇之本意"。考虑到自己与外国人简单家庭所需不同，金邦正给公司开列了自己实际需要房屋的间数，"上房六人，需卧房五间；仆妇五人，需卧房三间，客厅、书房、餐厅、厨房、洗澡房、堆房各一间"③，非此数房屋不能满足使用，并希望公司在批建住宅

---

① 即打更者。

② 《总工程师住宅拟请修改案》，1933 年 4 月 29 日，耀档：室卷号 4—1—196。

③ 《金邦正致总董函》，1923 年 8 月 27 日，耀档：室卷号 2—2—34。

时"斟酌情形，宽为预备"，为其考虑留有部分空余，以备日后使用。考虑到公司有可能将自己的住宅和外国工程师等人的建在一起，不仅语言不通，生活习惯也相差较远，生活起来会有诸多不便，建议公司为其在其他地方择相宜地点建造住所。

随着公司规模的不断扩大，工人人数不断增加，管理工作也越来越繁杂，工人群体的主要管理者工头居住在耀华里、耀华村等乙级住宅区，没有和工人同住在一个区域，产生很多不方便的地方。1928年8月开滦致电耀华秘书处，"秦皇岛工人房屋向由公司供给，董事部想早悉，惟工头则向无特别住宅，此节有不便之处，二高级工人与普通工人同居一种房屋殊属不合一也；工人住处距厂尚远，工头似应居工厂左近，遇有急迫之事始可随召随至二也。总工程师现为改良起见，提议在毗连工厂之地建筑合于工头居住之住宅八所，敝局亦愿按照寻常条款出租地亩"①。经过开滦总工程师预算，建造此八所房屋的费用合计约为9000元。

耀华玻璃公司在自身发展的过程中，为解决工厂职员的后顾之忧，不断加大职员住房建设力度，努力使多数人居有定所，逐步形成了固定的聚居点，带动了耀华周边的发展，与开滦等公司一起为今天美丽港城秦皇岛的形成奠定了一定的基础。

公司总事务所设在天津，制造工厂建在秦皇岛，这样公司职员如遇有事情就不得不在两地间往返奔波，还要去南京、北京、上海以及东北等地方处理各种关系和事务，不可避免产生差旅费用，这方面公司也有相应的规定。例如1922年聘请郭治平为董事部秘书时即对其外出办事产生的有关费用做了规定："郭君如因办理公司事务须至外埠时，其旅费应由公司付给火车或轮船票俱为头等，其他舟车及旅馆各费概按实在数目支给，但旅馆费用不得过多且须报账，并须于可能范围内将用费收据陈报公司。"② 这样的规定虽然在部分项目上有明确的内容，但仍存在诸多非标准词语，例如，舟车及旅馆各费按实在数目支给，旅馆住宿费用不得过多，报账时须在可能范围内将用费收

① 《照译开滦矿务总局致秘书处函》，1928年8月22日，耀档：室卷号3—1—123。
② 《耀华机器制造玻璃股份有限公司聘任郭治平君为董事部秘书合同译文》，1922年，耀档：室卷号3—5—191。

据陈报公司,这些词语都是定性性词语,非定量性词语,会给出差人员留下虚报差旅的空间,不利于公司的管理。

　　为使职工锻炼好身体,拥有健康的体魄从事工作,耀华玻璃公司专门为职工在厂内预留出土地,用于建造运动场。1930 年,耀华玻璃公司为筹备扩建工厂,加大生产能力,再次向开滦矿务局申请租用部分土地。在本次租用的土地上,总工程师考虑到比利时员司来华家庭较为简单,平日工作之余没有多少娱乐、运动项目,遂提议在新租用的地亩上留用一小块,建造了一个名为"比国员司运动场"① 的活动空间。当然,这种场所并不禁止中国职员去场内运动,主要是因为中国职员大部分工资收入微薄,日常的工作本已繁重不堪,且家有田地需要劳作耕耘,根本不会有闲余时间用来搞体育活动,所以平日里多为外国人占用。

二　普通工人待遇

　　从整体上看,这一时期的中国工人待遇普遍偏低,他们的劳动强度非常大。耀华玻璃公司工人的待遇在中国与比利时合办时期与国内其他企业工人相比基本一致,甚至在上班时间和福利待遇等方面稍有优势。

(一)普通工人工资待遇

　　耀华玻璃公司建厂之初的预算人数是 220 人,其中包括聘请外国工匠 12 人,中国工人 208 人。全厂职工分为四类,第一类为外国工人,第二类为中国领班工人,第三类为手艺优良的中国工人(下表简称第一类工人),第四类为普通中国工人(下表简称第二类工人)。外国工匠的工资每年每人约定为华币 4000 元,中国工人的工资是按天计算的,有专门技艺的工人每日工资大洋 1 元,手艺优良的工人每日工资大洋 0.7 元,普通中国工人每日工资大洋 0.5 元,预算中国工人每年的工作时间除修理机器暂时停工外,可以工作 340 天。详细所需工人人数及待遇预算如表 7 - 2 所示。

---

① 《开滦矿务总局与耀华机器制造玻璃股份有限公司租地合同》,1930 年 7 月 1 日,耀档:室卷号 3—3—156。

表 7－2　　　　　耀华玻璃公司初期工人工资情况概算①

单位：元

国别	比国	中国	中国	中国	中国	中国	中国	中国
类别	煤气机工头三名	搬运玻璃工人	配合原料工人三名	运煤夫三名	煤气机火夫六名	打扫夫六名	锅炉火夫三名	火炉火夫三名
第一类工人工资		2.1	2.1	2.1				2.1
第二类工人工资					9	3	1.5	
每年340天算工资总数		714	714	714	3060	1020	510	714
每年工资总数	12000							

类别	撒灰夫三名	头等工人六名	割玻璃工头三名	二等工人六名	二等工人二十四名	打扫夫三名	三等工人二十四名（童幼）	预备工人六名
第一类工人工资		3	3	4.2				
第二类工人工资	1.5				12	1.5	12	3
每年340天算工资总数	510	1020	1020	1428	4080	510	4080	1020

① 《耀华机器玻璃股份有限公司筹备情形报告书》，耀档：室卷号 2－1－3。

续表

国别	比国	中国	中国	中国	中国	中国	中国
类别	工人稽查三名	割玻璃工头二名	割玻璃副工头一名	割玻璃工人三十三名	检验工匠十一名	陶工一名	专技工人十二名（木匠工二名、铁匠正副工各一、泥瓦工二、电工一、机工一、陶工三、原料配合工三、厨夫二）
第一类工人工资	2.1		1.5	23.1	7.7		8.4
第二类工人工资							
每年 340 天算工资总数	714	8000	510	7854	2618	4000	2856
每年工资总数	24000						

国别	中国	中国	中国	中国	中国	
类别	散工十名	看门夫二名	装箱工头一名	装箱工八名	工人十九名	总计
第一类工人工资	5	1	1	5.6	13	
第二类工人工资						
每年 340 天算工资总数	1700	240	340	1904	4522	43452
每年工资总数						48000

由表 7 − 2 中计算可知，比国 12 名工人的工资占总数的 52.49%，每人每年平均工资约定 4000 元，而中国工人 208 人的工资占总数的 47.51%，每人每年平均工资只有 209 元。后因公司资金紧张，提出严格控制外国工人数量以减少开支降低成本的意见，遂将比国工匠由 12 人减少至 8 人。

从工作时间看，耀华玻璃公司工人的工作时间并不长，每天 8 小时，有时加班到 10 个小时。当时的国内其他企业中实行 8 小时工作制的并不多，有的即便改革实施了最终又归失败。如天津宝成纱厂，1930 年 2 月 16 日，召开改制大会，实施三八制，"所谓三八制，又称八小时工作制，即每日工作分三班，每班工作八小时，以合于工人每日工作八小时、教育八小时、休息与娱乐八小时的理想"[1]。由于各种原因，最终实施三年多后于 1934 年又恢复到两班制。启新工人则除每年的八天例假外，每日劳动时间为十二小时。从工资方面看，启新普通工资最低者每天 0.22 元，增加工资以 0.32 元为限，极少数工匠工资每天可达 2.3 元，一般为每天 0.4 元至 0.5 元，超 0.7 元者很少，童工工资仅为 0.15 元。[2] 而天津料器厂的工人们工作时间更长，"没有低于十二个小时的，十三四个小时的为平常，最多十五六个小时，少数到过十七八个小时"[3]；一般手艺人每月工资 8—15 元，平均日工资为 0.27—0.5 元，辅助工人每月工资 4—6 元，平均日工资为 0.13—0.2 元。秦皇岛港的工人以工资较高的里工为例，1921 年"他们的日工资也不超过四角钱，他们的月工资如折合成面粉，一般都在三至四袋之间，相当于一百五十斤面粉，就是全部兑换成粗粮，倘以五口之家计算，除了糊口之外，就所剩无几"[4]。与耀华玻璃公司工人工资的情况相比比较接近，但耀华工人的工资要略高一些。例如，耀华装箱工人每人每天工资为 0.7 元，木匠、铁匠、泥瓦工、电工、机工、原料配合工等人的工资也是此数，三等工人包括童幼工每日工资也有 0.5 元之多。同时期开滦工人的日工资也没有这么

---

① 田彤：《宝成三八制与劳资关系》，《浙江学刊》2009 年第 1 期。

② 南开大学经济研究所、南开大学经济系：《启新洋灰公司史料》，生活·读书·新知三联书店 1963 年版，第 278 页。

③ 萧维良：《天津玻璃工业史记略》，天津市工人文学创作社 1992 年版，第 67 页。

④ 《秦皇岛港史》（古、近代部分），人民交通出版社 1985 年版，第 248 页。

高，1922 年至 1923 年，开滦工人平均日工资为 0.35 元，1924—1926 年平均为 0.38 元。[①] 由于年份不尽相同，所以在工资数额上存在差距，但总体来看，除了企业当中的外国人员待遇，这一时期国内工人的工资待遇大体相仿。

随着工厂产量的不断提高和市场的不断扩大，耀华玻璃公司的工人数量也在不断增加，这是经营者理念不与时俱进的表现，也是中国劳动力价值低廉的体现。"工厂之建筑及开工均系由一外洋聘来之工程师所计划，该工程师对于中国劳工情形素无经验，见中国工资低廉，认为减少工人、增加工作效率一层无足置意。"[②] 以此种观念为之，工人人数必定大为增加。从 1928 年至 1936 年耀华工人人数具体情况如表 7 - 3 所示。

表 7 - 3　　　　　1928—1936 年耀华历年职工人数统计[③]

年 份	1928	1929	1930	1931	1932	1933	1934	1935	1936
工人数	365	402	430	499	587	598	770	788	760

注：表中数据系根据耀华玻璃厂志第 288 页表格数据整理得到。

由表 7 - 3 数据可知，耀华玻璃公司职工人数到 1928 年的时候已经由 220 人增长到 365 人，以后每年有所递增。到 1932 年二号锅炉建成投产的时候，耀华工人人数剧增至 587 人，到了 1935 年的时候工人人数达到中比合办时期的最高峰，已有 788 人之多。

由于玻璃生产需要连续性，所以耀华玻璃公司实行每天 24 小时三班轮休制度，除了每次冷修必须停火、清炉停止工作外，即使是逢年过节也不能间断。但过节的时候为了补偿工人的辛勤劳动付出，公司也做出了相应的规定。例如 1926 年春节期间，按照中国旧历须放

[①] 南开大学经济研究所经济研究室：《旧中国开滦煤矿的工资制度和包工制度》，天津人民出版社 1983 年版，第 132 页。

[②] 《耀华玻璃公司第六十九次董监事联席会议事录》，1936 年 5 月 8 日，耀档：室卷号 4—4—251。

[③] 耀华玻璃厂志编纂委员会编：《耀华玻璃厂志》，中国建筑材料工业出版社 1992 年版，第 288 页。

假四天，但工厂生产不能间断，所以"须倍给工人工资以免停止工作"[①]。如果公司硬性规定，节假日必须照常上班，且没有双倍工资或其他福利待遇，对于当时的工人来讲，为了补贴家庭生活所需，也没有办法回避这一现实，只能按部就班继续工作，挣些微薄的收入供全家人开支使用。这一政策的制定执行，一方面是公司生产连续性的需要，另一方面也是耀华玻璃公司在管理层面人性化的体现，与公司为中国与比利时合办公司性质不无关系。在西方国家，工人运动早已开展，工人维护自己利益的观念早已形成，耀华玻璃公司外方管理者对这方面了然于心，在其行为中也会潜意识地发挥出来。

（二）普通工人福利待遇

工人住房待遇。在这一时期，除去比国员司及公司职员居住的51所住宅，所余住房168所为工人居住，建筑面积共有7847.55平方米，每所平均面积只有46.71平方米。[②] 主要分布在耀华村的丙级、丁级住宅区内。这样小面积的住房，与外国人和上层职员所居住的200平方米和80多平方米的住宅相比，对于那个时代拥有多口之家的普通工人们来说，无疑存在空间狭小、地理位置较差、居住环境不佳、建筑简约、社区管理不到位等问题，但在初期工人人数不多的情况下，还是很大程度上解决了部分职工的住房压力，节省了部分生活成本。随着耀华玻璃公司工人人数的增多，即使是这样条件的住房，也不是每位工人都可以享受到的待遇。1935年公司已经拥有职工788人，而工厂职工住房只有219所，有570余人不能享有公司住房的福利待遇，他们不得不在公司附近租住民房。耀华房屋的分配办法是按照工人工龄长短、家庭人口多少排序先后进行分配，每一户只能分得一所。

其他待遇。耀华玻璃公司生产的是玻璃制品，无论是从原料的开采、运输、粉碎、入炉、拉伸、裁割、分装还是到成品的运输，如果工人工作不小心很容易受到伤害，另外，工人自然生病也需要看医生。为了方便职工就近就医，1923年工厂腾出三间房屋，用于设立

---

① 《译开滦矿务总局十五年二月份报告书》，1926年4月9日，耀档：室卷号2—4—83。

② 耀华玻璃厂志编纂委员会编：《耀华玻璃厂志》，中国建筑材料工业出版社1992年版，第452页。

医务室，总面积为 95 平方米，只聘请了一位名叫穆尔的外籍医生，另外为其配备了一名中国籍护理员，1931 年 5 月穆尔医生回国，医务室不得不关闭。此后，耀华玻璃公司工厂职工有病求医只能到附近的开滦医院。1940 年工厂恢复医务室，聘请一名药剂师，只负责按照开滦医院开出的处方给职工付药。直到 1943 年医务室才又增设处置室，人员也增至二名，一人负责付药，一人负责处置工作。① 自此后耀华玻璃公司始终保持医务室的设置，没有再出现关闭的情况。

在天津一些玻璃厂中，"厂家没有准备医疗保健设施的，对工人有病，工伤采取的办法就是，严重者辞退，能推出去就推出去，小病小伤只让其强忍疼痛，任其自然痊愈，或发展成重伤"②。就医疗设施方面说，虽然耀华玻璃公司很早就有过医务室，但从其发展看，并不理想，相比之下，申新三厂做得要好得多，"1933 年夏天，厂方建立新职工医院，聘请两位医师，正式开办职工医院"。"职工医院分为内科、外科、咽喉科、口腔及齿科、眼科、耳科、鼻科等。""本厂职工免收药费，家属收取一半药费，其他人照价收取，因公受伤的职工可经医师决定入住病房。""1936 年，申三医院进一步扩展，引进 X 光、解剖台等设备，成为无锡最完备的医院之一。"③ 无论从科室的设置还是机器设备的购置都优于耀华玻璃公司和同时期的其他企业。

1931 年耀华玻璃公司工人发生工潮，6 月 22 日劳资双方签订了《劳资协定契约》，其中第二条规定："公司方面当于最短可能时期内从速建造学校一所，以为教育本公司工人子弟之需，该项学校应归开滦教育处管理监督进行，但其教员应另行聘任之。"按照契约约定，公司在耀华村的东北角为小学选好地址，占地面积约 330 平方米，建筑面积达到 224 平方米，是年 9 月小学建成，主要包括教室两间，教师用办公室以及储藏室、传达室等建筑物，"用洋四千一百零五元一角八分"④，引进教师两人，招收学生 80 人，共分为两个班。自此耀

---

① 耀华玻璃厂志编纂委员会编：《耀华玻璃厂志》，中国建筑材料工业出版社 1992 年版，第 455 页。

② 萧维良：《天津玻璃工业史记略》，天津市工人文学创作社 1992 年版，第 75 页。

③ 卫然：《申新三厂劳资合作研究》（1922—1937），硕士学位论文，华中师范大学，2012 年，第 38 页。

④ 《耀华机器制造玻璃股份有限公司董事部报告书》，1931 年，耀档：室卷号 3—5—180。而非耀华玻璃厂志第 445 页中所说 4750 银圆。

华玻璃公司开始有了自己创办教育的历史。对于职工子女的教育申新三厂的主动性更强一些,"工人为谋生活起见,固须逐日往厂工作,对于子女,自无教育之机会与时间。工厂主人务须提若干支出,为工人子女设一学校,以使工人子女亦得求学机会,免致蹉跎岁月"①。所以在其工厂设计时就将这一问题考虑进来。在职工的后续教育方面,据其厂志记载,"1950 年建立起职工业余学校,重点扫除文盲,并举办全脱产的'艺徒训练班',为熔制车间培养技术工人"②。由此可见耀华玻璃公司的职工教育起步较晚,这一点不如卢作孚的民生公司。民生公司 1933 年"制定了《训练纲要》,要求在各种训练班中设置《民生精神讲话》课,讲话人主要是公司各处室经襄理,专门讲授卢作孚言论集和事迹,灌输实业救国、集团生活、服务社会、艰苦朴素等思想"③。这些教育不仅可以提升工人的技能,还可以提高工人的思想境界和忠于职守的责任感。

对于工人俱乐部的建设并不是所谓的"公司中对于彼等之利益及工余娱乐亦力事提倡"④,而是 1931 年工人运动时在签订的契约中由工人主动提出的要求。本来在契约中要求公司尽可能于是年年底将工人俱乐部设立竣工,但直到 1932 年"厂方才给工人建筑起一座三百平方米俱乐部。除了年节职工自己演出一些文艺节目外,平时很少活动"⑤,不是公司所说的工人们"每日散工后来者甚为踊跃"⑥ 的情况。事实上职工中除了外国员司较为清闲,普通工人是不会把过多的时间用于在俱乐部的玩耍上面,他们还有更多的农活、家庭琐事要去处理。俱乐部的功能不仅只为工人们提供下工后的娱乐场所,还有一项功能是后来作为学习的场所,公司组织员工在此上夜校,以提高工

---

① 无锡市史志办公室编:《薛明剑文集》(续),凤凰出版社(原江苏古籍出版社)2007 年版,第 642 页。

② 耀华玻璃厂志编纂委员会编:《耀华玻璃厂志》,中国建筑材料工业出版社 1992 年版,第 439 页。

③ 高超群:《科学管理改革与劳资关系——以申新三厂和民生公司为中心》,《中国经济史研究》2008 年第 3 期。

④ 《照译开滦矿务总局总理二十二年度营业报告书》,耀档:室卷号 4—2—219。

⑤ 耀华玻璃厂志编纂委员会编:《耀华玻璃厂志》,中国建筑材料工业出版社 1992 年版,第 420 页。

⑥ 《照译开滦矿务总局总理二十二年度营业报告书》,耀档:室卷号 4—2—219。

人们的知识水平和业务素质。建筑此俱乐部及购置相应的家具共花去公司"洋三千零一十二元五角六分"①。无论如何，公司没有违背约定，答应工人们的事情一一做到了，工人们的利益得到了保证。

公司按照约定做的另一件实事是为工人建设一所浴室。同样在契约中规定，"公司应于可能时间内从速设立相当浴室"。这一要求其实并不过分，耀华工人从事烧窑、运煤、做木箱、原料粉碎等工作的很多，这些工作既累又脏，下班后如能有个地方洗澡，既可洗涮干净又可缓解一下疲劳。1931 年 6 月，耀华玻璃公司最早的浴室落成，建筑面积为 59 平方米，位于工厂老锅炉房的南边。这样面积的浴室除了后来在浴室西侧扩建了 68 平方米的更衣间，设置了摆放衣服的长条木凳外，一直没有改进，直到中华人民共和国成立以后的 1953 年才在厂外新建一座面积为 680 平方米的浴室。

（三）劳资矛盾

哪里有压迫，哪里就会有反抗。"随着劳工意识的觉醒和各种工会组织的建立，劳工们就向资方提出改善劳工生活、保障劳工权益的要求，如果目的无法实现，罢工可能就成为重要的手段。"② 耀华玻璃公司的职工待遇与同时代其他行业的工人一样处于低水平，为了取得更多合理权益，改进自己的生活，不断觉醒的工人们在开滦等企业工人运动的影响下，多次进行了维护权益的运动，迫使厂方不得不在一定程度、一定范围满足工人们的要求。"对于工人增加工资、改良待遇的一般性要求，资本家阶级大多在双方做出不同程度的妥协后予以接受。"③ 但这个过程是曲折艰难的。

1925 年，工人们认为作业条件恶劣、劳动强度过大、工资待遇低下，生活上感到极度困难，遂向资方提出增薪要求，经过艰苦谈判，资方答应给工人们加工资，但是厂方却一拖再拖，没有按之前的承若及时兑现。此时适值工人马瑞福因为参加劳动时间过长，身体出现不适晕倒在工作现场，全厂 500 多工人以此事件为契机，联合举行

---

① 《耀华机器制造玻璃股份有限公司董事部报告书》，1931 年，耀档：室卷号 3—5—180。
② 林德发：《民国时期中国民族企业的两大困境》，《读书》2007 年第 4 期。
③ 徐思彦：《合作与冲突：劳资纠纷中的资本家阶级》，《安徽史学》2007 年第 6 期。

了两小时的罢工活动，以示对耀华玻璃公司的不满。公司被迫派出副总工程师赫尔曼为代表与工人代表进行谈判，最终不得不答应工人提出的每人每天增薪0.1元的条件。① 这场运动以工人的胜利而告终。

1929年，开滦发生工潮，不得已将工人工资酌情增加，开滦秦皇岛方面工人的工资一并得到提高，闻讯的耀华玻璃公司工人也希望援用该项条件取得同等待遇。开滦认为"该工人等虽尚未组织工会即有向公司提任何要求等项情事，但敝局亦决定将耀华工厂员工与敝局员工加薪办法一致办理，以杜该员工等未来之要求，当由敝局训令秦皇岛工厂总工程师会同敝局秦皇岛经理调查情形"②。耀华玻璃公司工人经过斗争，争取了更多的权益，迫使厂方同意增加工人工资、扩大工人享受免费用煤人员范围等要求，一定程度上提高了工人的待遇。长雇员司及短工等人的薪俸及工资全部按照开滦矿务局新的增资办法办理，此项费用使耀华玻璃公司产品成本每月增加1100元；员司工人免费用煤亦照开滦办法办理，由从前薪金须在19元以上者方可享受，改为薪金在16元以上者即可享免费用煤的利益，此项改革使得耀华玻璃公司每月免费用煤较之前增加约25吨，每吨按4元成本计算，约增加洋100元；包工人方面的增薪数量亦按照工厂自用工人待遇办理，每人每日最少加薪0.08元，其中混合室的包工人每混合一炉混合物增加薪酬0.1元，研碎石英每吨增加0.05元，此项增加每月需洋约80元；搬运玻璃及破碎玻璃的工人，每日共增加工资洋1.8元，每月共计约增加54元；提取原料货物的包工人增加的工资不统一，约略平均增加11%，每月平均增加洋86元。以上几种增加费用总计每月平均为1429元。

在1931年耀华玻璃公司爆发的工潮中，工人们取得的效果比较明显，获得的权益比较多。由于物价高涨，各部工人生活日渐困难，耀华玻璃公司工人在开滦工人增资斗争的影响下，"1931年3月21日，耀华工会（国民党时期的工会）在工人们强烈的要求下，向厂

---

① 耀华玻璃厂志编纂委员会编：《耀华玻璃厂志》，中国建筑材料工业出版社1992年版，第423页。
② 《照译开滦代理总理致总董函》，1929年7月3日，耀档：室卷号3—2—137。

方提出了增加工人工资等要求"①。公司总工程师赫尔曼接到工会的要求后，于当天立即写信致开滦矿总经理，陈述了工人要求普遍增长工资、对瓦斯炉烧火工人及熔炉填料工人特别增加工资的要求，同时答应工人将与开滦矿务局工人永远享受相同的待遇，在短期内将在玻璃厂中添置新的自动机器，以减轻工人们的劳动强度。② 工会代表对于总工程师的答复很不满意，坚持在几天内得到明确答复。

开滦矿务总局收到赫尔曼总工程师的来函后，于3月25日致函耀华玻璃公司工会，同样是赫尔曼那套说辞，"若当开滦矿务局工人得到增加的利益，耀华玻璃厂工人绝不置之度外"③。对于开滦的答复，耀华玻璃公司的工人并不满意，他们又派工会代表于4月25日早晨再次约见了赫尔曼总工程师，提出即使开滦工人得不到同样的增薪，耀华工人也要增加工资。总工程师赫尔曼等人给耀华工人也做了相应的解释工作，他们认为不能给耀华工人比开滦工人更高的待遇，如果耀华工人的待遇高出开滦工人，开滦工人就会有新的工运活动，势必影响开滦的正常运转。但是耀华工人仍然坚持应予以增加工资，并不考虑开滦要如何做，"声称在七日内若不与满意答复，他们将会依赖于他们所谓的'最后手段'"④。对于瓦斯炉及熔炉填料工人，因为他们在高温条件下工作，前些年公司已实行了在热季给予一小时加点的政策，现在重新允诺他们，今年再予实行，并且公司愿意为他们"尽力而为"。这种"尽力而为"只是厂方的借口推托，临榆县政府还出面组织了"和解委员会"进行干预，⑤ 借口协商，拖延时间。

到了5月1日劳动节这天，耀华玻璃公司工会又将请求加薪的公

① 耀华玻璃厂志编纂委员会编：《耀华玻璃厂志》，中国建筑材料工业出版社1992年版，第423页。

② 《秦皇岛耀华玻璃厂总工程师赫尔曼致开滦矿总经理公函》，1931年3月21日，秦皇岛档案馆馆藏档案，档号：2—5—J32。

③ 《开滦总局致秦皇岛耀华玻璃厂工会公函》，1931年3月25日，秦皇岛档案馆馆藏档案，档号：2—5—J32。

④ 《秦皇岛耀华玻璃厂总工程师赫尔曼致开滦总经理密函》，1931年4月25日，秦皇岛档案馆馆藏档案，档号：2—5—J32。

⑤ 耀华玻璃厂志编纂委员会编：《耀华玻璃厂志》，中国建筑材料工业出版社1992年版，第423页。

函发送给唐山工厂监察员，陈述了他们增加工资的理由和要求。一是工人生活困难。因为秦皇岛物价已经很高，又受到银价暴跌的影响，工人们在生活上感到困难；二是在增薪中待遇不公平。工厂职员的工资业已全部增加，经工人调查了解，其增加的理由不外乎是增加生产是由于工厂职员的适当经营。但工人们认为他们是直接生产的主要因素，没有工人勤于工作和工作能力提高，生产不可能增加，当工厂职员增薪时，却将工人置之度外是不公平的；三是公司营业已经发达。工人们认为，1929 年玻璃每箱售价 8 元，现在单价已增涨到 11 元以上。按每天工厂生产 700 箱计算，公司每天增加收入 2000 元以上，每月即可获利 6.5 万元。而工厂仅雇用工人 560 名，每月开支少于 1 万元。如公司能牺牲增加收入的 1/65 分配给工人，他们的工资将增加 1/10；四是劳苦工作。玻璃的制造是由碱面、沙子及石头组合而成，大熔炉里需要非常高的热度，工人们每日忍受炉火炙考的煎熬，特别在瓦斯部，有许多工人终日处在包含毒素的浓烟密布当中，受毒生病或短命死亡，他们过着非似人类的生活，虑碱面的工人有一种更为艰难的感受。虽然工人们在如此艰难的环境里工作，而他们微薄的工资既不能养家，又不能得到满意的生活。[1] 总之是工人感于谋生困难，同时公司营业业已十分发达，如若公司考虑到工人的勤劳和受苦，本着劳资合作的精神，应尽早解决增加工资的问题，如此则工人们能获得一些利益，对将来公司的营业也大有益处。

耀华玻璃公司工会提出了具体增资方案，一是瓦斯部及原料供给部工人的工资每天增加 0.11 元；二是其他所有各部工人与职员所得工资每月不足 24 元的，每天增加 0.08 元，24 元以上的，每月增加工资的 10%，那些月薪百元以上的人，不予增加；三是各部包工人员的开支，按照 1929 年老的实行办法进行增加，即按照包工者的情况酌予增加 10%。[2] 即便是这样简单的增资要求依然没有得到公司方面的满意答复，愤怒的工人们为了实现目的动用了"最后手段"。此时，耀华玻璃公司总工程师为了稳住工人的情绪，向他们做出保证，

[1] 《伪秦皇岛耀华玻璃厂工会致蒋匪唐山工厂监察员公函》，1931 年 5 月 1 日，秦皇岛档案馆馆藏档案，档号：2—5—J32。
[2] 同上。

在与矿务局协商后立即予以解决，因为耀华工人任何增加的利益应与
矿务局同日生效，希望得到他们的谅解多忍耐几天。同时提出威胁，
如果采取罢工或总工运动，工人们的损失会比公司多。

5 月 25 日，耀华玻璃公司工人组成了"秦皇岛耀华玻璃工厂工
人增薪运动委员会"，不顾工厂监察员的电报和总工程师的来函，
宣布从 26 日开始执行消极抵抗政策，每天怠工一小时。王仲明把
耀华玻璃公司工人准备实行消极怠工的决定告诉了总工程师赫尔
曼，赫尔曼连夜组织召开由玻璃厂代表参加的协商会议，工人们认
为"公司尽力愚弄他们，不理会他们的呈请，没有制定召开和解委
员会的日期"①。赫尔曼随即把了解到的耀华工人的意愿向开滦总经
理做了汇报，并答应工人"若非在两天内派遣全权代表在秦皇岛与
你们的代表进行协商，即告知你们最早可能的日期，开滦局的代表
与你们的代表在天津会见"②。希望工会指示耀华工人取消企图实施
的消极抵抗。

公司的拖延行为依然继续，工人们于 26 日正式开始了每天怠工
一小时的运动，当时的申报记载，"北平秦皇岛耀华玻璃厂二十六日
起怠工，因要求改善待遇，厂方无答复"③，真实左证了这一点。随
后派代表前往天津，亲自面见开滦总经理进行谈判，经过工人代表与
耀华资方代表及开滦总经理那少森等人的激烈谈判，在王恩明、田翰
屏、吴玉平、吴文田、崔文远、郑德俊、刘润华等见证人的见证下，
耀华工会代表工人一方与公司于 6 月 22 日签订了《耀华机器制造玻
璃股份有限公司劳资协定契约》（以下简称《劳资协定契约》），结束
了这场以增加工资、提高待遇为主要目的的工运斗争。6 月 3 日耀华
玻璃公司召开股东谈话会，总董龚仙舟提道，"至工潮问题系因开滦
工潮久未解决，仍有怠工之举，然仅怠工一小时即仍复工，所提条件
尚不过分，不日可以解决。"④ 可见，耀华玻璃公司自始至终对这场

① 《秦皇岛耀华玻璃厂总工程师致开滦总经理密函》，1931 年 5 月 26 日，秦皇岛
档案馆馆藏档案，档号：2—5—J32。
② 《开滦秦皇岛经理处经理及玻璃厂总工程师致伪秦皇岛耀华玻璃厂工会公函》，
秦皇岛档案馆馆藏档案，档号：2—5—J32。
③ 《申报》，上海版 1931 年 5 月 27 日。
④ 《耀华玻璃公司股东谈话会记录》，1931 年 6 月 3 日，耀档：室卷号 3—4—161。

工人斗争没有给予充分的重视。其实早在 5 月 28 日开滦局就有了想法，是天申报记载，"天津开滦与华商合资在秦皇岛开设之耀华玻璃公司工人要求加薪未遂，二十六日怠工，实业厅 28 日去电制止，但矿局表示准照开滦工人待遇办法解决。"① 从实业厅的言论看，"在国民政府主张劳资合作之时，国民党却未能导引工运，稳定工人群体，为政府推行劳资合作营造可能的稳定环境"②，反而越发激起工人阶级的不满。

《劳资协定契约》的主要内容包含以下几个方面。一是增薪，自 1931 年 6 月 1 日起，凡年龄在 18 周岁以上的里工，公司方面按照下列各条增加薪金：煤汽部工人及添料部工人每天每人增加工资大洋 0.11 元，待新机器安装完毕时再与工会商定；所有裹工每天每人增加工资大洋 0.08 元。二是公司方面应于最短时间内从速建造一所学校，用于教育公司工人子弟，学校应归开滦教育处管理监督进行，但其教员应另外聘任。三是公司应于最短时间内从速设立浴室。四是公司应于年底以前设法将工人学校及俱乐部建设完工。五是公司应将小工房纳入建筑计划，其间数以满足使用为标准，1932 年年底建筑完工。六是公司应将现有小工房添加内顶。七是公司方面将造箱部、装箱部、拉架子工人、收碎玻璃工人及堆箱子工人列入裹工，但其工资仍照现在所得数目为标准按件计算，其包件的价格应酌情增加，玻璃房未满 18 岁搬玻璃工人也应当改为裹工，其工资每天每人应当增加至大洋 0.3 元，所得新年馈送不得超过 10 元。八是凡工人因病请假经医生核实属实，公司年终结算新年馈送时应将这样的假期按倒班对待。九是工人因公受伤或死亡抚恤方面的规定。工人因公受伤而导致完全残废的，其最高抚恤金为 300 元，残废较轻的人应当依据医生的判断，按比例给予抚恤金，并设法安排合适的工作；工人因公受伤而致死亡的，公司除了给其 300 元抚恤金外，并送给 50 元丧葬费和一具棺材，其子弟公司应尽力设法补用。十是小工房各住户的篱笆应于每年秋季补换一次，材料由公司担负，人工由住户自备，小工房的屋顶应当予以修理。十一是凡由杂工提升工人

---

① 《申报》，上海版 1931 年 5 月 29 日。

② 田彤：《目的与结果两歧：从劳资合作到阶级斗争》（1927—1937），《学术月刊》2009 年第 9 期。

的，公司应按照工作成绩大小与服务时间长短酌情予以重用。十二是公司要为工会安装电灯及支付每月的电费。十三是工人工资在 16 元以上的仍按旧例照给煤斤，发给块煤问题是公司应仿效秦皇岛开滦矿务局定章办理。十四是纪念日应仿照秦皇岛开滦矿务局办法发放工资。① 由契约内容可以知道，通过这次运动，工人取得了较为广泛的权益，在一定程度上能够改善工人的工作、生活条件。

国民政府 1929 年颁布的《工厂法》对因伤不能上班或致死的做出了规定，工伤规定是"对于因伤病暂时不能工作之工人，除担任其医药费外，每日给以平均工资三分之二之津贴。如经过六个月尚未痊愈，其每日津贴得减至平均工资二分之一，但以一年为限。"致残待遇是"以残废部分之轻重为标准，但至多不得超过三年之平均工资，至少不得低于一年之平均工资。"致死是给 50 元丧葬费，300 元抚恤金及二年的平均工资。② 耀华玻璃公司工人的要求明显没有达到工厂法的规定，可以想象在《劳资协定契约》签订之前工人们在这些方面待遇情况。

单就抚恤金而言，耀华玻璃公司的给付数额在当时是平均水平，但少于启新洋灰公司，因为启新还有就其工作年限给予抚恤金的规定。1930 年启新《工友管理规则》中规定，"因伤害身亡者，除给予 50 元之丧葬费及应得工资外，给予其遗族一次抚恤费 300 元，再就在工厂之年数依照抚恤金额表给其遗族抚恤金一次"③，如表 7 - 4 所示。

表 7 - 4　　　　启新洋灰公司工人因伤死亡抚恤金额

年　数	未满 1 年者	满 1 年者	满 2 年者	满 4 年者	满 7 年者	满 10 年者	满 15 年者	满 20 年或以上者
恤金数	8 个月工资	10 个月工资	12 个月工资	16 个月工资	20 个月工资	24 个月工资	30 个月工资	36 个月工资

① 《耀华机器制造玻璃股份有限公司劳资协定契约》，1931 年 6 月 22 日，耀档：室卷号 3-4—175。

② 刘秀红：《南京国民政府时期劳工社会保障制度研究》（1927—1937），博士学位论文，扬州大学，2013 年，第 105—106 页。

③ 南开大学经济研究所、南开大学经济系：《启新洋灰公司史料》，生活·读书·新知三联书店 1963 年版，第 293—294 页。

启新洋灰公司工人"如果因病请求入工厂指定之医院治疗者，得免其医药费；如因患病死亡者，就在厂工作之年数依照抚恤金表给其遗族抚恤金一次，不再给其他费用"①，如表 7 - 5 所示。

表 7 - 5　　　　　启新洋灰公司工人因病死亡抚恤金额

年 数	未满1年者	满1年者	满2年者	满10年者	满15年者	满20年者	满25年或以上者
恤金数	1个月工资	2个月资	4个月工资	6个月工资	8个月工资	10个月工资	12个月工资

启新洋灰公司除一次性丧葬费和抚恤金外，还按照在厂工作年限给其遗族一次抚恤金，这样的划分就显得更加合理，二次抚恤金方面耀华工人没有相应的权利。

1934 年 4 月，国民党势力为了控制各个企业的工会，排挤解散原有的旧工会从而建立新的组织，曾发函至耀华玻璃公司，要求配合其张贴通告。开滦总经理要求耀华玻璃公司不要有所动作，"希望这一改换管理，将是和平的予以处理"②。他认为排挤工会完全属于政府机关指示和命令的一件事，这一组织在矿区还未成功前扩展到秦皇岛市极其不明智，任何布告须公布在秦皇岛，应由政府机关张贴，这样就可以避免在工人中间产生误会，引发新的工人运动，招致不必要的麻烦。

三　储金会

储金会是指群众在政府或集体组织的支持下自愿集资，以储金借贷的方式开展互救互济活动，共同克服自然灾害及其他困难，以保证

---

① 南开大学经济研究所、南开大学经济系：《启新洋灰公司史料》，生活·读书·新知三联书店 1963 年版，第 294 页。
② 《开滦总经理致开滦秦皇岛经理处经理密函》，1934 年 4 月 23 日，秦皇岛档案馆藏档案，档号：2—5—J32。

基本生活需求的一种民间合作性自我保障组织。① 耀华玻璃公司的储金会虽然不是在政府支持下的组织，但是在集体组织的支持下发动广大职工积极参与的组织，也确实起到了一定的自我保障作用。

（一）储金会的成立与发展

早在 1930 年，协懂杨嘉立就曾提出建设耀华玻璃公司储金会的意见。他指出："有一层耀华员司不如矿局者，即凡矿局人员均可享有储蓄金及慰劳金之待遇是也。矿局章程凡员司提存薪金百分之五，按六厘利息储蓄于本局，则矿局亦给以同一之数目为慰劳金，至该员司退职时如能按薪金每年提存百分之十，并按六厘复生利息，则凡年久之，员司当其告老时均可希望得一宗整款为彼等所称道也，玻璃公司方面前以营业不佳之故，对于此种办法尚未仿行，而员司亦因以不能获其益也。"② 随着时间的推移，到了 1933 年，为了给职工谋取更多的利益，解决将来职工遇到临时困难或退休时的养老问题，于 1 月份组建成立了耀华玻璃公司储金会。

1933 年 1 月 30 日，耀华玻璃公司员工储蓄金管理委员会在英租界咪多士道开滦矿务总局开第一次会议，公司管理层那少校、协董李伊德、董事石松岩、秘书吕祥和杜之良等人参加了这次会议。会上那少校提出几点意见，"一是耀华玻璃公司性质与开滦矿务局处于同样管理之下，所有任何规则的起草不得过于歧类，以免两方互感困难；二是入会会员每月存款数目即按其每月薪水或工资百分之五存入该会员名下的储蓄账内，对于年终酬金不算在内，唯放假日加班所得工资则当照扣留；三是董事部职员离职时，其应否享受慰劳金带来的利益，应由秘书签呈，经总董或协董照准后方得发给；四是按照储蓄金委员会章程借款时，应得到全体委员抑或众委员中多数人同意后方可借给。"③ 根据公司实际情况，结合开滦多年经办储金会的经验，耀

---

① http：//zhidao. baidu. com/link？ url = vdLmLGgF − 0dORGCG82vErvzzA5x VcZJarRAD-czCVdISSObiVZPKK7BOo70avP2pr5yo250e7R_ cjTUhjsgTs_ MmB97X0189p_ 52MfXnA38a.

② 《耀华玻璃公司分配花红意见书》，杨嘉立，1930 年 8 月 29 日，耀档：室卷号 3—3—150。

③ 《耀华玻璃公司第一次员工储蓄金管理委员会议事录》，1933 年 1 月 30 日，耀档：室卷号 4—1—211。

华玻璃公司制定了自己的章程，经过公司第一次员工储蓄金管理委员会讨论后确定下来。

根据储金会实际发展情况，储金委员会在 1935 年对章程进行了修订，修订后的章程更加完备，更具可操作性，具体条文①如下：

第一条　凡本公司直接雇用员工，其薪水无论按月或是按日计算，皆可加入此项储金。

第二条　加入储金员工须将每月所得薪水或工资提存百分之五，不得间断。本条所言薪水或工资，包括放假日作工之双薪，但年终酬金则不在内。

第三条　员工存款应由其每月所得薪水或工资内扣除，计入其储金账内。

第四条　储金账系按员工个人所得薪水或工资之本位币记账，例如薪工系国币，用国币记账，英镑用英镑记账。其薪水不以国币为本位者，如得管理委员会之同意，亦得将其储金及慰劳金改用国币记账。

第五条　凡员工加入储金时，须用耀华账字五十五号单式通知管理委员会，声明如本人死亡其名下应得储金愿归何人承领。此项制定承领之人，可以随时变更，但当以书面通知管理委员会。

第六条　本公司对于储金员工各立一慰劳金账，倘公司每年所获净利充分，即由净利中提出若干数目作为员工花红，照每人在是年全年中所储数目，按成分配，计入各该员工之慰劳金账内，但不得超过全年所存之数，亦不付给现金。慰劳金之分配，应以国币计算，凡他种货币于分配慰劳金时，应按照是年年终最后之一日汇丰银行所公布之买卖汇票行市开盘卖价，折合国币计算分配。

第七条　本公司设委员三人，由董事部、总经理及员工三方各选一人管理储金及慰劳金一切事宜，并对于存放款项、收取利

---

① 《耀华机器制造玻璃股份有限公司员工储金修正章程》，1935 年，耀档：室卷号 4—3—250。

息等事负其全责，但无改变章程之权。管理委员会应需之费用，概由公司支给。

第八条　员工如有正当合理之急切需用，得在储金内借款使用，其数目至多以该员工储金账内存数百分之九十五为限。但在借款期内，每月储款仍须续存，不得间断。

第九条　凡储金按国币记账者，利率定为常年六厘，按照上年结存数目，加全年储款之半数计算之。慰劳金之利率，亦系常年六厘，但仅按照上年结存数目计算。至储金及慰劳金不以国币为本位者，其计算利息之方法亦与前相同，但其利率则视该项本位币投资实在所得之数而定。员工在储金账上借款时，在借款未曾还清期内，所有该借款人之储金及慰劳金利息一律停止，须俟借款全数还清后，方能再计利息。

第十条　设有一年中员工花红之数目，较大于是年员工所存储金之总数，则所多出数目应拨归另一账内，此项账目定名为平衡账。倘遇有任何年度，员工之花红较小于是年中全体会员所存之储金之总数时，则其不足数目，可在平衡账上尽量补足之。

第十一条　无论何年中，管理委员会将储金及慰劳金存放他处，如其所生利息数目较大于储金员工应得之利息数目，则其所多出之款即拨入平衡账；倘所生之利息数目，比储金员工所应得利息数目为小，则其不足数目可从平衡账上尽量补足之。

第十二条　无论何时，如平衡账上款数较储金及慰劳金两账相加总数为多，则此多出之款应拨作本公司公益及惠工之用。

第十三条　凡员工在本公司办事成绩优良，品行诚笃，且连续服务已满五年（六十个月）者，当告退时其名下之储金及慰劳金可照数发给。设有品行不端，或犯重大过失，被公司开革者，或服务未满五年离职者，则仅能取回其储金，其慰劳金应即没收，拨入平衡账内。

第十四条　员工在公司服务期内，如遇有以外事故致受损伤或患重病而不能工作者，其名下之储金及慰劳金可以付交本人；如因死亡，则应发给其在耀华账字五十五号单式上所指定之承领人，倘该指定承领人无从寻觅时，得由其最近亲属具保承领。

第十五条　员工一经退出储金而取回其名下所储之款（及慰

劳金如系应发给者）则不得再行加入，其因事离职而重新被任用者不在此例。

第十六条　所有加入储金之里工，每人应发给存折一扣，注明其储款日期、数目、所得利息及借款数目，存折上并须有该工人之中英文姓名、登记号数及该工人指印。此项存折如有遗失，可以呈请补发，但须由其主管部分主任签字证明，并缴折费一角。

第十七条　在储金及或慰劳金账上，无论领取何种款项，必须有见证人二人作证。

第十八条　此项修正章程于民国二十四年一月一日起实行。

由章程内容可以看出，有些条款也存在不尽合理的地方，例如，员工借款后，在还清借款之前该借款人储金及慰劳金利息一律停止，还清后方能再行计息；再如，员工如果取出其名下所储款额则不得再行加入，这些规定用现在语言来讲就是霸王条款。但是不可否认，耀华玻璃公司开展这一活动目的和初衷是好的，是仿照开滦做法为工人们办一件好事，为工人们将来退职后可以得到一笔收入作的打算，从运行情况看，也确实起到了一定的作用。

为了规范员工储金管理委员会办事行为，规范员工储金的使用，确保职工利益稳妥，耀华玻璃公司相应出台了员工储金管理委员会办事细则①，具体如下：

一、耀华账字五十五号单式　此项单式管理委员会必须责令志愿储金人一律依式填妥，在未经填妥以前不得为其立账。

二、慰劳金储金员工如其所储蓄之款非按国币记账者，其每届所得花红，应立即用以购入所存之本位币。

三、借款　借款请求书应由各主管部主任转送管理委员会，在秦皇岛者，由吕祥君转，在天津者，由杜之良君转。借款数目应另账登记，不得由储金账内扣除。借款之准否，须经管理委员会多数之表决。

---

① 《员工储金管理委员会办事细则》，1935 年，耀档：室卷号 4—3—250。

　　四、慰劳金之发给　慰劳金之支付须由各该主管部主任代为申请，并加具考语，在工厂方面应由总工程师呈请总经理核准，然后送交管理委员会办理，在秘书处方面，应由秘书呈送总协董核准，然后送交管理委员会办理之。

　　五、见证人　付与储金员工款项之见证人，其一应为该员工之主管部主任，一应为管理委员会委员。

　　六、投资　所有投资均应用管理委员会名义行之，不得由委员个人出名。凡与投资有关之事件，须有委员会全体三人之共同签字。

　　七、议事录　委员会应备具议事录一本，所有会中议决办理事项，应用中英文记入议事录中。

　　八、查账　储蓄金及慰劳金之账册，应于每年结算后立即审核一次。如需费用，由公司付给之。

　　这个办事细则的制定，对实际操作具有良好的指导性。对于工人来讲，看完储金会章程和这份办事细则后也会很清晰储金会的详细规定和办理程序，做到入会与否心中有数。

　　会员由公司离职时，计入该会员名下的储蓄金发还其本人，如果因为死亡被解职的工人，则会将这笔钱付给其指定的继承人，计入该会员名下的慰劳金亦照数付给。但如果因为品行不端被公司辞退的工人，则其慰劳金不再付给，此项慰劳金即被没收，按比例拨归其他会员的慰劳金项下。在入会人员方面规定与启新洋灰公司是有区别的，启新创办储蓄慰劳金时章程规定"惟洋员因有合同之规定不在此列。"而且启新是在会员月薪之外，"每月加给十成之一慰劳金"，另外，在公司任职满10年的职工，入会时按前一年的薪额"追给全年薪额50%，已满五年者给20%"①。启新的这些规定明显要好于耀华玻璃公司，正体现出启新的雄厚资金实力和经济效益的良好状态。

　　储金会从成立到是年年底，入会人数共有538人，总收入为26079.33元，又英镑1670余镑，储蓄金账户有洋7785.93元，又英

――――――――――

① 南开大学经济研究所、南开大学经济系：《启新洋灰公司史料》，生活·读书·新知三联书店1963年版，第307页。

镑194余镑，慰劳金账下有洋12840.13元，又英镑1475余镑，平均账下有洋5453.27元。[1] 存款分别存放在四行储蓄会、天津盐业银行、天津中国实业银行三家银行，或定期，或活期，或二者兼而有之。

截至1935年年底，共有会员614人，下半年只有1人入会，出会者则有47人之多。出会原因大致可以分为四类，一类是因病死亡者6人，二类是自行告退者3人，三类是因故被革职者4人，四类是请求退回者34人。现实收入共计63148.11银圆，英金2290镑又7先令11便士。存储款项下具体存放情况为：存四行储蓄会定期54400银圆，存天津中国实业银行定期英金1000镑，活期英金190镑又15先令8便士，存天津盐业银行活期827.61银圆，零存整取存款（连利息）1038.1银圆，存新华银行零存整取1000银圆，存储金借款1145.05银圆，存民国二年善后公债（票面计英金1200镑）英金1069镑又13先令，存保险箱押款10银圆，存应收未收12月储蓄金923.9银圆，存应收未收到利息3800.8银圆，英金29镑又19先令3便士。[2]

对于储蓄金账户和慰劳金存款的投资储金委员会也经过深思熟虑，通过各方比较选择稳妥投资方式赢取利润。耀华玻璃公司考虑到此项储金及慰劳金既为员工辛勤所得，故对于投资极其慎重，并为投资制定了三条原则，第一当求本金稳固，第二当谋利息优厚，第三当图取用便利。后经多方打探，最终决定以每月收入的洋元数目存入四行联合储蓄会，定期二年，年息七厘，加以红利，每年约得九厘，比较稳固，利息尚优，取用亦便。至于英金数目，经过询问，本埠各外国银行活期均不给息，定期只给年息半厘，且须以1000镑起存，后经与天津中国实业银行磋商，确定活期年息二厘，定期年息三厘半，遂存入该行。对于此项英金，管理委员会曾拟购入民国二年善后五厘债票，按照市价购入约可得年息七厘，考虑到这种债票虽有关余做抵，甚为稳固，但市价颇有涨落，且一旦需用现款，出售也不容易，故未敢购买。[3] 管理委员会这样安排非常合理，此项储蓄金本就是为

---

① 《耀华员工储金管理委员会报告书第二号》，1934年4月，耀档：室卷号4—2—230。

② 《耀华员工储金管理委员会报告书第六号》，耀档：室卷号4—3—250。

③ 《耀华玻璃公司员工储金管理委员会报告》，1933年9月16日，耀档：室卷号4—1—211。

解决职工临时困难和退休后养老问题而设立，不宜做长期投资，且必须随时可以变现，该委员会做到了。

（二）储金会的作用

储金会能够在帮助群众安排生活、解决临时困难和抵制高利贷剥削等方面发挥一定作用。[①] 耀华玻璃公司储金会在帮助职工解决临时困难方面发挥了不小的作用，职工家庭遇到的各种困难都可以利用这部分钱加以解决。1936 年 2 月 11 日，工人郭继武的祖母不幸去世，因囊中如洗，摘借无门，无法殡葬，从其账上借走大洋 40 元作为殡葬费，双方约定每月偿还 4 元，10 个月还清所借款项。同年 2 月 15 日，工人张俊山的弟弟给哥哥来函，称其家父患病，情形严重，经医生调治，苦不见效，希望他回家料理一切，但是虽工作多年，并无盈余，每月工资仅够居家生活，父亲用药花费颇多，求亲告友得到的援助甚少，申请从账上借洋 30 元为老父亲看病，每月按 3 元扣留，10 个月归还。2 月 22 日，公司电台锅炉房雇工李玉珍准备于 2 月 27 日为次子订婚，需钱甚急，挪借无门，从其储蓄项下借走大洋 50 元，约定一年补还完毕。3 月 9 日，耀华工人楚长忠的儿子定于阴历四月初五举办婚礼，但"手中空乏，无由措借"，向储蓄委员会提出申请，从其储蓄项下暂借大洋 60 元用作婚资，约定每月从其工资中扣还 5 元，12 个月还清所借款项。[②]

除因上述各种原因从储金会账户借走款项的工人外，也有部分工人因为生活所迫，不得不牺牲利益，取走全部储蓄，退出储金会。如工人郑永胜，因其小女儿诏婚需钱甚急，不得已只能将其储蓄金全额退出，并告知委员会，十分清楚章程第十五条规定，甘愿牺牲一切利益，将来绝不后悔。工人周克庆因家庭人口增多，生活出现窘迫情况，债务日累不堪，愿意牺牲利益以应对万急之需。

从耀华玻璃公司档案中可以看到，截至 1936 年，有相当部分职工提走储蓄金，其原因归纳起来大概有四种，一是婚事，或是儿子，或是舍弟，或是女儿；二是丧事，或是祖父母，或是父母；三是生活

---

① 邓克礼、张士礼：《发展城市居民互助储金会的调查》，《中国金融》1964 年第 8 期。
② 《储蓄会职工借款付款凭证》，耀档：室卷号 4—4—271。

所迫，或因人口增多，或因庄稼收成不佳；四是疾病，或是老人生病，或是孩子，或是亲友。这些情况说明，到了1936年职工生活开始出现窘迫，收入支出呈现倒挂现象。另外，耀华玻璃公司工人家庭人口平均为4.87人，而每户就业人口仅为1.17人。① 试想，以一人之力赡养五口之家，如果再加上生老病死、自然灾害及通货膨胀等因素，工人的生活必定越发困难，不得不甘愿牺牲部分利益，将储蓄金提出，用掉这道保障。

① 耀华玻璃厂志编纂委员会编：《耀华玻璃厂志》，中国建筑材料工业出版社1992年版，第423页。

第八章　比利时股份的转售

随着日本侵华步伐的加大，东北、华北各处事端不断，日本在华北开始大量投资，以便为其侵华提供更多的物力财力支持，玻璃工业也成为其控制的一部分。到了1936年，耀华玻璃公司的流动资金格外紧张，机器设备的优越性也逐步被日本玻璃企业所赶超，利润空间不断减小，各种因素汇集，促成比利时资本团撤资走人。

一　比股转售缘起

（一）思想根源

早在耀华玻璃公司刚刚建成的1924年10月，饶明及其友人就曾委托雅多给杨嘉立发函，商议将其所得酬金拟以半价甚至更低的价格售出。比利时资本团将耀华玻璃公司最初制造的60万箱玻璃上应付之60万元酬金做了具体分配：属地与外邦玻璃工业有限公司得洋20万元；饶明君及其友人得洋40万元。[①] 饶明等人认为，国际汇兑涨落不定，会带来不可预知的结果，应得酬金的给付也没有确切日期。即使每月准能按照预定出货1.2万箱，由1924年10月算起，直到1926年3月始能付齐最初的20万元酬金，历时需17个月之久；其余40万元须从1926年4月至1929年1月每月给付1.2万元，这个算法是在产品生产出来即给付酬金的算法，而事实上耀华玻璃公司在没有售出产品得到利润的情况下是不会给付酬金的，也就是说耀华玻璃公司执行的是售货得利给酬金的政策。饶明等人计算，"若将一切涨落无定等事折算在内，则此项未来之付款其现在之价值决不能超过百分之

---

① 《译秦皇岛玻璃公司总董函》，1924年10月8日由比国发，耀档：室卷号2—3—48。

五十也"①。所以想委托雅多代为寻找买主，准备将 20 万元酬金之后的 40 万元酬金作半价卖掉。如果耀华玻璃公司能够筹措现款予以购买，则可以给耀华四折优惠。这样耀华玻璃公司最初制造的 20 万箱玻璃给付的酬金是每箱 1 元，而其余 40 万箱上的应付酬金则不过 0.5 元。为了即刻取得现金，甚至开出更优惠的条件，"倘作坚确之商购计，则此四十万元之酬金如立付以现款十六万元或亦可购定之"②。如此算来，除最初 20 万箱玻璃为每箱付酬金 1 元外，其余 40 万元酬金仅付现金 16 万元即可解决。这样的优惠条件不可谓没有诱惑，但是耀华玻璃公司董事会并没有商议通过此购买方案。

耀华玻璃公司建厂初期，原本预算每箱玻璃卖价 10 元至 11 元，减去成本 5 元左右，可获利润达 5 元之多，准备每年提取 22.5 万元用于支付比方应得酬金 90 万元，四年即可还完。但由于国际汇兑行市每况愈下，中国玻璃市场销售价格更是一跌再跌，市场上玻璃售价仅为 7 元左右，公司利润所剩无几，有时不得不低于成本价格出售。1926 年，耀华玻璃公司资金出现问题，紧张异常，当时比利时财团由比京布鲁塞尔发来电函，向耀华玻璃公司董事会提出多种解决办法，其中有一条建议就是将耀华玻璃公司工厂全部财产整体转卖给日本旭日玻璃公司。比方所投资金一是佛克法专利技术的转让费 52.3 万余元，二是秦皇岛玻璃公司的开办费和解雇经理费用 6 万余元，三是剩余的 1.7 万余元由比方以现金方式存在了比京布鲁塞尔。从比方的投资情况看，此时将耀华玻璃公司转让给日方的旭日公司，比方不会发生很多损失。面对比方这一不负责任的提议，耀华玻璃公司中国资本团极力反对，没有予以考虑。随着资金问题的慢慢解决，经营状况有所好转，比方转售耀华玻璃公司股票的想法也随之打消。这一想法的出现，一方面显露出比方出卖耀华玻璃公司的思想早在 1926 年就有了萌芽，另一方面也为其在 1936 年背信弃义，暗地转让比股埋下了思想上的根源。

（二）资金问题

耀华玻璃公司早在 1932 年年底就出现资金危机，"甚为缺乏，以

---

① 《译秦皇岛玻璃公司总董函》，1924 年 10 月 8 日由比国发，耀档：室卷号 2—3—48。
② 同上。

致公司营业上深感困难"①。发展到 1935—1936 年，所欠外债不断增
加，到 1936 年时竟"积欠甚巨，欠人之数竟达八十余万元"②。这些
借款中多数是与开滦矿务总局、启新洋灰公司、江南水泥公司等企业
间的拆借，借款利息较银行贷款较低，所以利息项下仅有 6 万元，共
计欠下外债 86 万余元。如果不是向上述公司借款，而是向银行借贷，
数额定会高于此数。从 1935 年开始，江南水泥公司屡次催还借款，
"前借本年六月二十日到期洋三十万元，除到期日已还洋十五万元外，
其余十五万元业经敝公司声明，改为活期随时可以索还，嗣经贵协董
要求，于还款前十日给予通知，俾得从容筹借，亦经敝公司同意并在
契约内注明在案，现因敝公司需款甚殷，拟先提取十万元"③。但由
于耀华玻璃公司没有足够的流动资金还债，所以一拖再拖，直到是年
12 月 17 日江南水泥公司再次来函催要，"敝公司创办伊始，毫无收
入，而购地、建筑以及购置机器等需款均急待拨付，所有贵公司欠敝
处国币二十五万元，迭经函催，迄未照付，现因亟待需用，务祈速予
照付，即日如数清还，幸勿一再迟延"。当时银行方面也因为"华北
时局不靖，不特不肯续借，且催还透支甚急"④。其实早在 1933 年时
耀华玻璃公司用款危机已经出现，当时耀华玻璃公司在董监事联系会
议上讨论发息时那森曾说："对于本公司现金状况曾详细考虑，公司
付息系向银行借款，如于六月二十八日发息，届期公司须欠各银行总
数六十万元，所欠开滦矿务总局垫款约有七万元之谱尚不在内。"⑤
总董龚仙舟不得不带病四处筹集款项，才勉强渡过难关，营业有所转
机，公司得以稍纾喘息。

　　在借找各种办法的使用下，耀华玻璃公司的资本负债率不断提
高，经营风险日益加大，到 1935 年年底，耀华仅欠启新的利息已经

――――――――――
　　① 《耀华玻璃公司第六十次董监事联席会议事录》，1933 年 4 月 4 日，耀档：室卷号
4—1—196。
　　② 《耀华机器制造玻璃股份有限公司第十五次股东常会议事录》，1936 年 6 月 18 日，
耀档：室卷号 4—4—252。
　　③ 《江南水泥股份有限公司催还借款函》，1935 年 8 月 26 日，耀档：室卷号 4—3—246。
　　④ 《耀华机器制造玻璃股份有限公司第十五次股东常会议事录》，1936 年 6 月 18 日，
耀档：室卷号 4—4—252。
　　⑤ 《耀华玻璃公司第六十一次董监事联席会议事录》，1933 年 5 月 17 日，耀档：室卷
号 4—1—196。

为数不少。"十万元自二十四年三月二十五日至十月十九日，按年息七厘算，计欠利息国币四千零八元二角二分；十五万元自二十四年六月二十八日至年底止，按年息七厘算，计欠利息国币五千三百七十九元四角五分，以上共计欠利息国币九千三百八十七元六角七分。"①除此之外，第二次15万元本金于1936年1月10日归还5万元，尚欠10万元。

耀华玻璃公司这种不断拆借的办法不能从根本上解决流动资金不足的问题，1936年5月8日，公司第六十九次董监事联席会议上的讨论足以证明耀华的资金出现了问题。"去岁公司欠债至巨，即以利息一项而言，竟占去盈余三分之一，长此以往殊于公司前途有碍，亟应妥筹流动资金，藉资挹注。"②那森也指出，公司目前的困难即在资金不足，并提出两个解决方法：一是加增新股本，二是发行公司债票交由银行团购买。对于这两个办法，每一项都有它的难处，公司股票市价低于票面价格，股东中必无人愿意认购新股；发行公司债，各银行亦必无人认购，因为国内公债照市价购买利率很高。最后议定不发股息，按章程提十分之一为公积金，所余数目另立一科目，定名为股息平衡准备金，一是为了积累部分流动资金，二是避免将来股息有过多过少的不足。

6月18日耀华玻璃公司召开第十五次股东常会，会上主席进一步提道："公司因缺乏流动资金以致积欠甚巨，存欠相抵，欠人之数竟达八十余万元，因开滦矿务总局及江南水泥公司所垫借之款利息均较银行所借者为轻，故利息项下仅六万余元，如当时均向银行息借，则利息一项尚须远超出于此数，去岁江南公司催还欠款，银行方面亦因华北时局不靖，不特不肯续借，且催还透支甚急。"③种种迹象表明，耀华玻璃公司的流动资金确实存在问题，即便是在本次会上主席做了大量的解释工作，争取了众股东的同意，暂不分派利息，先提十分之一为公积金，再以10万元作为股息平衡准备金，余下的数额滚入下

---

① 《结至二十四年止尚欠启新往来借款利息数目》，耀档：室卷号4—3—246。
② 《耀华玻璃公司第六十九次董监事联席会议事录》，1936年5月8日，耀档：室卷号4—4—251。
③ 《耀华机器制造玻璃股份有限公司第十五次股东常会议事录》，1936年6月18日，耀档：室卷号4—4—252。

一年，也没有避免耀华玻璃公司比股被转让给日本人的命运。

（三）其他原因

1936 年 6 月 9 日《京津日日新闻》（日资报纸）曾经报道，"三菱经营之旭日玻璃公司早经计划在天津设立制造工厂，此项计划现已准备完妥，俟工厂用地觅定后至迟于年内即可着手建筑"①，届时中国工厂将受到重大打击。旭日玻璃公司对于大连的昌光玻璃公司（即旭日玻璃分工厂）在华北市场与中国的耀华玻璃公司竞争情况进行了比较，通过分析发现，昌光公司因受到高进口税率的压迫，在华北市场占有份额不容乐观，在天津方面耀华与昌光各占一半，若在华北五省比较，则耀华占到六成，昌光不过占四成，所以旭日玻璃公司拟利用在天津办厂可免去高额税率的条件设立一工厂组织生产，届时新建工厂可大大超过耀华玻璃公司的年产量。

那森曾于 1935 年派开滦的秦皇岛经理齐尔顿和天津售品处经理福克纳前往大连昌光玻璃公司参观，二人回厂后写了一份参观报告，声称日本昌光玻璃公司技术精良，如果效仿其设备对耀华玻璃公司设备进行改良，则能在制造方法和程序上尽量完备，工人人数可减少而工作效率大大提高，其中最重要的一点就是引进日本控制的考哈尔大砖。考哈尔大砖是当时一项新的发明，亦叫电铸钢砖，用考哈尔钢砖砌熔化池的围墙，"既经久耐用，且能使抽出的玻璃品质优美"②。正在使用的老式钢砖锅炉每隔一年即须冷修一次，耗费人力、物力、财力不说，因每次冷修要停产一两月以上的时间，严重影响正常生产，而使用此种新式考哈尔大砖后至少可使用三年。虽然这种钢砖的价格是普通火砖价的十倍，但问题的关键是"此项钢砖日本旭日玻璃公司享有在远东专卖权"③。经耀华玻璃公司同意，那森一面与日本旭日玻璃公司就购买考哈尔大砖一事进行商洽，一面分别发函至欧美各大厂家询问价格，"终以日人有专卖权之故，均函复向日本接洽，彼等

---

① 《照译六月九日〈京津日日新闻〉（日资报纸）》，耀档：室卷号 4—4—252。
② 中国人民政治协商会议天津市委员会、文史资料研究委员会：《天津文史资料选辑》（第一辑），天津人民出版社 1978 年版，第 44 页。
③ 《耀华玻璃公司第六十九次董监事联席会议事录》，1936 年 5 月 8 日，耀档：室卷号 4—4—251。

不能开价"①。旭日公司方面因古伯等与之有旧关系，不久即给耀华玻璃公司开来减让价格，答应可以供货，但耀华玻璃一直在中国市场占据主要市场，"逐为日人所觊觎"②。当问及准确的交货时间时，对方则多方支吾，不肯准确预告，最后几经磋商，才勉强将交货日期告诉了耀华玻璃公司。由于供货时间过晚，耀华玻璃公司在对二号锅炉进行冷修时没能赶上试用，购买考哈尔大砖一事也就此作罢。购买新式钢砖过程的这种百般刁难不免给耀华玻璃公司比方股东留下了不好的阴影，再加上 1931 年后日本不断在华北制造事端，也使比方人员看到日本侵略中国的行径即将深入展开，不由得他们不在心理上产生畏惧思想。应该说促使比方股东转售耀华玻璃公司股份的因素是多方面的，正是这些因素的综合发力才有了后面中日合办耀华的开始。

二　比股转售日企

那森于 1935 年派齐尔顿和福克纳前往昌光玻璃公司参观的同时，自己也在这一年前往日本参观旭日玻璃公司所属各厂，双方得出的共同结论是日本玻璃公司无论在技术的应用、人员的管理、设备的完善还是产品的质量，都已经超过了耀华玻璃公司的水平。比国人看到再在中国经营下去必将损失惨重，从后面交涉的过程也能看到比方撤资走人的决心。

耀华玻璃公司比方股份于 1936 年夏在法国巴黎全部转让给了日本，购买者即系那森参观的日本旭日玻璃公司和齐尔顿、福克纳参观的大连昌光玻璃公司，实际上这两个公司都是日本三菱株式会社的子公司。比方出售耀华玻璃公司股权一事被中国驻比大使朱鹤翔③所探知，出于爱国热忱和维护中国企业利益的目的，他把这一消息立即打电报告诉了国民政府外交部，外交部又转实业部告知耀华玻璃公司。

① 《耀华玻璃公司第六十九次董监事联席会议事录》，1936 年 5 月 8 日，耀档：室卷号 4—4—251。

② 周叔媜：《周止庵（学熙）先生别传》，载沈云龙主编《近代中国史料丛刊》第一辑，文海出版社 1966 年版，第 183 页。

③ 朱鹤翔，1888 年生，字凤千，江苏宝山人。19 岁毕业于上海震旦学院，同年赴比利时留学，入罗文大学。1935 年 5 月，任驻比利时全权公使，1937 年 6 月回国，任外交部顾问。

朱鹤翔除电告南京政府外交部请速予以设法制止外，还直接函致开滦总经理那森，叮嘱他一定要采取紧急措施，切不可使比方股权落入日人之手，但后来的事实证明为时已晚。

实业部、外交部在此次阻止比股转让日人一事有所行动。实业部得知消息后，一面告知耀华股东"迅行筹划，对于比股照章出让他国人之条件及办法，由我华人悉数承受，除仍电请外部继续向比使馆转比外部交涉阻止出让外，仰即遵照迅与华股东接洽，设法劝导，踊跃承受，以资救济为要"①。一面呈请外交部向比国政府交涉，饬令比国方面"切勿将股出让"。同时，实业部与比国使馆也进行了交涉，将"公司华董等照比股出让条件筹划由华人承受一节业已转知比使，并电令驻比使馆转商比方，令与华股东接洽"②。虽然比利时政府对于其国内资本团出让比国股份于日本公司的确也不赞成，但"因该公司系私人组织，按照比国法律不能强制执行"③。而且耀华玻璃公司章程第六条中规定："本公司股票用记名式，分甲乙两种各占五成，除乙种外，其甲种概不得押售于非中国国籍之人。"④乙种股票并没有限制任何国籍，故此次转让与公司章程并无不符，中方股东也就不好反对了。就连比国股东驻华代表那森致电比方"力加劝止，亦未见效"⑤。开滦矿务总局以有厂在秦皇岛，"深恐日人一经插足，则数十年经营之秦皇岛码头亦将为日人所夺"，也曾议定由"英国开平公司将比股照日方所商订条件，先由开平承受"，结果"终以比股东大多数通过，悉数让与日人"⑥。就这样，耀华玻璃公司比方股份被全部转让给了日本企业，公司也由中比合办公司变成了中日合办公司。事实既然已无法改变，中国资本团方面不得不接受这个现实，在合作过程中向着好的一面努力。在公司宴请山田等人时的言语中已有所表现，"自今而后远东市场将悉为我所有，业务发展可操左券，不特导

---

① 《实业部来电》，耀档：室卷号 4—4—254。
② 《照抄实业部元电》，耀档：室卷号 4—4—263。
③ 《实业部来电》，耀档：室卷号 4—4—263。
④ 《耀华机器制造玻璃股份有限公司章程》，耀档：室卷号 2—1—5。
⑤ 《拟复实业部电稿》，1936 年 8 月 13 日，耀档：室卷号 3—4—171。
⑥ 同上。

中日合作之先河，且可树中日合作之模范”，① 迎合日人的意愿。

从耀华玻璃公司比股转售的经过来看不难发现，一是比方为维护自己利益一意孤行，在外国资本团眼里有的只是金钱和利益，完全没有顾及中国资本团的意愿，这是一种完全不负责任的态度，充分体现了外国资本以获得高额利益为目的的行径。二是弱国无外交，当时的中国积弱积贫，国民政府完全被蒋介石攘外必先安内的愚国愚民政策所左右，对日本的不断挑衅和侵略采取一忍再忍的态度，置民族利益和百姓生命财产于水火，正是中国政府的这种懦弱，助长了比方资本团竟敢背信弃义于比利时布鲁塞尔暗中与日方交易，将耀华玻璃公司比方股份全部抛售的嚣张气焰，中国的利益被比日双方视为鱼肉，是中国资本团的莫大悲哀。三是政府作为欠佳，当驻比大使朱鹤翔得知消息致电中国外交部、实业部后，他们也只是做了些力所能及的举措，就像耀华代表卢开瑗和秘书郭治平到实业部面洽时一样，“实业部似乎很明白东北四省都放弃了，毫不抵抗，华北也岌岌可危，何苦在耀华的一部股权上斤斤计较”②。这就是国民政府的态度。

三　比股转售后的中日交涉

耀华玻璃公司比国股份转让给日本旭日玻璃公司和大连昌光玻璃公司一事，经过中国外交部、实业部和耀华几经努力亦未能被有效阻止。既然已成事实，耀华方面也不得不承认这个结果，只好本着减少损失的目的开始和日方人员接触，商谈比股转让后的耀华发展事宜。从后面的交涉过程看，比股转让后的耀华完全被日本控制，因为“日商购买耀华股份的目的就是想通过掌控耀华50%股权，控制中国玻璃工业，垄断中国玻璃市场”③。这不仅是因为日本的旭日和昌光占有了与中方股东同样的股权，更重要的是当时“日本在制造玻璃技术方面已后来居上，跃居世界的第二位，第一是捷克斯洛伐克，比国玻

---

① 《甲戌社宴请山田三次郎暨同仁谈话记录》，1936 年 9 月 30 日，耀档：室卷号 4—4—263。

② 萧维良：《天津玻璃工业史记略》，天津市工人文学创作社 1992 版，第 307 页。

③ 中国企业史编辑委员会：《中国企业史·典型企业卷》（下），企业管理出版社 2002 年版，第 579 页。

璃已相形见绌，瞠乎其后了"①。于是耀华玻璃公司在 1936 年 9 月底开始与日方第一次接触。

9 月底，旭日玻璃公司董事长山田三次郎和昌光玻璃公司总经理藤田臣直分别由东京和大连赶到天津，先后数次与耀华玻璃公司总董龚仙舟会面，商议中日合办后经营战略方针。9 月 27 日，双方第一次谈话时，龚仙舟提出"开滦与耀华有密切关系，非惟代管耀华营业，且按合同得以较低之价格售与耀华应须煤斤及其他材料，那森先生以开滦总经理兼任耀华协董，自始至终为耀华尽力"②。进一步问山田是否有留其在董事会继续任职的意愿。山田当即表示，对于董事人选尚未及考虑，将来乙种董监事须由旭日及昌光两个公司共同推选。但经过数日对耀华和开滦合同的研究，他个人认为"双方关系甚深，那森先生无论如何应请其继续在董事会任职"。至于耀华厂中的技术人员，山田认为既然旭日和昌光两厂已经承购了耀华乙种股权，目的不仅仅是扩大耀华的产品销路，而是拟"将此两公司多年之技术经验贡献于本公司，以收通力合作之效"③，所以技术人员有更换的必要。龚仙舟则认为即使是更换也不宜骤然大变，防止此等人员闻讯故意损坏厂中机器设备。为此山田表示，厂中中方技术人员当然不能多有变动，会基本照旧使用，仅比国工程师拟更换为较有丰富技术和经验的日本工程师。

在 9 月 28 日的谈话中山田表示：已经决定留任那森为协董，推举开滦一人担任董事，派一日人常驻天津辅助那森；并决定比国员司一次性更换为日本技师，以免将来带来不必要的麻烦。④ 山田做出这样的决定自然有他的道理。一是上文提到开滦与耀华有密切关系，不仅仅只是代管耀华营业，还可以从其处得到更多利益。这种利害关系山田通过研究是知道的，也是耀华产品降低成本的重要保证。此时日本虽然已经占领东三省，并蓄意制造华北五省自治，但是开滦依然在英国人的控制之下，那森还是开滦的总经理，欲取得

---

① 中国人民政治协商会议天津市委员会、文史资料研究委员会：《天津文史资料选辑》（第一辑），天津人民出版社 1978 年版，第 47 页。
② 《总董与山田谈话记录》，1936 年 9 月 27 日，耀档：室卷号 4—4—263。
③ 《耀华玻璃公司股东临时会程序单》，耀档：室卷号 4—4—253。
④ 《总董与山田谈话记录》，1936 年 9 月 28 日，耀档：室卷号 4—4—263。

煤斤及其他材料上的便宜价格，仍然留用那森显得非常必要。日本人留用那森和中方技术人员还有另一层意思，那就是稳定人心。因为毕竟耀华玻璃公司建在中国，这些技术人员在此工作多年，如与比方技术人员一样均为解散，势必引起他们的不满，甚至骚乱，破坏工厂；另一面就是比方中方技术人员均行解散，全部由日本人接手，对于他们来说也不太好，毕竟远来作业，没有地理上的优势，需要中方人员的支持。派一日本人常驻天津辅助那森是其又一打算，与其说是辅助，不如说是监督。留用那森，既要利用他经营耀华多年的经验和开滦廉价的物资供应，又对其继续任职放心不过，派一人常驻天津予以监督也是顺理成章的事。比国员司一次性更换为日本技师也是有打算的，此时日本生产玻璃的技术已经跃居世界第二，从技术先进性方面来讲也没有再行留用比方技师的必要，同时也会减少日方技师与比方技师因技术上的不同产生的观点不同，甚至冲突，从管理学角度讲也是正确的抉择。

与日方谈好条件后，耀华玻璃公司于 1936 年 10 月 19 日召开第十七次董监事联席会议，除了仍用那森为协董、技术人员的安排等问题外，还就耀华玻璃公司的代管问题、产品的销售问题、日方人员的待遇问题等进行了说明。日方同意仍由开滦代管耀华营业，此后售卖玻璃仍照开滦代管营业合同规定由开滦继续办理，唯有玻璃售价则由耀华与昌光随时商定，以免彼此再有竞争。① 耀华玻璃公司厂中日方技术人员"由旭日遴选补充，照现在厂中所付与比国员司之费用，每年英金三千六百零五镑之总数，按年付与旭日"，"日籍人员应需住宅、电灯、自来水、煤斤等项亦应按照现在所供给比国员司之办法由耀华公司依据供给"②，有效期为 1937 年 1 月 1 日至 1938 年 12 月 31 日。为了在英国人和中国人面前一显身手，日方遴选了一批以昌光总工程师杉森政次为首的技术人员入驻耀华玻璃公司。杉森政次是日本东京帝国大学毕业的化工专家，其他技术人员也都各有专长。

---

① 《耀华玻璃公司股东临时会程序单》，耀档：室卷号 4—4—253。
② 《耀华玻璃公司第十七次董监事联席会议事录》，1936 年 10 月 19 日，耀档：室卷号 4—4—251。

此间，罗遮依旧没有放弃在耀华玻璃公司继续捞金的可能。1936年11月14日罗遮由比利时发来电函毛遂自荐，"鄙人原为创办人，自一九二一年起即任比京董事部董事，同时并任耀华董事部董事多年，计鄙人尽力于两公司之事务于今已十五年矣，鄙人在比与各方面之联络及多年之经验与夫公司自成立后鄙人所尽力之事项，敢谓此后当仍能为尊处效力也"①。并对薪水提出要求，按年薪5万法郎签订一个5年的合同。而且，还堂而皇之地对耀华玻璃公司提出威胁言辞，秦皇岛玻璃公司将耀华股权出让以后，有不少财团向其抛来橄榄枝，请其帮助他们研究是否可在中国另创一新厂，对于此事尚未做出若何决定。但他认为自己原来在耀华玻璃公司的地位无故失去，现在若能得一机会恢复自然有考虑的价值，所以除非耀华玻璃公司保留他的地位，答应并任命他为驻比经理处经理，否则将不能拒绝上述人等的提议。面对罗遮的无理要求，耀华玻璃公司方面当然不会答应，因为耀华比股已经被转售于日人，比利时的玻璃制造技术已经落后于日本及其他国家，耀华玻璃公司在比利时也没有玻璃市场，所以比利时经理处自无存在的必要了。公司回复罗遮声明："秦皇岛玻璃公司既经结束，耀华玻璃公司方面无再设立驻比经理处之必要，所请一节碍难照办。"② 回绝了罗遮的请求。

由日方全数购买耀华玻璃公司比方股权过程看，尽管日方始终强调，"此次承购秦皇岛玻璃公司乙种股权毫无他意，其惟一目的即在增进耀华之利益，俾此后耀华及昌光两公司在国内市场免去竞争，得以共存共荣"③，"此次日方承购秦皇岛玻璃公司所有耀华股权，其用意纯为实现耀华与昌光之完全合作"④，其实是"表面上董事会仍保持中外董事对等设置的职务结构，实际上是日商单方说了算"⑤。其实现耀华和昌光的合作，免去二者的竞争，达到"共存共荣"的说辞是假，实则是想通过购买耀华比方的股本，利用其先进的技术设备

①《照译罗遮君来电》，1936年11月14日，耀档：室卷号4—4—263。

②《拟复罗遮先生函》，耀档：室卷号4—4—263。

③《耀华玻璃公司股东临时会程序单》，耀档：室卷号4—4—253。

④《甲戌社宴请山田三次郎暨同仁谈话记录》，1936年9月30日，耀档：室卷号4—4—263。

⑤ 中国企业史编辑委员会：《中国企业史·典型企业卷》（下），企业管理出版社2002年版，第579页。

和军事优势，实现对耀华玻璃公司的控制，为其深入开展侵华战争提供必要的物资和资金保障，1937 年"七七事变"爆发，日本侵华的战火燃向华北等内地，对华北各个工矿企业进行驻军管控，足以证明日本人的用心。

至此，耀华玻璃公司比股转让结束，开始了中日合办经营时期。

结 束 语

耀华机器制造玻璃股份有限公司诞生于 19 世纪 20 年代初期，他成功引进了当时世界上最先进的平板玻璃制造技术——佛克法，结束了中国传统吹制玻璃一统天下的局面，建成了我国乃至亚洲第一家采用该法制造玻璃的企业。耀华玻璃公司的成功创办，使中国玻璃制造事业得以别开生面。在中国近代民族工业和中外合资企业发展的历史潮流中，耀华玻璃公司的发展有着自己的特色。

首先，成功引进世界先进技术。作为中国首家机制平面玻璃企业，在周学熙、李伯芝、王少泉、李希明等民族企业家看准中国玻璃市场前景，在开滦总理那森的积极帮助下，耀华玻璃公司的发起人积极奔走，与拥有在中国利用佛克而忒抽制玻璃新法专有权人饶明不断接洽，积极沟通，于 1921 年 1 月 11 日成功签订合同，购得佛克法技术在中国的使用权。随后与在比利时首都布鲁塞尔成立的秦皇岛玻璃公司联手合作，签订了《华洋合股合同》，"各种利益、各种义务、各种契约等项完全移让与本公司名下"[1]。这就使耀华玻璃公司不仅拥有了在华利用该项专利技术从事平板玻璃制造的权利，还和该项新技术发明有密切关系的欧洲产生了联系，为公司能够得到更好的发展打下了基础。耀华玻璃公司建成投产后"货品成色优美"[2]，品质优良，迅速成为国内市场上家喻户晓的知名品牌，成为影响中国平板玻璃制造业半个多世纪的大型企业。

耀华玻璃公司从国外成功引进最先进的玻璃制造技术，这在 20 世纪二三十年代的中国各类企业发展中实属先列。在同时期其他民族

---

[1] 《耀华机器制造玻璃股份有限公司华洋合股合同》，耀档：室卷号 2—1—2。
[2] 《耀华玻璃公司十四年十二月份营业报告》，耀档：室卷号 2—364。

企业或中外合资企业中，多数是聘请外国技术人员、购买国外先进设备、中方出资或中外双方出资形式开办。例如启新洋灰公司，1900年聘请昆德为公司技师，后又聘请丹麦人施乐达和金森等人；启新的实验设备、磨具等均为进口，前期是从丹麦购买，后期从德国也购买一部分；在其章程中最初规定，"凡系本国人民，均可附股，无论官、绅、商、庶入股者一律享受股东之权力"①。后因没有外国资本的参与不好经营，遂暗允外股加入。北京自来水公司同样如此，"所用机器料质应在德国著名大厂订购极新式头等正号之货"②，聘请丹麦工程师耿伯鲁为总工程师。

其次，成功利用开滦各种优势。耀华玻璃公司的股东大多与开滦有密切关联，尤其是其主要核心人物。公司筹建以及后期的管理都与开滦有着密不可分的联系。开办之初，耀华与开滦签订合同，租用开滦在秦皇岛的土地，130 余亩土地租金价格低廉，租期长久，开滦自有 91 亩土地每年租金每亩仅 10 元，而从开滦手中转租来的 31 亩土地租金更为低廉，每亩每年仅需租金 1 元，此后又与开滦签订协议，规定"以现在及将来所造大小各式之钢砖、火泥、建筑用砖以及其他之瓦器出品，依照秦皇岛随时市价九扣售与公司"③。而且，耀华玻璃公司的建筑"一切费用多由开滦垫付，无须即行付款"④，确保耀华工厂建设在资金不足的情况下能够照常进行。

更为重要的是，1924 年 5 月耀华玻璃公司与开滦成功签订代管合同，开滦取得"对于建筑之完成、玻璃之制造、销售之组织以及公司之业务予以经理监督之权"⑤ 后，更是利用其丰富的管理经验、有效的营销手段和便利的销售网点，为耀华玻璃能够迅速打开市场付出了很多努力，使耀华玻璃上市后的第二年年产量就超出预算产量 1 万多

---

① 南开大学经济研究所、南开大学经济系：《启新洋灰公司史料》，生活·读书·新知三联书店 1963 年版，第 36 页。
② 《自来水公司与德商瑞记洋行关于订购设备承包工程合同》，载北京市档案馆、北京市自来水公司、中国人民大学档案系文献编纂学教研室编《北京自来水公司档案史料》（1908—1949），北京燕山出版社 1986 年版，第 8 页。
③ 《开滦矿务总局与耀华机器制造玻璃股份有限公司合同》，1924 年 5 月 13 日，耀档：室卷号 2—3—51。
④ 《耀华玻璃公司第一次股东临时会议事录》，耀档：室卷号 2—1—9。
⑤ 《耀华机器制造玻璃公司委托开滦矿务总局暂行代管合同》，耀档：室卷号 2—3—47。

标准箱。"借助开滦的优势管理经营玻璃企业，服务于发展近代民族工业，是耀华在中比合办时期的一大创举。"① 在耀华玻璃生产过程扮有重要角色的煤炭也是开滦供应的，开滦各种品质的煤炭都以协定的最低价格售与耀华，以致后来开滦煤炭生产成本不断增加的情况下，不得不与耀华订立新合同，规定耀华获利在一定数目以上时要对供应煤炭酌情加价。

除了物力支持，开滦还在人力方面给予支持，"敝局化学技师卢作孚博士富有经验，贵公司秦皇岛玻璃工厂时有关于制造上诸问题交由该技师化验，均迎刃而解，成绩甚为优良，而敝局对于此项技术上之贡献，从未令贵公司担负分文"②。开滦对耀华的这些帮助可以说无处不在，也就"难怪有人称颂耀华是滦矿母体孕育的娇子，而周学熙则是他的催生婆"③。可见耀华与开滦关系不一般到何种程度。

耀华玻璃公司与开滦这些关系的特殊性在其他企业当中是不多见的。其他各类企业，不管是中方拥有控制权，还是外方拥有控制权，都有自己独立的管理系统，而不是这种代管模式。如青岛华新纱厂、开滦煤矿、南通的大生纱厂、石家庄大兴纱厂等企业，都有自己独立的管理系统，都有完整的管理体制和领导班子，自己的人管自己的事。以大兴纱厂为例，其组织系统为股东会—董事会—总公司—公司（即工厂）—科室（车间）。具体情况如下：股东会选举产生董事会，董事会推举董事长，董事长负责聘请总经理，还负责"订立有关利害之契约"，主持制定和修改章程；总经理负责全公司的资金调拨、利润分配、人员任免、经营大政等宏观上的管理；下设的经理、副经理、厂长驻大兴纱厂内，具体负责工厂的生产和经营，下面根据管理和工作需要，设有营业科、会计科、出纳科、交际室、纺绩科、机织科、电机科等科室。这样的管理体制与耀华的代管模式形成鲜明的对比。

再次，成功得到周氏集团其他成员的帮助。除了开滦这个大的发展后盾，耀华玻璃公司在其发展过程中还得到了其他企业的帮助，启

---

① 中国企业史编辑委员会：《中国企业史·典型企业卷》（下），企业管理出版社2002年版，第578页。

② 《照译开滦矿务总局总经理来函》，1935年4月29日，耀档：室卷号4—3—243。

③ 郝庆元：《周学熙传》，天津人民出版社1991年版，第240页。

新洋灰公司不仅在后来耀华面临流动资金困难的时候，多次以低于市场正常利率的水平借给资金，帮助其解燃眉之急，仅在 1934 年就先后借给耀华现款几十万元，而且在建厂初期，也以其生产的水泥给予不少的帮助。因为耀华玻璃公司股东与启新之间也有着较为密切的关系，启新为在耀华开办伊始竭力赞助，以尽绵薄之力，决定仿照华新唐厂办法供给水泥。"华新唐厂与敝公司关系尤深，该厂需用洋灰在唐山交货，每包定价大洋两元，今承雅命，拟即格外通融，比照前日所开约减去三分之一，想贵公司定能满意。"[1] 经过商谈，不仅最后将交货地点改在秦皇岛本地，而且为降低价格、减少成本，又特允按照华新唐厂的做法，将完好无损的空袋退回，每个空袋作价大洋 0.15 元。

除了得到启新洋灰公司的帮助外，耀华玻璃公司还不断的从天津中国实业银行和盐业银行以及大陆银行等处得到帮助。天津中国实业银行和盐业银行都是周学熙一手策划成立的，在这两家银行都有特殊的地位，所以耀华玻璃公司不仅把资金存放在这些银行，还聘请这些银行代为发放股息、红利，代收股本等事情，例如，1933 年定于 6 月 28 日发放股息时曾与两家银行协定由其发放，"本公司订于六月二十八日起发给股息，请股东诸君携带股票向天津法租界八号盐业银行或英租界领事道中国实业银行领取"[2]。且当 20 世纪 30 年代公司资本周转出现问题的时候，耀华从这些银行先后得到多次借款支持，所定利率虽比启新借款略高，但始终低于社会上正常水平，这就使耀华无形中节省很多借款利息。

在中国近代企业发展过程中，企业集团内部成员之间一衣带水的关系着实不少。周氏（即周学熙）的纱厂就有天津华新纱厂、唐山华新纱厂、青岛华新纱厂、卫辉华新纱厂等几个厂子，这些企业都是周学熙在滦矿、启新取得丰厚利润后建立的，都得益于上述企业的发展。王锡彤成功创立卫辉华新纱厂，发展家乡经济，就得到了启新、天津华新等的大力支持。张謇一生创办 20 多个企业，多为成功发展一家，随后带动其他。集团内部之间相互支持和帮助的做法，成为中

---

① 《照译启新洋灰公司来函》，1923 年 3 月 19 日，耀档：室卷号 3—4—176。
② 《耀华机器制造玻璃股份有限公司发息通告》，耀档：室卷号 4—1—204。

国近代工业发展的宝贵经验。

最后，成功解决专利酬报金困难。耀华玻璃公司与饶明签订合同时曾订明，"公司并应认对于在华工厂最初制造之六百万方尺玻璃上每方尺付给专利酬报金四便士"①。另外"如六年内加机，所添机上最初制造之二十五万方尺亦须付酬金八千三百三十镑"②。仅前项 600 万方尺上的酬报金就有约 10 万镑，折合华币约 90 万元。专利技术引进的时候专利费仅 52 万余元，而酬报金高达 90 万元，这就是外方资本团对外输出技术的高明之处，以低廉的价格将专利技术变为实际生产，完成成果转化，使世界各地玻璃工厂先行建立，再从投产后的公司盈利中坐收更多红利。在耀华玻璃公司筹办之初以为利润丰厚，还清 10 万镑酬金也只需四年的时间，而且不会影响到公司的发展。随着市场行情的变化，玻璃市价每况愈下，利润空间不断变小，酬金不仅影响到了公司的正常运转，而且到了不能不减少的地步。1922 年 1 月耀华玻璃公司发起人开始函请罗遮等人核减酬金数量，经过周折，艰苦谈判，双方唇枪舌剑，到 1927 年才以付给酬金团 40 万元公司优先股股票的方式得以解决，前后历时长达 6 年之久。但耀华玻璃公司从中也得到了较多好处，利用有利时机逼迫对方一再降低金额，为耀华争得最大利益。

在耀华玻璃公司成功发展的背后，同样存在不足，这些不足之处形成的原因是方方面面的，是历史阶段和历史现实的反映，有些是同时代中国企业普遍存在的问题，但也与人们的重视与否不无关系。

首先，专利技术的吸收创新不够。耀华玻璃公司虽然在 19 世纪 20 年代将世界上最为先进的平面玻璃生产技术成功引进，并且高薪聘请比利时的优秀技师、工匠等人来华帮助筹建工厂、指导生产、解决技术问题等，使耀华的玻璃在中国动荡的时局中成功问世，而且在国内市场始终占据主要份额。但是，技术的引进不仅在于将其运用于生产，更重要的是如何在引进之后能够更好地将其消化吸收，并结合本土特有条件将其加以改革创新，而不是故步自封，不思改良，不求上进。耀华玻璃公司更多地把技术改进寄希望于外国人身上，在与罗

---

① 《耀华机器制造玻璃股份有限公司与饶明君合同》，耀档：室卷号 2—1—2。
② 《酬金交涉情形摘抄》，耀档：室卷号 2—3—46。

遮订立合同时就有规定，其要负责"调查制造玻璃之机器与法术上之一切改良"①，以致到后来被亚洲邻居日本所赶超。1932 年一种名叫考哈尔的大砖在欧洲问世，用这种电铸钢砖砌筑熔化池围墙可以使窑的冷修时间大为延迟，但是这种钢砖在亚洲的专卖权却被后起的日本旭日公司购得，当耀华想购买此种大砖时遭到百般刁难，最终也没能成功。到了 20 世纪 30 年代，"昌光厂工作凡有可以机器代替人工之处悉用机器"②，到 1936 年比股转让日本旭日和昌光两公司前，耀华玻璃公司的技术水平已经落后于日本。日本经过努力更是于 1971 年在吸收佛克法技术的基础之上成功发明了自己的旭法技术，1979 年 6 月 25 日国家计委以计引（1979）338 号文批准同意"建材部向中国银行贷款三百万美元，在秦皇岛耀华玻璃厂引进日本'旭法'专利技术和设备"。1979 年 12 月 18 日，中、日双方在日本东京签订了引进"旭法"技术合同。③ 日本成为亚洲第一个发明先进玻璃制造技术的国家，并成功将其技术输出到泰国、越南等东南亚国家，乃至欧洲一些国家。

其次，联业合作模式运用不够。激烈的市场竞争，使各家企业在各自为战的市场上只能不断降低价格来应对敌商的竞争，最终双方各有损失，苦不堪言。耀华玻璃公司从开始生产到 1926 年始终没有盈余，不得不开始面对市场竞争现实，谋求与各家玻璃生产厂家的联合。经过多次协商，耀华玻璃公司首先与日本在大连建立的昌光玻璃公司于 1926 年 12 月签订了一份临时合约，大致划分了远东市场上日本和耀华玻璃的销售份额和数量。随后又经过联系比利时方面的厂家，最终三方于 1927 年年初签订了一份仅为期一年的临时协议。自此之后，耀华玻璃公司再也没有和其他玻璃企业进行过联营活动，市场再次恢复到没有秩序的相互竞争中。而启新洋灰公司在失去独占水泥市场优势的情况下，首先与华商水泥签订一份五年期联合营业合同，继而又和中国水泥公司签订了联业合同，实现中国最大的三家水泥制造企业的联业。1936 年 2 月三家再次联手合营，直到"七七事

---

① 《耀华玻璃公司聘请毛立司·罗遮为驻欧经理合同》，耀档：室卷号 2—1—2。
② 耀档：室卷号 4—4—255。
③ 耀华玻璃厂志编纂委员会编：《耀华玻璃厂志》，中国建筑材料工业出版社 1992 年版，第 61 页。

变"发生、日本开始全面侵华才告结束,这种联合给启新、华商、中国三家水泥公司带来的是超额利润,能够确保公司利益。

当然,耀华玻璃公司面临的联业合作环境与启新等有所不同。与启新水泥在国内进行竞销的几家大公司都是在中国设立的民族企业,这就有利于彼此之间的沟通,易于实现联营合作。而在当时国内能与耀华玻璃公司抗衡的民族玻璃企业或其他合资、外资企业是不存在的,与耀华进行竞销的玻璃均来自海外,其中以日本、比利时、俄国为最,不同国家间的行业联合相对一国内的同业联合,其难度自然更大,这也是耀华玻璃公司在这一时期只有一次短暂联营合作的重要原因。

再次,资金紧张问题一直未得到有效解决。耀华玻璃公司筹建时规定股本 120 万元,日后如有所需,再发行 50 万元债票。可是,120万元的股本当中比方因以技术入股,作价 52 万余元,几乎占去一半,仅剩下耀华入股的 60 万元用于购买机器设备,建设秦皇岛工厂。本已不足的开办经费又遭遇汇兑、战事等因素的影响,公司不得以将原议定发行的 50 万元债票改发同等数额的股票,用于筹集资金进行工厂建设。第二次续招的股本 50 万元也是杯水车薪,无济于事,很快再次出现资金问题。再有工厂开工生产后的 60 万元流动资金尚无着落,加上 20 万元因开滦不能供应公司水电而要自行建设水井、电厂的费用,故耀华玻璃公司研究后决定发行公司债票 80 万元。但因为银根奇紧,利率奇高,国内无法发行,愿意承发的比利时乌得米银行开出的条件又极为苛刻,最后改为增加 80 万元优先股股本的办法,才使这一问题得到解决。90 万元的专利酬报金更使耀华玻璃公司紧张的资金雪上加霜,不得不多方联系,疲于谈判,最终以给付酬金团公司优先股股票 40 万元才算完结。虽然给的是股票,这无疑也加重了耀华玻璃公司的负担。到 1932 年二号窑建成投产后,公司的资金更为紧张,以致到了 1936 年公司欠外债不算利息竟高达上百万元。由于自始至终没能很好地解决资金问题,耀华玻璃公司不得不为解决资金四处奔波,这种情况不利于企业的顺利发展。

反观启新洋灰公司和滦矿的资本积累状况要比耀华玻璃公司好得多,"启新从 1906 年至 1911 年 5 年盈利总额为 122 万元,即超过了原投资全部资本的总和。到 1924 年,启新资本总额已高达 800 万元,

1927 年启新资本总额已达 1230 万元。滦矿也是如此，1921 年共获利 2700 余万元；1932 年滦矿已累计盈利 4600 万元"①。一个企业能否有高额资本积累是关乎企业自身稳步发展的重要因素之一。

就整个中国近代企业发展状况看，资金不足是绝大多数企业所面临的普遍问题。大生纱厂共筹得资金 44.5 万余两，其中真正面向社会招集的商股资金只有 15.3 万余两。招股困难导致的资金不足始终是最突出和最困难的中心问题，多次使得大生纱厂到了夭折的边缘。因为招股难，大生纱厂的股东几经更换，旧股退出，新股难招，通（南通）董沪（上海）董，分分合合；因为招股难，张謇"一再求助于江鄂二督及桂道及凡相识之人"，但成效却十分有限。最后在不得已的情况下采纳助手沈敬夫的建议，走出破釜沉舟的"尽花纺纱，卖纱收花，更续自转"的险棋，才使大生纱厂得以存续并有了以后发展的基础。② 这就是中国近代企业的写照。

最后，自有技术人员培养力度不够。虽然耀华玻璃公司知道技术人员的重要性，也在公司正式生产之前安排了副工程师金邦正带领 7 名挑选好的工匠远赴比利时进行实地学习。这些人也经过努力，学有所成，归国后成为耀华玻璃公司发展的中坚力量，但是这种技术人才的培养模式和培养力度远远不够。第一，耀华玻璃公司只有开始时选派金邦正等人到欧洲学习一次，此后再也没有派人到国外学习，在外国人掌握核心技术的环境中，需要企业不断派人到先进技术地区随时学习改进的技术，而不是一味地依靠外国技术人员。耀华玻璃公司后来的发展有力地说明了这一点，无论是在中比合办的十几年中，还是在中日合办的时期，公司的总工程师一直是外国人掌控。第二，在企业内部培养人才的力度也远远不够。早在公司选派金邦正等人远赴欧洲学习的时候，就有安排这些学成归来的技术人员回国后培养公司职工的计划，但是从公司后来的实际情况看这一目的远没有达到。"秦皇岛及其附近所有熟于切割玻璃之工人悉为我雇用，无他人可资代替。""且我厂当创立时，对于雇用工人及给付工资各办法措置失当，

---

① 宋美云：《试论近代天津企业规模化发展路径》，《历史档案》2004 年第 4 期。

② 朱荫贵：《从大生纱厂看中国早期股份制企业的特点》，《中国经济史研究》2001 年第 3 期。

以故管理方法亦感生种种障碍。"① 这些情况无一不说明耀华玻璃公司无论是在技术人员的培养方面，还是在管理人才的培养方面都没有做好。而在卢作孚的民生公司则完全不同，民生的各类人才"主要是靠自己培养出来的，向外招聘的只是少数"②。这样普通员工的劳动技能和经验就有机会得到尊重和承认，他们的劳动积极性也会大大增强。

虽然耀华玻璃公司的发展存在不足，但在时局不静、灾祸频仍、资金匮乏、外来竞争激烈的社会环境中成功地引进了世界最先进的平面玻璃制造技术，成功地将中国近代玻璃制造业引上了机器制造的轨道，使中国的玻璃制造水平一时成为中国乃至亚洲最先进的代表，使"吾人秦皇岛工厂可称世界上利用佛克制造法最优美之厂"③，不仅摆脱中国平面玻璃市场被外国企业垄断的局面，也使中国的玻璃制造水平跨入世界先进行列，这些成就的取得，无论如何都不能磨灭。

---

① 《关于耀华玻璃公司出货及工厂改革之节略》，1935 年 11 月 18 日，耀档：室卷号4—4—255。

② 凌耀伦主编：《民生公司史》，人民交通出版社 1990 年版，第 141 页。

③ 《耀华玻璃公司第二次股东临时会议事录》，1924 年 3 月 14 日，耀档：室卷号 2—3—47。

附　　录

耀华机器制造玻璃股份有限公司章程

第一章　名　称

第一条　本公司定名为耀华机器制造玻璃股份有限公司，按照中国股份有限公司条例呈由北京农商部核准注册为华商股份有限公司。

第二章　专有权

第二条　本公司制造玻璃之法系向比国秦皇岛玻璃公司转购其得自比国对华贸易研究会及德习尔·饶明君所有之比国佛克机器制造秘法专有权并此后改良进步之法，凡在中华全国境内无论何厂概不得直接或间接仿用。

第三章　地　点

第三条　本公司设总事务所于天津，设总工厂（又名工务科）于秦皇岛，俟将来营业扩充时再于其他中国及外国选择相当地方添设事务分所并分厂及代理处所。

第四章　宗　旨

第四条　制造日用门窗平面、花面玻璃及各种玻璃器皿并兼营与玻璃事业有关系者。

第五章　股　本

第五条　本公司股本定为中国通用银元一百二十万元，分为一万二千股，每股银元一百元，股票均为记名式，如需添招股本时应由股东会开会议决之。

第六条　股份平均分为甲乙两种，每种六千股，甲种自一号至六千号，乙种自六千零一号至一万二千号。甲种纯系华人所投资，不得转售或转押与他国人民。

第七条　股东如有遗失或损坏股票情事须速通知公司注册存记，并登报声明作废再行补给。

第八条　按照中国股份有限公司条例得由股东常会议决发行债票。

第六章　红利及花红

第九条　本公司每年除将各项营业费支付之外，先提二十分之一为公积金，再提股本正利八厘。尚有盈余分作十成，以五成为股本红利，以二成为特别公积，以三成为董事、监察、职员等之花红。其分配花红规则另订之。再公积金提存至资本四分之一以上时由股东会另行议定。

第七章　股东及股东会

第十条　本公司每年度营业之决算定于阳历十二月行之。股东常会每年一次，即于决算后六个月内在本公司总事务所召集之，或由董事会另行指定其他处所开会。

第十一条　股东之临时会无定期，随时经董事会及监察人之决议得召集之，并经公司股本十分之一之股东所要求亦得召集之。

第十二条　股东常会之事务系考核并通过公司之账略暨盈亏表册等件，并选举新任董事、监察员。

第十三条　无论召集股东常会或临时会议，其提议案由须载明于报纸广告之中。此项广告至迟须于会期前一个月登载于北京政府公报及中国南北各大报纸，并应呈报当地中国官厅备案。又此项广告董事会得另用他法公布，但不得视为董事会之责任。

第十四条　股东因事不能到会得委托其他股东或代表列席代其应有之股权，代理他人行使股权者须于开会之前将嘱托书预交公司验明，列席时并须先将名单交主席察核。

第十五条　股东会议决或选举用记名式投票，选举时用单记法。

第十六条 股东常会由公司总董为会长，若总董不能到会即由协董为会长。倘总协董均不能到会，应由董事会推举一人为会长，并由会长指派书记二人，一系中国人，一系外国人，以便记录会议之事项。其记录之事项应于下届股东常会当众宣读，如无错误当由会长签字。

第十七条 股东常会无论甲种乙种股票，每股有一选举权，到会之股东或其代表须逾股份全额三分之二以上始能开会，所议事件或选举以列席股权三分之二以上之多数决之。

第八章 董事及董事会

第十八条 董事额设七人，由甲种股东选举董事四人，乙种股东选举董事三人组织董事会议决公司一切议案、规章，监督执行一切应办事件，董事会有不能议决者揭告股东开临时会议决办理。

第十九条 公司各项产业文件、契据、历年简要账略、股票根据暨营业之切近报告、各股东之切要条议以及董事会议案、股东会议事录悉由董事会存执。

第二十条 董事由股东投票互选，以得票多者当选，凡年满二十岁有本公司股份至少五十股者有被选为董事之资格。

第二十一条 董事任期定为三年，任满仍可续举，自第一次股东会之后届任期满三年应另举时用抽签法留任五人，满四年时仍用此法于五人中留任三人，以后照此轮流退职。

第二十二条 本公司设总董协董各一人，由董事会各董事互选以得票多者当选，总董由甲方充任，协董由乙方充任。

第二十三条 总协董任期定为三年，任满时留任或续举由董事会于选举前临时动议。

第二十四条 总协董代表董事会监督本公司业务及职员，凡重要问题须交董事会开会议决，总协董应派秘书一人或数人，总协董所需之一切报告等项即由秘书调取，以便实行监督，总协理亦应按总协董所需报告等项遵照交出。总协董对于中国国家暨一切社会凡关于本公司营业范围以外各事（即系不关本公司卖货及出品之事）均有特别处理之权。

第二十五条 董事会开会由总董为主席，如总董缺席，由协董代表之，如总协董均缺席，应由到会董事互选一人为主席。董事会议案须经莅会董事三分之二之同意方能议决。董事亦可委托其他董事或总理或协理为代表，然须有委托之函电为证。

第二十六条 除照法律由股东会会议之事件外，董事会有权表决及办理公司一切事项，并可主持办理关于公司财政上一切事务。

第二十七条 董事会选派总理协理各一人管理公司一切事务，董事会视为适宜之时得酌量授权与总协理为之执行，并为总协理规定执行事务之条例及规定总协理享受公司利益之条例。

第二十八条 总协董及总协理可用公司名义并附署自己之姓名与第三方面订立合同。凡遇总协董签字署名之件应由总协董会同署名，然彼此亦可各请董事为之代理署名，其由董事署名之件须以每次二人共同署名为有效，总理须与协理会同署名，董事可会同总理署名。如果总理不在公司，董事亦可会同协理署名。总之其联合署名之人一须为甲种董事或股东所委托，一须为乙种董事或股东所委托。如果两位署名之人均为甲种或均为乙种董事或股东所委托，则其所署之名无效。

第二十九条 董事会可给委任状与董事中之一人或数人或第三方面，使其代表董事会为公司办理已经规定之事业。

第三十条 董事会内各董事费用应由公司担任，各董事并得按照本章程第九条享受公司之花红。

第九章 监察人

第三十一条 监察人额设三人，由甲种股东选举一人，乙种股东选举二人。

第三十二条 监察人由股东投票互选以得票多者当选，凡年满二十岁有本公司股份至少二十五股者有被选为监察人之资格。

第三十三条 监察人任期定为一年，任满仍可续举。

第三十四条 监察人不得兼任董事及公司职员等事。

第三十五条 监察人对于公司一切账目得以随时稽核之，并考察公司职员对于章程是否遵守，核对账略及规定账略之格式，并与董事联名缮具结账报告，提交股东会察核，并按照中国商律办理各项应有之事务，于必要时得请求董事会报告公司业务情形，检查公司簿据、文件及财产，调阅董事会及股东会议事录。

第三十六条　监察人费用应由公司担任，监察人并得按照本章程第九条享受公司之花红。

第十章　总理与协理

第三十七条　本公司设总理协理各一人，由董事会选派以经营公司事务，总理为洋人，协理为华人，总协理均有管理公司全部业务之权，对于公司自各科主任以下全部职员及技师等有指挥及支配之权，并会同签字，不拘因何事何故。若总理或协理不在公司执务时，应指派一人由董事部认可代行职务，总理所指派者应为洋人，协理所指派者应为华人。

第十一章　账　略

第三十八条　本公司第一年之账目应在民国十一年十二月底清结，此后每年十二月底清结一次，每届结束年账之时由董事会编制账略。

第十二章　附　则

第三十九条　本公司内容之组织及办事章程另订定之。

第四十条　凡本章程所未经订明之事悉照中国有限公司条例并其他关联诸法令办理。

第四十一条　本章程之修正须经股东会议决之。

参考文献

一 典籍及资料汇编

《毛泽东选集》（第 2 卷），人民出版社 1952 年版。

汪敬虞：《中国近代工业史资料》第二辑（1895—1914）下册，科学出版社 1957 年版。

孙毓棠：《中国近代工业史资料》第一辑（1840—1895）下册，科学出版社 1957 年版。

陈真、姚洛：《中国近代工业史资料》第一辑，生活·读书·新知三联书店 1957 年版。

南开大学经济研究所、南开大学经济系：《启新洋灰公司史料》，生活·读书·新知三联书店 1963 年版。

周学熙：《周止庵先生自叙年谱》，载沈云龙主编《近代中国史料丛刊》（三编），文海出版社 1966 年版。

周叔媜：《周止庵（学熙）先生别传》，载沈云龙主编《近代中国史料丛刊》第一辑，文海出版社 1966 年版。

中国社会科学院近代史研究所中华民国史研究室编：《中华民国史资料丛稿·人物传记》第十四辑，中华书局 1982 年版。

《孙中山全集》，中华书局 1982 年版。

南开大学经济研究所经济研究室编：《旧中国开滦煤矿的工资制度和包工制度》，天津人民出版社 1983 年版。

中国建筑工业出版社、中国硅酸盐学会编：《硅酸盐词典》，中国建筑工业出版社 1984 年版。

《秦皇岛港史》（古、近代部分），人民交通出版社 1985 年版。

黄逸平：《中国近代经济史文选》（下册），上海人民出版社 1985

年版。

北京市档案馆：《北京自来水公司档案史料》（1903—1949），北京燕
　山出版社1986年版。

张仲礼：《中国近代经济史论文选译》，上海社会科学院出版社1987
　年版。

凌耀伦主编：《民生公司史》，人民交通出版社1990年版。

中国第二历史档案馆：《中华民国史档案资料汇编》（第三辑工矿
　业），江苏古籍出版社1991年版。

耀华玻璃厂志编纂委员会编：《耀华玻璃厂志》，中国建筑材料工业
　出版社1992年版。

周学熙著，虞和平、夏良才编：《周学熙集》，华中师范大学出版社
　1999年版。

南通市档案馆、张謇研究中心编：《张謇所创企事业概览》，南通市
　档案馆、张謇研究中心2000年版。

中国企业史编辑委员会编：《中国企业史·典型企业卷》（下），企业
　管理出版社2002年版。

全国图书馆文献缩微复制中心：《中国早期博览会资料汇编》，新华
　书店发行2003年版。

辞海编辑委员会编：《辞海》，上海辞书出版社2007年版。

　　二　论著、编著

［美］亚伯拉罕·马斯洛：《人类激励理论》，科学普及出版社1943
　年版。

周叔媜：《周止庵（学熙）先生别传》，出版社不详1948年版。

雷麦：《外人在华投资》，商务印书馆1959年版。

王一鹤、许锷、周鉴平：《中外合资经营企业》，上海社会科学院出
　版社1984年版。

周秀鸾：《第一次世界大战期间中国民族工业的发展》，上海人民出
　版社1985年版。

［美］道格拉斯·诺思、罗伯特·托马斯：《西方世界的兴起》，华夏
　出版社1989年版。

郝庆元：《周学熙传》，天津人民出版社1991年版。

萧维良：《天津玻璃工业史记略》，天津市工人文学创作社编印 1992
　　年版。

钟祥财：《中国近代民族企业家经济思想史》，上海社会科学院出版
　　社 1992 年版。

［美］费正清、刘广京：《剑桥中国晚清史》（1800—1911 年）下卷，
　　中国社会科学出版社 1993 年版。

［美］道格拉斯·C. 诺斯：《经济史中的结构与变迁》，上海人民出
　　版社 1994 年版。

［美］费正清、费维恺：《剑桥中华民国史》，中国社会科学出版社
　　1994 年版。

［美］杜赞奇：《文化、权利与国家》，王福明译，江苏人民出版社
　　1996 年版。

刘佛丁、王玉茹、赵津：《中国近代经济发展史》，高等教育出版社
　　1999 年版。

陈克宽、陈克俭：《洋灰陈传略》，上海三联书店 2001 年版。

张忠民：《艰难的变迁——近代中国公司制度研究》，上海社会科学院
　　出版社 2002 年版。

颜惠庆：《颜惠庆自传———一位民国元老的历史记忆》，商务印书馆
　　2003 年版。

苑书义、孙宝存、郭文书：《河北经济史》（第 4 卷），人民出版社
　　2003 年版。

赵德馨：《中国近现代经济史》（1842—1949），河南人民出版社 2003
　　年版。

赵彦钊、殷海荣主编：《玻璃工艺学》，化学工业出版社 2006 年版。

汪敬虞：《中国近代经济史》（1895—1927），经济管理出版社 2007
　　年版。

无锡市史志办公室编：《薛明剑文集》（续），凤凰出版社（原江苏古
　　籍出版社）2007 年版。

徐润：《徐愚斋自叙年谱》，江西人民出版社 2012 年版。

三　文史资料

中国人民政治协商会议全国委员会、文史资料研究委员会编：《文史

资料选辑》（第五十三辑），文史资料出版社 1964 年版。

中国人民政治协商会议天津市委员会、文史资料研究委员会编：《天津文史资料选辑》（第一辑），天津人民出版社 1978 版。

孙大干：《天津经济史话》，天津社会科学院出版社 1989 年版。

河北省政协文史资料委员会编：《河北文史集粹》（工商卷），河北人民出版社 1991 年版。

中国人民政治协商会议河北省委员会、文史资料委员会编：《河北文史资料》，河北文史书店发行 1991 年版。

政协连云港市文史资料委员会编：《私企旧事——连云港市文史资料》（第 13 辑），2000 年版。

后　记

　　时光荏苒，白驹过隙，三年的博士求学经历有过苦恼，有过焦躁，有些收获，有些愉悦。人说年过三十不学艺，此时感触颇深，有工作，有朋友，有家庭，更有亲人，在处理各种关系的夹缝中，不断地鼓励着自己勇敢地走下去。感谢自己能够坚持下来。

　　现将拙作整理，准备交付铅印，心中不免再生感慨。授业恩师刘敬忠先生，给了我再次走进知识殿堂的机会。先生治学严谨，思辨睿智，尊重史实，直言不讳，为文雅健，对学术充满敬畏，严谨的治学态度令我叹为观止；先生性格豪爽，话语幽默，思想深邃，思维缜密，关爱学生，每每遇有问题与先生沟通起来倍感亲切，问题在言语之间就已被拨云见日、迎刃而解。小作从题目选取、拟定提纲、资料收集、初稿完成，每个环节都是在恩师的悉心指导下完成的，每一环节都凝聚着先生的心血。每次去家中拜见老师，不仅有宾至如归的感觉，还能得到先生指点学术前沿成果的机会，为学生带来最新的学术信息。尤为可贵和令我感激的是，先生在身体有恙的情况下，依然不能忘记学生的文章写作，一面耳提面命嘱学生，认真对待，一面为给学生谋课题，夜不能寐。凡此种种，一言难尽，能够投身师门，实感三生之幸。感谢河北大学导师组的各位良师，先生们为人平和，深自谦抑，注重培养学生不拘成见、勇于思考、敢为人先的为学作风，让学生受益匪浅。

　　感谢单位的各位领导和同事。求学期间，他们尽量给我少安排工作，主动承担任务，留出更多时间给我，使我能够较为安心地去收集资料、整理文献、撰写开题、完成论文；在我为文章写作一筹莫展的时候，他们给了我更多的鼓励和帮助，使我重拾信心，再踏征程，勇往直前，一路坚持走来，这里面也有他们的一份付出，真诚地谢谢你们!

　　最后，感谢家人对我的支持和鼓励。没有他们作为坚强后盾，我无法想象能够按时完成学业。我的爱人不但要完成自己的授课计划和科研任务，照顾年幼的孩子和年事已高、腿脚不便的老人，处理人情世故，做好全部家务，还要帮我整理文献，处理数据，审阅文稿，更要忍受我无端的脾气，每每回想起来实感愧疚。还有我的孩子，正值年幼可爱时光，我却不能时时陪伴，每逢节假看到别家孩子天南海北地到处游玩，每当周末我还要伏案疾书不能陪同，每次她那稚嫩的童声问我："爸爸! 你什么时候能够博士毕业陪我玩呀? 爸爸! 你什么时候晚上在家陪我呀? 你什么时候也能陪我去海边玩呀?"作为父亲，我心如刀绞，百感交集，给予孩子的时间实在是太少太少，只能暗想随后及时补上，可她那成长的时光怎可倒流? 感谢我的父母，他们虽没有文化，却通情达理，从不让我牵挂，费上半点心思，在背后默默地支持着我，看着我。感谢所有爱我的和我爱的家人。